陈文华　狄　娟　张　恒◎编著

CIVIL AIRPORT
Operation and Management

民用机场
运营与管理

人民交通出版社股份有限公司

北　京

内容提要

本书共分十章。分别对民用机场历史、民用机场概述、民用机场改革与发展、民用机场布局、机场飞行区运行管理、机场航站区运行管理、机场生产运营绩效、机场内部资源利用、民用机场服务质量管理和民用机场安全管理等方面进行阐述。

本书可作为大专院校相关专业的教学用书,也可用于机场员工开展岗位培训。

图书在版编目(CIP)数据

民用机场运营与管理／陈文华,狄娟,张恒编著. —2 版. —北京:人民交通出版社股份有限公司,2021.4

ISBN 978-7-114-17123-9

Ⅰ. ①民… Ⅱ. ①陈… ②狄… ③张… Ⅲ. ①民用机场—机场管理—运营管理—高等学校—教材 Ⅳ. ①F560.81

中国版本图书馆 CIP 数据核字(2021)第 039446 号

Minyong Jichang Yunying yu Guanli

书　　名:	民用机场运营与管理(第2版)
著 作 者:	陈文华　狄　娟　张　恒
责任编辑:	董　倩
责任校对:	孙国靖　龙　雪
责任印制:	张　凯
出版发行:	人民交通出版社股份有限公司
地　　址:	(100011)北京市朝阳区安定门外外馆斜街 3 号
网　　址:	http://www.ccpcl.com.cn
销售电话:	(010)59757973
总 经 销:	人民交通出版社股份有限公司发行部
经　　销:	各地新华书店
印　　刷:	北京虎彩文化传播有限公司
开　　本:	787×1092　1/16
印　　张:	15.25
字　　数:	358 千
版　　次:	2008 年 12 月　第 1 版 2021 年 4 月　第 2 版
印　　次:	2023 年 1 月　第 2 版　第 2 次印刷　总第 11 次印刷
书　　号:	ISBN 978-7-114-17123-9
定　　价:	46.00 元

(有印刷、装订质量问题的图书由本公司负责调换)

序

随着经济全球化进程加快,机场已不单纯是以往的航空运输网络节点,旅客抵离起终点、经停站的概念,现代化的机场日益成为集交通、物流、服务、旅游、商贸等多功能为一体的综合航空城。作为具有如此特定功能的公共设施,现代机场既是一个地区、一座城市与外界连通交流的门户和窗口,更是这个地区、这座城市对外形象、内在性格的物化标志,机场的建筑风格、运行模式、管理水平、员工素养等各个方面全方位体现着所在城市乃至国家的整体发展水平。

要确保中国民用机场有序、快速、可持续的发展,要确保中国民用机场安全服务水平和经济效益不断提升,我们急需自己的机场管理方面的专业人才,但当前国内民用机场运营管理教材和培训资料不多,尤其缺少比较系统反映机场行业发展趋势、机场建设和运行特点的教辅读物,而《民用机场运营与管理》的出版将会在一定程度上弥补这方面的不足。《民用机场运营与管理》通过十章篇幅,对机场发展历史和各种功能都作了深入浅出、通俗易懂的阐述,相信它不仅适合入门的民航人士阅读,也是民航内外人士了解和学习民航管理运营的有益参考读物,一定会对关心和从事机场运营与管理的人士有所裨益、有所帮助、有所提高。

本书编者陈文华老师原从事的是经济管理工作,自从20世纪80年代进入上海民航中专任教以来,潜心学习、收集国内外民航机场方面的各类资料。凭着对民航教育事业执著的追求和坚韧的毅力,20年来积累了大量的专业素材。根据这些资料,他利用繁重教学任务之外的点滴业余时间,历经数稿编成此书。希望在新书杀青之际,陈文华老师能继续追踪世界机场业发展潮流,不断充实、更新内容,为中国民航培养更多、更好的机场管理人才做出贡献。

2008年11月

第 2 版前言

《民用机场运营与管理》于 2008 年 12 月由人民交通出版社出版,在之后的十多年期间,中国民航保持快速稳步发展,从民航大国向民航强国迈进。我国民用机场的数量(不含香港、澳门和台湾地区)由 2008 年的 158 个,发展到 2019 年底的 238 个;北京首都国际机场的旅客吞吐量跃居全球第二,上海浦东机场货邮吞吐量排名全球第三;2019 年,我国民用机场(不含香港、澳门和台湾地区)有 39 个成为千万级机场。

除了数量和规模的增长,机场的运行管理模式和经营管理理念也发生了很大的变化,随着移动互联网、大数据技术、人工智能、5G 技术等的应用,旅客出行进入自助式、无纸化的模式;随着射频识别(RFID)技术、传感技术、区块链等技术在航空物流各环节的应用以及航空快递业务的快速发展,机场地面货物的处理流程也有很大的改变。可以说,机场的发展进入一个全新的时期。

2020 年 1 月,中国民用航空局发布了《中国民航四型机场建设行动纲要(2020—2035 年)》。2020 年 11 月,中国民用航空局发布了《四型机场建设导则》,明确四型机场的建设目标、基本原则、建设要点和实施步骤,指导国内各机场开展四型机场建设。

《中国民航四型机场建设行动纲要(2020—2035 年)》中明确指出:四型机场以"平安、绿色、智慧、人文"为核心,依靠科技进步、改革创新和协同共享,通过全过程、全要素、全方位优化,实现安全运行保障有力、生产管理精细智能、旅客出行便捷高效、环境生态绿色和谐,充分体现新时代高质量发展要求的机场。平安机场是安全生产基础牢固,安全保障体系完备,安全运行平稳可控的机场。绿色机场是在全生命周期内实现资源集约节约、低碳运行、环境友好的机场。智慧机场是生产要素全面物联,数据共享、协同高效、智能运行的机场。人文机场是秉持以人为本,富有文化底蕴,体现时代精神和当代民航精神,弘扬社会主义价值观的机场。四个要素相辅相成、不可分割。平安是基本要求,绿色是基本特征,智慧是基本品质,人文是基本功能。要以智慧为引领,通过智慧化手段加快推动平安、绿色、人文目标的实现,由巩固硬实力逐步转向提升软实力。而其中人文机场建设是提升机场软实力的一个较新的概念和方式。本书在这一方面的研究还有很多不足,也为编者今后继续深入研究提供了新的方向。

《民用机场运营与管理》(第2版)内容保持了前一版的主要章节体系,对部分数据和案例进行了更新。机场的运营管理岗位多、差别大、知识面要求广,本书力求涵盖机场运营管理的不同方面,让读者对机场的运营管理有整体的、宏观的了解。全书前四章内容包括了对机场发展历史的回顾、机场总体规划布局的介绍以及机场和区域经济发展的相关关系;第五章到第八章的内容详细介绍了机场飞行区和航站区的运行管理,机场生产运行绩效的评价以及机场商业经营的模式,重点阐述了新技术的应用给机场运行管理方式带来的变化,以及特许经营等模式在机场的应用和发展;第九章和第十章分别从服务质量管理和安全管理两方面阐述了机场运营管理中最重要的两方面,诠释了真情服务的理念以及机场安全绩效管理的应用等。

  本书由前一版原作者上海民航职业技术学院陈文华和上海民航职业技术学院狄娟负责修订,第一章至第五章由陈文华负责,第六章至十章由狄娟负责,并邀请上海民航职业技术学院张恒参编,陈文华负责对全书进行审定。编写本书时参考了很多同行和业内专家的文献、著作,在此一并感谢。

  由于编者水平有限,难免有诸多不足之处,真诚希望广大读者批评指正。

编　者

2021 年 2 月

第1版前言

2006年8月，上海虹桥国际机场公司为贯彻落实《关于进一步加强公司人才队伍建设的意见》精神，紧密结合虹桥机场新一轮建设发展对机场运营管理人才培养的需要，与民航上海中等专业学校开展校企合作，举办了"机场运营管理研修班"，并以此为契机建立起人才培养长效机制，使这项起初专门针对核心人才的培训课程，最终普及为所有职能部门乃至一线管理人员的必修轮训课程。2008年8月，我们对教学内容又作了适当浓缩、调整，尝试着将该项课程搬上了新进员工入职培训课堂。迄今为止举办的7期培训班均取得了圆满成功，培训所取得经验、成效也得到了上海机场集团公司领导的充分肯定和员工的普遍认同。

本教材是民航企业与行业院校"校企合作"的创新成果。其中，教学大纲由上海虹桥国际机场公司人力资源部主管费燕在对机场运营管理人才培养需求深入分析的基础上编写，陈文华副教授和狄娟讲师根据教学大纲，结合多年积累的教学经验执笔编写了本教材（第七、八章由狄娟讲师执笔）。此外，在教材编写过程中，还得到了上海机场集团汪光弟副总裁的关心，他亲自审稿并对教材提出了宝贵的指导意见；民航上海中等专业学校于再校长、杨征副校长和上海虹桥国际机场公司人力资源部宋惠明部长也给予了多方面的支持和帮助。经过7期教学实践，不断调整补充、优化完善，终于完稿，由人民交通出版社正式出版印刷。

由于水平有限，难免有诸多不足之处，真诚希望广大读者批评指正。

联系方式：chen4977wn@126.com

编 者
2008年11月

目 录

第一章　民用机场历史 ··· 1
　第一节　世界机场的发展历史 ·· 2
　第二节　我国民用机场发展回顾 ··· 4
　思考题 ·· 6

第二章　民用机场概述 ··· 7
　第一节　基本概念 ·· 8
　第二节　民用机场在经济活动中的作用 ··· 15
　思考题 ·· 19

第三章　民用机场改革与发展 ··· 20
　第一节　现状与差距 ··· 21
　第二节　机遇与挑战 ··· 30
　第三节　改革的方向 ··· 33
　第四节　推进四型机场建设 ·· 36
　第五节　"十三五"目标和机场布局中长期规划 ····························· 39
　思考题 ·· 42

第四章　民用机场布局 ··· 43
　第一节　飞行区 ··· 44
　第二节　航站楼区 ·· 61
　第三节　货运站区和其他部门 ··· 67
　第四节　地面运输区 ··· 71
　第五节　临空经济区 ··· 74
　思考题 ·· 76

第五章　机场飞行区运行管理 ··· 77
　第一节　概述 ·· 78
　第二节　飞行活动区安全管理 ··· 81
　第三节　机场飞行保障工作 ·· 85
　第四节　机坪运行管理 ·· 99
　第五节　飞行区航班作业管理 ··· 107

思考题 …………………………………………………………………………… 116

第六章　机场航站区运行管理 …………………………………………………… 118
　　第一节　旅客航站楼运行管理 …………………………………………………… 119
　　第二节　货运区运行管理 ………………………………………………………… 133
　　第三节　航站区运行管理发展新趋势 …………………………………………… 139
　　思考题 …………………………………………………………………………… 152

第七章　机场生产运营绩效 ………………………………………………………… 153
　　第一节　机场运营业绩的指标体系 ……………………………………………… 154
　　第二节　机场服务质量测评 ……………………………………………………… 160
　　思考题 …………………………………………………………………………… 166

第八章　机场内部资源利用 ………………………………………………………… 167
　　第一节　机场内部资源概述 ……………………………………………………… 168
　　第二节　智慧化手段提高机场资源利用的效率 ………………………………… 171
　　第三节　提高机场资源利用的效益 ……………………………………………… 175
　　第四节　机场特许经营权 ………………………………………………………… 185
　　思考题 …………………………………………………………………………… 192

第九章　民用机场服务质量管理 …………………………………………………… 193
　　第一节　民用机场服务质量 ……………………………………………………… 194
　　第二节　真情服务 ………………………………………………………………… 200
　　第三节　机场服务质量管理体系和监督机制 …………………………………… 207
　　思考题 …………………………………………………………………………… 213

第十章　民用机场安全管理 ………………………………………………………… 214
　　第一节　机场安全管理概述 ……………………………………………………… 215
　　第二节　机场安全绩效评价指标体系的建立 …………………………………… 221
　　第三节　机场应急救援管理 ……………………………………………………… 226
　　思考题 …………………………………………………………………………… 232

参考文献 ……………………………………………………………………………… 233

CHAPTER

第一章

民用机场历史

第一节 世界机场的发展历史

民用机场的沿革是一个伴随着航空科学技术的进步和航空运输业的发展,从简单到复杂,从单一功能到多种功能的发展历程。

动力技术不断创新:热气球→飞艇→活塞螺旋桨发动机→涡轮螺旋桨发动机(低亚音速)→涡轮风扇发动机(高亚音速)→加力式涡轮发动机(超音速)。

飞机机型不断推陈出新:飞行者一号→容克F13→麦道DC3→子爵号→窄体机B707、A320→宽体机B767、A300→巨型机B747、A380。

相应的机场标准不断提高:1A→2B→3C→4C→4D→4E→4F。

跑道结构也相应发生变化:土质、草地→碎石→沥青混凝土→水泥混凝土。

航站楼规模不断扩大:机库→简陋候机室→现代化的候机楼。

机场功能发生了质的变化:飞行人员的机场→航空公司的机场→社会的机场。

1783年9月19日,蒙哥尔费兄弟奉命为法国国王路易十六表演,9时左右,热气球在三万民众的欢呼声中,载着绵羊、公鸡和鸭子,升到450米高空,在8分钟里飞出3200米远并降落在小树林中,这是人类飞行前用动物所做的搭乘实验飞行。

1852年,法国人吉法尔发明了飞艇,飞艇相当于装上动力、拥有操纵性的气球,人类终于实现了自主飞行。第一次世界大战时期曾经有几百艘飞艇最先投入战场。

一直到20世纪30年代,飞艇担任着航空运输的主要任务。特别是要跨越海洋,来往于欧洲、美洲和亚洲之间,行程几千公里,只有飞艇才能既迅速又舒适地运送旅客。然而,最沉重的打击,却来自飞艇本身——氢气着火爆炸和设计事故。

世界上著名的大型飞艇接二连三地出事,而新兴的飞机越来越完善,尤其凭借在安全可靠方面的优势,飞机逐渐把飞艇从各条航线上全部排挤出去。至此,完成了"热气球→飞艇→飞机"的全部过渡历程,进入了飞机独占天空的年代。

20世纪70年代以来,人们又怀念起飞艇来了,各国又纷纷争着制造飞艇。这是因为飞艇有许多飞机所没有的优点:耗油少,对空气污染小,而且没有噪声;载质量(又称"载重量")大,飞行平衡,可以用它吊运大型货物或者作电视转播等;用不可燃的氦气代替易燃的氢气。因此,它将是一种大有希望的飞行器,古老的飞艇又焕发了青春。

热气球和气艇的起飞与降落只需要广场或平坦的地面,不需要跑道,故没有机场。

1903年12月17日,伴随着莱特兄弟试飞"飞行者"号的成功,美国北卡罗来纳州基蒂·霍克附近的海滩便成为世界上的第一个"机场"。从此,机场作为飞机起降的栖息地开始了其从小到大,从简单到复杂,从单一功能到多种功能的发展历程。

一、飞行人员的机场

在飞机诞生后的前几年,航空业的焦点是致力于飞机的发展和研究。当时只要找到一块平坦的地面,经过整平、压实或者再种上一些草皮,能承受不大的飞机重量,飞机就可以在上面起降了。1910年前后，飞机只是用于航空爱好者的试验飞行或军事目的的飞行，机场只为飞机和飞行人员服务，基本上不为当地社会服务。此时的机场十分简陋，只有有限的几个人管理飞机的起降，用简易的帐篷来存放飞机。这是机场发展的第一阶段，可以称之为"飞行人员的机场"。

二、航空公司的机场

第一次世界大战以后，欧洲开始建立起最初的民用航线。1919年8月25日世界上第一条由英国伦敦到法国巴黎的民用航线通航，由此揭开了航空运输的序幕。最初的航空运输几乎都是利用第一次世界大战剩余的飞机来进行的。这些飞机都得到不同程度的改进，以适用于商业运输。所谓改进往往只是拆除枪炮和炸弹挂架，有些飞机也开始安装简单的密闭座舱。飞行人员和地勤人员几乎全部是从军事飞行部队招收来的，实际上不需要经过业务训练。战时的旧飞机库和木棚充当候机室。世界范围的机场建设也随之逐步发展起来，机场大量出现于世界各地。开始有条形跑道和简陋的候机室，候机室仅仅是一座供旅客和亲友在出发前告别和到达时迎候的遮蔽所。检票和交运行李手续仍然十分简单，旅客步行登机，飞机靠近候机室停放。当时，货运量也很少，多为旅客班机带货，因此，客、货运站不分。

20世纪30年代，麦道公司DC-3型飞机试飞成功，可载客14人，并带卧铺，用于航空运输。随着航空技术的不断进步，飞机质量和轮胎压力不断增大，原来的机场已不能满足飞机使用要求，特别是在雨、雪等不良天气条件下，通常不能使用。随着航空运输业的发展，飞机的机型由小变大，客、货运量都有较大幅度的增加，航空客、货运业务逐步分开。为适应定期航班不断增加和两架、三架或更多架飞机同时停放的需要，不得不扩建候机楼以代替仅供一架飞机使用的候机室。为了满足航管、通信要求，跑道强度要求和一定数量旅客进出机场的要求，塔台、混凝土跑道和候机楼应运而生，现代机场的雏形已经开始形成。此时，机场主要是为飞机服务。这段时间是机场发展的第二阶段，可以称之为"飞机的机场"或"航空公司的机场"。

三、社会的机场

第二次世界大战后，国际上的交往开始增加，飞机的航程、载量和速度都在大幅增长，客、货运输量也不断增长，客观上对机场有了更高的要求。1944年11月，52个国家的代表出席了在芝加哥举行的会议，讨论有关国际民用航空问题，会议产生了《国际民用航空公约》。1947年国际民用航空组织（ICAO）正式成立，在20世纪50年代，国际民用航空组织为全世界的机场制定了统一标准和推荐要求，主要有《国际民用航空公约》的附件14-机场、附件16-环境保护等文件，使世界的机场建设和管理大体上有了统一的标准。

20世纪50年代末，随着喷气式民用航空客机的问世和投入使用，飞机开始真正成为大众的交通运输工具。这也标志着航空运输进入了一个崭新的历史阶段，同时也使得机场发生了质的变化——随着飞机起降速度的增加，雷达技术和仪表着陆系统为了配合空中交通管制的需要开始出现在机场里；机场的跑道、滑行道和停机坪也开始进行加固或延长，从而满足了飞机的起降要求；客、货数量的不断增加，客观上需要对原有的候机楼、停机坪、进出机场的道路进行改建和扩建，以满足航空运输的需要；航班数量的增加使噪声对居民区的干扰成了突出问题，于是对飞机的噪声限制和机场的规划建设有了更高的要求；为了机场的可持续发展，机场的规划建设与发展需要应和城市的规划建设与发展有协调的、统一的、长期的考虑;机场逐步开始成为可供各类飞机起降、服务设施完善的航空运输中转站。航空运输也开始成为地方经济的一个重要的、不可缺少的组成部分。此时机场已成为整个城市社会的一部分,因此从这个时期起机场成为"社会的机场"。

作为"机场的灵魂"的航站楼也在经历着不断的变迁。在飞行发展初期,机库及其旁边的旅客设施和办公设施组成的"机库候机楼"就是最原始的航站楼。第一个真正意义上的现代化候机楼是1923年建成的柏林的滕珀尔霍夫(Tempelhof)机场的航站楼,它包括行政办公区、旅客设施、大型餐馆和观察台。

到了20世纪30年代,航站楼开始具备现在为旅客所熟悉的功能。进入喷气时代前期,航站楼建筑设计大胆,侧重艺术表现力,倾向于彰显航空量的增长,于是航站楼成了新的城市观光点。20世纪50年代和60年代,纽约的肯尼迪国际机场(JFK)拥有世界上最好的航站楼,它是一座用玻璃做墙的椭圆形建筑,上面是一个面积为4英亩(1英亩=4046.856平方米)的钢筋混凝土顶盖。

从20世纪70年代开始至今,随着大型宽体喷气式运输机和航空运输量的迅速增加,机场开始向大型化和现代化的方向发展,一批配有先进的计算机自动控制设备的机场相继建成,从而大大促进了航空运输的发展。此时的机场飞行区更加完善,在助航灯光和无线电导航设施的辅助作用下,可以保证飞机在夜间和各种气象条件下安全起降;航站楼日益增大和现代化,功能齐全,值机、安检、航班动态显示、时钟、监控、广播、计算机信息管理、旅客离港、系统集成、楼宇自控、行李自动传输与分检、自动步道、自动扶梯、旅客登机桥等设施一应俱全;航站楼在保证大量旅客方便出入的基础上,旅客可以便捷地在航站楼内完成办理机票行李手续、安检、海关、检疫和登机一系列过程;机场对周边区域的辐射作用明显,如出现了宾馆、餐厅、邮局、银行和各种商店,旅客在机场里可以像在城市里一样方便;机场的安全运行条件不断改善,从而保证了机场的日常正常运行;机场与城市之间的距离由于噪声的缘故开始加大,两者之间可以选择先进的客运手段联络。

同时,在机场的发展历程中,作为"机场的核心"的跑道也发生着巨大的变化。跑道方面,最初的机场跑道仅仅是些草皮或者一块平地。20世纪30年代初期才开始出现用石料铺筑机场道面,也有用结合料处置的道面。后来,相继出现了沥青混凝土和水泥混凝土铺筑的机场道面。第二次世界大战期间,喷气式飞机开始使用;而喷气发动机喷出的高速、高温气流,扩散到地面上的速度达60米/秒,温度为150摄氏度,土质、草皮和一般砂石道面已无法满足要求,于是沥青混凝土和水泥混凝土高级道面迅速增加。之后,随着飞机本身质量和载质量大幅度上升、轮胎压力的提高、飞机起降更加频繁,跑道道面在强度、平整度、粗糙度以及排水性能等方面都有了更高的标准和要求,同时机场开始建设多条跑道以满足飞机起降的要求。

第二节　我国民用机场发展回顾

我国民用机场的发展起步较早。1910年8月,清政府拨款委任留日归来的刘佐成、李宝

4

竣在北京南苑修建工厂,制造飞机,同时利用南苑驻军操场修建了中国第一个机场。1920年4月24日,中国第一条民用航线——京沪航线京津段试飞成功,并于当年的5月8日投入运营。1936年7月10日,我国的第一条国际航线广州至河内开始通航。1937年7月7日,中国航空公司在京沪线增开夜航,以配合抗战运输,这也是国内民用航空夜航之始。到1949年以前,我国用于航空运输的主要航线机场仅有36个,包括上海龙华、南京大校场、重庆珊瑚坝、重庆九龙坡等机场,大都设备简陋。除上海龙华和南京大校场机场可起降DC-4型运输机外,一般机场只适用于当时的DC-2、DC-3型运输机。

1949年11月9日,中国航空公司、中央航空公司两家航空公司的部分员工和12架飞机从香港飞回内地,这就是著名的"两航"起义。"两航"起义为新中国民用航空事业的创建和发展做出了重要贡献。从此,新中国民用航空事业逐渐走向正轨,进入了欣欣向荣的新局面,机场的发展也开始谱写新的篇章。新中国成立初期,天津张贵庄机场是我国第一个较大规模的机场建设项目。1958年北京首都国际机场建成,新中国民用航空从此有了一个较为完备的基地。从20世纪50年代到1978年,由于受客观条件的影响,我国民用航空的发展比较缓慢,基本建设投资仅24亿元左右(年平均投资不足1亿元),陆续新建和扩建了北京、上海、广州、天津、西安、太原、哈尔滨、乌鲁木齐、兰州、成都、南宁、武汉等20多个机场,使航班运行机场达到了70多个(其中包括军民合用机场36个)。在这一时期,由于使用飞机机型小,因此所建设的机场规模也比较小,大多数是中小型机场。

改革开放以后,我国民用航空事业加快了前进步伐,机场的发展也呈现出前所未有的蓬勃生机。到"十二五"时期结束时,2015年民用航空运输机场数量达到207个(不含3个通勤机场),通用机场310个,运输飞机2650架,保障安全起降857架次,航油储备能力300万立方米,不重复航线里程达到531.7万公里,较好地支撑了行业规模的持续增长。2015年,运输总周转量、旅客运输量和货邮运输量分别是2010年的1.58倍、1.63倍和1.12倍。

"十三五"时期是全面建成小康社会的决胜阶段,也是建设民用航空强国的关键时期。按照我国民用航空"十三五"规划,进一步构建国家综合机场体系,至2020年,完善华北、东北、华东、中南、西南、西北六大机场群,新增布局一批运输机场,建成机场超过40个,运输机场总数达240个左右,按照实际需求,研究以货运功能为主的机场布局及运行机制,积极有序布局建设一批通用机场,力争达到500个以上。相关内容包括以下几点:

1. 着力加快枢纽机场建设,完善国际、区域枢纽机场功能

着力提升大型机场的容量,增强中型、小型机场保障能力。2019年9月25日,北京大兴国际机场正式投入运营,未来积极探索区域多机场协同发展,提升机场群整体效率。加快上海、广州等机场的改扩建工程,完善中转设施和服务流程,提升国际枢纽功能;加快成都新机场建设和青岛、厦门、大连等机场的整体迁建,开展珠三角枢纽(广州新)机场和三亚新机场前期研究工作。加快深圳、昆明、重庆、西安、乌鲁木齐、哈尔滨等机场改扩建工程,推进长沙、武汉、郑州、海口、沈阳、贵阳、南宁、福州等机场新跑道工程建设,优化机场多跑道运行方案,推进天津、杭州、南京等机场改扩建;加快呼和浩特新机场迁建工程,开展拉萨新机场研究工作。实施太原、长春、南昌、桂林、温州、兰州、宁波、合肥、石家庄等机场改扩建工程。

2. 加强非枢纽机场建设

新增布局一批运输机场,鼓励利用现有军用机场和通用机场升级改造为运输机场,提高航空服务均等化水平。机场航站楼建设要坚持简朴、实用原则。同时加快通用基础设施建设,加强航油保障基础设施建设。

3. 强化机场集疏和转运能力

注重机场与机场交通方式的高效衔接,构建以机场为核心节点的综合交通枢纽。民用运输机场应同步建设高等级公路,同步建设城市公共交通设施和道路客运站场等换乘设施,大中型枢纽机场尽可能引入高速铁路、城际铁路或市郊铁路。

4. 提高机场运营管理水平

深化机场管理改革,鼓励通过混合所有制改革方式激发企业活力,提升机场管理水平。深入推进特许经营,提高机场专业化服务水平。进一步提升机场运行效率,努力打造智慧机场。综合运用大数据、云计算、物联网、移动互联网等技术,推动机场安全防范、生产运行、旅客服务和商业运行等业务环节的集成创新,实现机场管理的精细化,提升旅客出行体验。鼓励引导临空经济区发展,加快形成珠三角、长三角和京津冀临空产业集聚区和示范区。

新中国成立以来,特别是改革开放40多年来,航空运输的迅猛发展极大地加快了民用机场的建设步伐,在民用机场数量增加的同时,机场的规模、功能设施、技术装备、质量标准等各方面都有了质的飞跃。到2019年底,我国民用航空国内通航机场有238个(不含香港、澳门和台湾),见表1-1。在各通航机场中,国内定期航班通航城市234个。2019年我国机场全年旅客吞吐量超过13亿人次(约为135162.9万人次),是1980年(639万人次)的211倍。

2019年各地区颁证运输机场数量　　　　　表1-1

地　　区	颁证运输机场数量(个)	占全国比例(%)
全国	238	100.00
东部地区	54	22.69
中部地区	36	15.13
西部地区	121	50.84
东北地区	27	11.34

注:东部地区是指北京、上海、山东、江苏、天津、浙江、海南、河北、福建和广东10省(直辖市);中部地区是指江西、湖北、湖南、河南、安徽和山西6省;西部地区是指宁夏、陕西、云南、内蒙古、广西、甘肃、贵州、西藏、新疆、重庆、青海和四川12省(自治区、直辖市);东北地区是指黑龙江、辽宁和吉林3省。

思考题

1. 第一个机场是什么时候诞生的?机场发展到现在经过了哪几个阶段?各具有什么特点?
2. 现代化的机场从功能方面如何适应航空运输的发展?
3. "两航起义"对新中国民用航空发展有何影响?
4. 民用航空"十三五"规划中从哪些方面进一步构建国家综合机场体系?

CHAPTER

第二章

民用机场概述

第一节 基本概念

一、民用机场的概念

《中华人民共和国民用航空法》(以下简称《航空法》)中的"民用机场"是指专供民用航空器起飞、降落、滑行、停放及其他保障民用航空活动的特定区域,包括附属的建(构)筑物和设施。

(1)航空器是指依靠空气的反作用力被支承在大气中的机器。包括民用飞机、直升机、飞艇、热气球等。

(2)民用航空是指使用各类航空器从事除了军事性质(包括国防、警察和海关)以外的所有航空活动,简称民航。一般分为商业航空(又称为航空运输)和通用航空。

(3)《航空法》中"民用机场"不包括临时机场和军民合用机场,军民合用机场由国务院、中央军委另行制定管理办法。

(4)特定区域是指飞行区,是由净空障碍物限制面所要求的尺寸和坡度等形成的面积和空间,还包括机场的各种设施、建(构)筑物等,如旅客航站楼、目视助航系统、通信导航、气象、空中管制等设施以及其他建筑物,这些设施和建(构)筑物是保证机场正常运营及飞行安全的基础设施。

各国对机场的解释不完全一致。苏联、罗马尼亚有"机场"和"航空港(站)"两个概念,把只为航空器起降和停放并具备相应设施的指定区域称为"机场",把为旅客、托运人提供客、货运服务的机场称为"航空港(站)"。美国航空法中"着陆区"的概念与苏联、罗马尼亚的"机场"有点类似,把供客、货运输服务的着陆区亦称为"航空港"。我国《航空法》中没有使用"航空港"一词,但在"民用机场"定义中已经包括国外立法中"航空港(站)"的含义。按国际通例把商业航空运输的机场一律称为空港。

本书各章节中如不做特殊说明,"机场"均指"民用机场"。

二、民用机场的定位

机场作为民航运输市场体系中的一个重要组成部分,是衔接民航运输市场供给和需求间的纽带。但长期以来,机场与航空公司相比在市场经济活动中处于相对被动的地位。同时,机场的市场定位界定不甚清晰,使得机场的建设投资、经营管理、政府监管等往往出现偏差。随着航空运输市场的不断成熟和发展,对机场的运营也提出了更高的要求。明确机场的市场定位是机场经营运作的前提和基础,同时对提高机场的经营效益、加强民航业政府监管也具有十分重要的现实意义。

正确的定位是由机场的特殊性所决定的。我国机场行业的特殊性主要体现在以下四个方面:

(1)公益性。我国机场业是关系国民经济发展的重要交通基建行业,很大程度上国家不会放弃对它的管制。在《民用机场管理条例》中,机场被定义为具有公益性质的基础设施。

(2)区域性。机场是一定区域内的机场,对区域经济具有依赖性,地区经济对机场发展有巨大的带动作用,机场业的发展离不开地方政府的支持;相反,机场业的发展对区域经济又有强大的推动作用,正因为如此,被视为区域经济的"发动机"。

(3)自然垄断性。由于机场投资大且有一定的有效辐射范围,在一个相对独立的区域内,只能有一个民用机场,这在一定程度上决定了机场业有一定的自然垄断特性。只有在某些特定的城市才有两个或三个机场,而这些机场又由一个管理机构进行管理,如我国的上海市就有两个机场,但两机场间不存在竞争。

(4)准军事性。根据国家安全需要,民航机场将随时服从国家征用,变为军事用途,因而具有准军事性特征。

机场在社会、政治、经济活动中的定位可分为两类:公益性定位与经营性(收益性)定位。

1. 机场的公益性定位

机场的公益性定位是国家与行业为了经济发展的需要,从改善交通与经济发展环境的角度出发,突出机场作为一项国家基础设施的社会功能,并将机场作为公益设施进行管理。

机场的特点是由政府负责投资,产权归政府所有,由政府直接管理或组织机场管理部门对机场进行管理。机场不以赢利为目的,旨在为航空公司和公众提供公正、良好的竞争环境和服务,机场亏损由政府进行补贴。

美国的机场除少数几个机场由州政府拥有外,基本上全部是由县政府拥有,县政府设立准政府机构"管理局"负责机场的运营。机场建设资金主要由地方财政负责,另外也可向美国联邦航空局(FAA)申请航空信托基金的机场改善项目(AIP)项目获得一定比例的赠款。由于机场建设投资量大,资金使用时间比较集中,所以一般靠地方政府发行债券来筹集资金,以后再由财政统一安排偿还。机场运营的资金来源主要为起降费、机场内的商业招租费,另外也可以向旅客和承运人收取一些地方规定的税费,运营亏空由政府补助。

我国的机场受美国式机场影响,以公益性定位为主。随着社会的发展和经济水平的提高,我国的机场管理制度经历了多次变革,自1949年设立民用航空局,一开始是由人民革命军事委员会管辖,1980年由空军代管变革为国务院领导,1985年又有了管理体制改革,1987—1994年,又分设了地区管理局、航空公司和机场。1994—1998年,改革进一步形成三种模式,即中国民用航空总局、地方及中国民用航空总局与地方联合建设、管理机场。2004年,除了北京首都国际机场(及天津滨海)和西藏自治区内的机场以外,其他机场都属于地方政府管理。政企改革后,政府也从以往的行政命令和直接干预转变成法律手段和经济手段,辅助一定的宏观调控和行政手段。长期以来,我国绝大部分机场都归属中国民用航空局管理,按事业单位运营,亏损由中国民用航空局补贴,这种政策造成机场"等、靠、要"的思想,机场经营积极性不高,航空业务收入是机场的主要收入或唯一收入,机场亏损严重。2000年,我国近140多个机场中,亏损面高达80%。

2. 机场的经营性(收益性)定位

2002年我国民用机场开启属地化管理改革,政府在机场建设运营中不断引入民间资本,一方面是为了缓解机场建设巨额投资的压力,另一方面也是为了提高市场的经营效率。机场在企业化定位的大环境下,开始学习国外同行,利用机场的资源,进行多元化经营,注重非航空业务的开发，取得了一定的成绩，机场逐步从公益性转变为经营性机场。

机场运营管理通过变革，引进多元资产结构，对机场进行大规模的投资，按商业企业的形式组织和经营，加大机场自身的经营自主权和财务自主权。改变了许多运营政策，目的是让机场运营更有效，并且建立以消费者为导向的服务理念。

我国不同机场也在探索新的经营管理模式，以提高机场的运行效率和经济效益。厦门国际航空港股份有限公司、上海国际机场股份有限公司、北京首都国际机场股份有限公司、广州白云国际机场股份有限公司、深圳市机场股份有限公司，海南美兰机场股份有限公司陆续上市。珠海机场让香港机场进行特许专营合作；西安机场接受法兰克福机场的投资；杭州萧山机场和香港机场成立合资公司，负责机场业务；上海机场集团和香港机场成立合资公司，为虹桥机场提供管理服务；同时机场也开始引入多种经营模式，如特许经营、建设—经营—转让（BOT）。机场逐步放开管制，由社会福利最大化偏向市场化运作。2018年2月23日中央人民政府同意建立湖北鄂州民用机场"顺丰机场"，顺丰公司也成为国内第一家拥有自己机场的快递公司。

3. 我国机场的定位

中国民用航空局《关于进一步深化民航改革工作的意见》中明确指出，机场是公共性基础设施，要推行机场的分类管理，引导地方政府对具有赢利能力的大型机场实行企业化管理，对中小型机场则按照公益性企业的要求管理。

对于收益性机场，明确其企业型定位，赋予其更大的经营自主权和财权。在建设投资方面，主要通过引导民间资本投入或机场自我融资进行建设，机场的一般维护建设财政不再投入资金，但机场飞行区等公益性建设可申请政府资金投入。在运营方面，鼓励和帮助收益性机场从传统运营模式向现代运营模式转变。如通过规章或其他法律形式，明确机场专营权概念。但是对航空器地面服务和航空食品，由于其涉及航空公司的生产运营环节，不应包含在机场专营权范围内；对航油加注领域，由于我国机场现有航油储存、供应系统都由航油集团公司建设，在当前体制下也不宜纳入机场专营权范围。

对于公益性机场，主要由政府进行公益性投资并承担经营责任，这类机场不以盈利为目标，机场管理机构的职责是维护机场的正常运转。为实现普遍服务的目标，政府应对这类机场的运营亏损进行补贴。

三、民用机场的开放与使用

民用机场必须经验收合格，取得机场使用许可证，方能开放使用。民用机场是否按国务院民用航空主管部门制定的标准进行建设，是对民用机场申请机场使用许可证审查工作的最基本、最重要的内容。只有坚持按照标准验收，才能保证机场投入使用后能正常运营。

《航空法》第六十三条规定，民用机场使用许可证由机场管理机构向国务院民用航空主管部门申请，经国务院民用航空主管部门审查批准后颁发。

《民用机场使用许可规定》第四条规定，中国民用航空地区管理局（以下简称民航地区管理局）负责对所辖区域内的民用机场使用许可实施监督管理。根据中国民用航空局授权审批颁发本辖内飞行区指标为4D（含）以下运输机场和通用机场的"民用机场使用许可证"。

"民用机场使用许可证"有效期为5年。

民用机场具备下列条件,并按照国家规定经验收合格后,机场管理机构方可申请"民用机场使用许可证":
(1)具备中华人民共和国法人资格;
(2)机场高级管理人员具备相应的条件;
(3)机场资产的资本构成比例符合国家有关规定;
(4)具备运营管理运输机场的组织机构和管理制度;
(5)具备与其运营业务相适应的飞行区、航站区、工作区以及服务设施和人员;
(6)具备能够保障飞行安全的空中交通管制、通信导航、气象等设施和人员;
(7)飞行程序和运行标准已经批准并正式公布;
(8)具备符合国家规定的安全保卫条件;
(9)具备处理特殊情况的应急预案以及相应的设施和人员;
(10)具备满足机场运行要求的安全管理体系;
(11)国务院民用航空主管部门规定的其他条件。

国际机场的设立,由机场所在地省、自治区、直辖市人民政府向国务院民用航空主管部门提出申请,由国务院民用航空主管部门会同国家有关行政主管部门审核后,报国务院批准。国际机场除具备运输机场开放使用的条件外,还应当具备国际通航条件,设立口岸查验机构,并经验收合格后,方可对国际和地区航班开放。国际机场的开放使用和国际机场资料,由国务院民用航空主管部门统一对外公告。机场管理机构应当根据国家有关规定为口岸查验机构提供必要的工作条件。

四、民用机场的分类

根据民用机场的性质、规模大小、业务范围以及在民航运输系统的地位和作用,对其按不同标准和要求进行分类,以便于科学管理、合理建设与设置相应配套设施和机构。机场分类如图2-1所示。

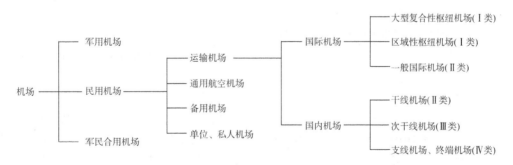

图2-1 机场的分类

1. 按机场的使用性质划分

机场根据其使用性质,可以划分为军用机场、民用机场、军民合用机场。军民合用机场主要用于保证作战飞机、航线飞机的停放和正常飞行。截至2018年6月,全国共有64个军民合用机场。过去许多民用机场都是由军民合用机场改建而成,例如:原来的兰州中川机场、福州义序机场、济南张庄机场、杭州笕桥机场,现在的大连周水子机场、青岛流亭机场等。

2. 按照飞行航线的性质划分

民用机场根据是否对外开放,可以划分为国际机场和国内机场。

国际机场是指已在国际民用航空组织(简称"国际民航组织")登记并对外开放、可以接受外国航空器起降或者备降的机场。它包括国际定期航班机场、国际定期航班备降机场、国际不定期飞行机场、国际不定期飞行备降机场等。国内机场是指国际机场以外的一切其他机场。截至2018年底,我国有50个国际机场,华东地区有上海浦东、上海虹桥、杭州萧山、宁波栎社、合肥骆岗、厦门高崎、南京禄口、青岛流亭、济南遥墙、福州长乐、南昌昌北、烟台莱山、黄山屯溪、泉州晋江、常州奔牛、南通兴东、徐州观音、扬州泰州、温州龙湾19个国际机场。

3. 根据飞行活动的性质划分

民用机场根据飞行活动的性质,可划分为运输机场和通用航空机场。

运输机场是指供公共航空运输的民用航空器从事航空运输活动使用的民用机场,也可以用于通用航空活动。通用航空机场是指除运输机场之外,供民用航空器使用的民用机场。主要为工业、林业、农业、牧业、渔业生产和国家建设服务的作业飞行,地矿测绘、城市建设、石油开发服务飞行,以及医疗卫生、抢险救灾、海洋及环境监测、科学实验、教育训练、文化体育、行政公务、旅游观光、航拍影视、宣传广告等各项工作活动之用的机场。

4. 根据运输的功能划分

民用机场根据运输功能,可划分为支线机场和枢纽机场。

机场是航空运输的重要基础设施,它随着航空运输业的发展以及企业经营方式(特别是航空公司的航线网络)的转变而得到不断发展。在航空运输早期,航空运输企业普遍采用"城市对"的航线结构,机场功能仅仅满足终端旅客需求,这类机场称为终端机场。随着航空运输业的发展,各航空公司出于航空市场竞争的需要以及提高经济效益等因素的考虑,对其所采用的航线结构进行调整,采用"轴心辐射式"航线结构来代替传统的"城市对"航线结构,从而形成枢纽机场的概念,机场功能不仅要满足终端旅客的需求,还要满足中转旅客的需求,这类机场称为枢纽机场。那些连接枢纽机场的终端机场称为支线机场。

5. 按照机场所在城市的性质、地位划分

按照机场所在城市的性质、地位并考虑机场在全国航空运输网络中的作用,可以将机场划分为Ⅰ类、Ⅱ类、Ⅲ类、Ⅳ类。

(1)Ⅰ类机场:全国政治、经济、文化中心城市的机场,是全国航空运输网络和国际航线的枢纽,运输业务量特别大,旅客吞吐量在4000万人次以上,除承担直达客、货运输功能外,还具有中转功能。我国2019年有10个Ⅰ类机场,分别是:北京首都国际机场、上海浦东国际机场、广州白云国际机场、成都双流国际机场、深圳宝安国际机场、昆明长水国际机场、西安咸阳国际机场、上海虹桥国际机场、重庆江北国际机场、杭州萧山国际机场。

(2)Ⅱ类机场:省会、自治区首府、直辖市和重要经济特区、开放城市和旅游城市或经济发达、人口密集城市的机场,可以全方位建立跨省、跨地区的国内航线,是区域或省区内航空运输的枢纽,有的可开辟少量国际航线,吞吐量为1000万~4000万人次,我国2019年有29个Ⅱ类机场。Ⅱ类机场也可称为国内地区枢纽机场或干线机场。

(3)Ⅲ类机场:国内经济比较发达的中小城市,或一般的对外开放和旅游城市的机场,能与有关省(自治区、直辖市)中心城市建立航线,吞吐量为200万~1000万人次,我国2019年有35个Ⅲ类机场。Ⅲ类机场也可以称为次干线机场。

(4)Ⅳ类机场:支线机场,指旅客吞吐量在200万人次以下的机场及直升机场。

根据国际航空运输的发展趋势,结合我国实际情况,从充分发挥机场功能以及有利于今后合理布局和建设的目的出发,根据机场目标年旅客吞吐量,2018年中国民用航空局机场司发布的《绿色机场规划导则》将民用运输机场分为超大型机场、大型机场、中型机场和小型机场。

(1)超大型机场为目标年旅客吞吐量8000万人次以上(含8000万人次)的机场。

(2)大型机场为目标年旅客吞吐量2000万~8000万人次(含2000万人次)的机场。

(3)中型机场为目标年旅客吞吐量200万~2000万人次(含200万人次)的机场。

(4)小型机场为目标年旅客吞吐量200万人次以下的机场。

五、民用机场的功能

民用机场的基本功能包括以下三个方面:一是供飞机起飞、降落;二是供旅客到达(进港)、出发(出港、离港);三是供货物运入、运出。机场承担旅客和货物地面运送的全部任务,既是地面运输和航空运输的交接面,又是旅客、货物运输的集散点。机场是航空运输生产场所,是航空运输生产的一个重要环节。

六、机场管理机构的主要任务和职责

1. 机场管理机构的主要任务

机场管理机构的主要任务是建设、管理好机场,保障机场安全、正常运行,为所有航空运输企业、通用航空企事业和其他部门的飞行活动提供服务;为旅客提供服务;为驻机场各单位提供工作和生活服务。

机场管理机构必须按照机场所具备的条件,保证各种设施、设备处于正常使用状态。

机场管理机构必须保证飞机在机场活动区域内运行的安全和效率。根据各航空公司使用机场的情况以及旅客、货物吞吐量的增长情况,不断进行机场的扩建、添置、更新各种设施、设备,提高机场保障服务的功能,以满足航空公司使用和发展的需要,满足不断增长的旅客的需要。

2. 机场管理机构的具体职责

(1)机场管理机构应按照中国民用航空局颁发的机场使用许可证或对民用航空器开放使用的批准文件规定的范围开放使用。凡经中国民用航空局批准的航线和公布的航班时刻,包括中国民用航空局批准指定的备降机场,机场必须予以保证。

(2)定期定时检查、维护飞行区的设施(包括跑道、跑道端安全地区、滑行道、停机坪、客机坪和助航灯光等目视助航设施、围界设施),及时清除道面上的橡胶附着物、积水、冰雪;消除有碍安全的隐患;保护机场净空和各类标志、标志物完好,清晰可见;保证飞行区处于良好、正常状态。

(3)负责乘机旅客及飞机运载的行李、货物、邮件的安全检查和飞机监护,防止危及空防安全的物品进入飞机。

(4)管理机坪。负责飞机机位分配和停放,以及进入客机坪的车辆、设备、人员的管理,维

护秩序和安全,防止客机坪阻塞。

(5)管理候机楼,为旅客提供安全、舒适、方便的候机环境和条件。管理、维护候机楼内各系统及设施、设备,包括照明、动态显示、电视监视、广播、空调、冷暖气、供水系统;电子钟及其控制、自动门、行李传送带、活动步道、防火装置、紧急出口等设施、设备。制定候机楼内的整体布局,确定旅客办理各种乘机手续的流程路线及其各种设施设备的位置,管理各种标志。为旅客提供饮水、公用电话、手推车、医疗救护、在机场遗失物品的认领、小件行李寄存保管、问询等服务。

(6)管理机场范围内机动车辆的运行,规定行车路线、速度、停车位置,制定标志。对公用停车场进行管理。

(7)负责环境保护(包括噪声、鸟害、排污等)、公共区域的清洁卫生和垃圾废物的处理以及环境美化。

(8)维护机场治安秩序,保障机场安全。

(9)机场范围内以及指定地点的消防救援;按中国民用航空局规定制订和组织实施应急救援计划,并按规定组织定期演练。定期演练要邀请当地政府有关部门、中国民用航空局、地区管理局代表观察,并根据提出的意见调整演练内容。

(10)提供机场运行的有效资料,按规定上报统计资料和报表。

(11)统一管理和建设机场非盈利性质的供水、供电、供气、道路等公用基础设施,通过收费收回投资和维持正常运转。

(12)为驻场单位职工提供合理的有偿生活服务。

机场管理机构在履行以上职责时,对某些项目可以采取招标的方式,承包给某一单位经营。但无论在任何情况下,机场管理机构均应负管理责任。

航空公司可以租赁机场场所承办本公司和代理其他航空公司有关广播、问讯、动态显示、飞机到达停机位的指挥等工作。航空公司承办这些工作时,应与机场有明确协议。

3. 民用机场的主要业务

民用机场一般有以下11个方面的航空与非航空业务。

(1)为航空器安全运营提供各类设施及服务。包括提供跑道、滑行道、助航灯光,飞行区安全保障(围栏、保安、应急救援、消防和防汛)、驱鸟及除草;航空器活动区道面维护及保障(含跑道、机坪的清扫及除胶等);提供航空器停放机位及安全警卫、监护、泊位引导系统等设施及服务。

(2)为旅客提供各类设施及服务。为过港旅客和转港旅客提供服务设施,主要包括:提供广播、问讯服务设施;提供飞行动态情况显示设备;提供分拣、装卸行李与邮件的设备;为进出港旅客提供登机桥及服务;为机场安全检查、现场保障和联检等单位提供工作场所及水、电、空调等有关配套设施;为旅客和头等舱旅客提供候机室和相关服务设施;为旅客提供其他综合配套服务设施。

(3)为航空公司提供航空营业场所。为满足航空公司业务经营需要,在机场区域内为承运人(航空公司)或其代理人提供有关营业场所,如值机柜台、值机室、补票柜台、售票柜台、售票室,提供办公场所等设施服务。

(4)为国内外航空运输企业、进出港和转港的旅客提供过港服务和地面运输服务。为出港和到达旅客提供各种地面后勤和输送服务,如随机文件的传送、飞机载量的控制,为飞机供水、供电、供气,引导旅客上、下飞机,传送、分拣、搬运、装卸、分发和查询行李、货物和邮件。

(5)提供安全检查服务。安全检查服务是对过港旅客及货物进行必要的安全检查,保证航空飞行的安全。

(6)经营或出租机场内的商业场所。机场候机楼内辟有多种商业场所,如餐厅、酒吧、咖啡厅、商场、邮局、银行、计时宾馆等。环境幽雅,设备齐全,为过港旅客提供购物、用餐、邮电、金融及其他休闲服务。机场负责经营或出租这些商业活动场所。

(7)航空代理业务。机场可以代理中外航空公司,从事经营国内、国际航空的客、货销售业务,客、货运包机、租机、仓储及地面运输等业务。

(8)广告业务。机场在广告业务方面有着得天独厚的优势,机场可从事对外经营和代理广告业务,为中外客户提供广告宣传的设计、策划和咨询,经营机场内广告位和设施的对外租赁业务。

(9)国际商贸业务。国际商贸是机场利用航空运输企业开展商贸活动的特殊优势而从事的另一项业务,主要经营国家政策许可范围内的各种免税商品和中国传统的工艺品、玉器、服装等商品。

(10)应急救援服务。机场从事航空港突发事件应急救援,为中外旅客疾病的救治以及驻场单位员工、家属医疗保健、卫生防疫而提供的一项服务业务。

(11)提供停车设施及服务。为接送旅客、机场工作人员上下班的地面交通工具提供停车设施和服务。

第二节　民用机场在经济活动中的作用

民航在政治、社会、军事、外交、文化等领域,也发挥着十分重要的战略作用。许多国家(地区)把民航定位为战略性产业,把发展民航业上升为国家(地区)战略,使之成为在全球化过程中获取利益的有力工具。

民航业是国民经济的重要基础产业,是综合交通运输体系的有机组成部分,其发达程度对内反映了一个国家(地区)的现代化水平、经济结构和开放水平等状况,对外则是衡量国家、地区经济竞争力的重要指标。《关于促进民航业发展的若干意见》开篇即明确"民航业是我国经济社会发展重要的战略产业",标志着发展民航业上升为国家战略,建设民航强国战略构想纳入国家战略体系。

机场作为民航运输和城市的重要基础设施,是国家及区域综合交通运输体系的重要组成部分,具有广泛的社会效益和经济效益。机场也是社会公共服务体系和应急救援体系的重要组成部分,是国家战略资源和国防基础设施,对加强国防建设、增进民族团结、缩小地区差距、促进社会文明进步具有重要意义。

民航在国民经济发展中处于重要的战略地位,对四化建设起着重要的推动作用。民用机场又是国家交通基础设施的重要组成部分,民用机场的建设既带动了航空运输蓬勃发展,使航空运输网络向更广阔领域发展,又是当地区域经济对外开放的门户,促进了当地与经济发达地区经济、科学、文化、教育等方面的交流,对区域经济的发展、科学技术的进步、文化艺术的促进等具有十分重要的作用,对于世界人民之间的友好往来,发展旅游事业、侨胞探视访问、为国家创收外汇也有着重要的政治意义和经济意义。

一、机场是国家的门户、地区的窗口、走向世界的重要桥梁

民航的作用不仅仅在于它创造或促进了经济活动,还在于它对整个社会发展和人们生活方式的积极影响。民航改变了人们的时空观念和生活方式。从飞机发明至今,一百多年过去了,由于飞机变大变快,使地球越变越小,变成了真正意义上的"地球村"。正是因为航空运输,彻底改变了人们的时空观念和传统的经济地理概念,使得人们拓宽了视野,增加了工作机会,扩大了消费的选择范围。机场作为航空运输的节点,成为国家的门户、地区的窗口、走向世界的重要桥梁。

在国家软实力的全球传播中,民航建立起了一种新的高效率的文化交流通道。各国各地区的民航运输本身代表着一种文化,通过航空运输,增进了人们对各国各地区的文化了解,促进了对不同文化的认同,实现了更高程度的国际融合。同时,航空运输的发展水平也关系到一个国家在国际上的政治声望和软实力。2008年我国成功举办北京奥运会和残奥会,2010年成功举办了第41届中国上海世界博览会,2018—2020年连续三届中国国际进口博览会在国家会展中心(上海)举行,2020年中国国际服务贸易交易会全球服务贸易峰会于9月4日在北京举行,其中中国民用航空运输的保障作用受到各方高度评价和充分肯定。让更多的中国人通过机场这个地区窗口走出国门看世界,让世界各国人民走进国家的门户了解中国,大大拓展了人们的视野,建立了一种新的高效率的文明传播通道,使得相距遥远的人群和不同的民族能够更容易地交流思想、文化、情感、艺术、宗教、风俗等,加深彼此之间的了解与沟通,共同推进社会文明,共享人类文明进步的成果。

二、民航促进社会融合、地区稳定和民族团结,是维护国家统一的黏合剂

民航是促进老少边穷地区发展的重要力量,是维护国家统一和民族团结的黏合剂。我国地域辽阔,发展很不平衡,特别是老少边穷地区,交通不便往往是制约其发展的瓶颈,因而发展民航便成为更好的选择。尤其是发展西部民航事业,不仅对提升人民生活质量、缩小我国地区差别有着极为重要的作用,而且对维护社会稳定、促进民族团结具有重要的战略意义。与此同时,我国还面临维护国家领土完整、实现祖国和平统一的重大考验。

民航由于具有投资少、机动性强的特点,飞行不受高山、河流、沙漠的阻隔,成为连接偏远地区的最佳交通运输途径。许多偏远地区通过航空运输,使食品运送、医疗、教育和邮递等基本公共服务得到保障。目前,美国、澳大利亚、欧盟等国家和地区,都通过采取"基本航空服务计划"等措施以保证航空运输的普遍服务,改善偏远地区与外界联系的条件,促进偏远地区社会的发展与进步。在我国边疆地区,如新疆、西藏、内蒙古、云南、黑龙江等地,自古以来交通运输就是密切民族交往的桥梁,在发展地面交通受到诸多限制的情况下,加快这些地区的民航建设,对于加强边疆与内陆、沿海地区的联系,缩小中西部和老少边穷地区与东部发达地区经济发展水平的差距,促进各民族社会、文化交流,增进民族团结,确保地区稳定等方

面具有极其重要的意义。

三、机场是现代化综合交通集散地

世界上大型枢纽机场是一个完整的海、陆、空交通枢纽中心。现代化大机场既有铁路也有港口，一般机场的地面交通系统包括公共汽车、私人汽车、出租汽车、地下铁路、轻轨快速运输系统等；停车设施包括停车场、停车楼、远距离停车场、长期停车场等；候机楼可以有多幢，建筑面积为几万、十几万甚至几十万平方米；客机坪可以同时停放几十架飞机。这样的候机设施，可以在一小时内为几十架甚至上百架的各类飞机的几千乃至上万名旅客办理进出港手续，提供各种服务，年旅客流量达到几千万人次，甚至上亿人次。

随着海、陆、空多维立体综合交通体系的建立，将给旅客带来极大的便利。不久的将来，人们不再把出行看作从一个城市到另外一个城市简单的地理位置上的迁移，而是一种全过程的休闲享受。通过建立多维立体交通体系，机场不再是一个孤立的小岛。机场将是一个大型的客、货源集散地，机场与当地交通包括公交车、地铁、火车、轮船在内，组成综合交通体系，以确保所有的旅客、货物能够在最短的时间内到达或离开机场，成为现代化综合交通的集散地或枢纽中心。在欧洲，所有的机场，不管它有多么小，都与其他地面运输组成一个综合交通体系。现代化综合交通系统的建立为航空运输增加了数以万计的旅客。集飞机、地铁、公交车、火车于一身的一票多用在欧洲取得了空前的成功，这种多式联运的运输方式对于我国机场建设和发展来说具有十分重要的借鉴意义。

综合枢纽的建成刺激了现代服务业的发展。航空运输是现代服务业的重要组成部分，同时，它又为其他服务业提供了强有力的支撑，甚至能决定某些服务业的发展命运。现代服务业的迅速发展，产生了巨大的人流、物流和信息流，公务商务人员的旅行、公务商务文件的快速递送和科技含量高、体积小、价值大的产品的运输，一般都依赖航空运输。号称世界上最复杂的交通枢纽工程——上海虹桥综合交通枢纽初现蓝图，一举囊括空港、高速铁路、城际铁路、城市轨道交通、公共汽车等各种交通系统。现在的上海虹桥综合交通枢纽，走出机场，你就能搭乘高速铁路、地铁、城际公交等到任何你想去的地方。这就是传闻中的"超级车站"的便利之处。虹桥交通枢纽包括4个新的综合社区以及1个新的容纳国内外航班的机场航站楼、30条城际列车及高速列车的站台、1个能容纳2条线路的地铁站以及1个新的城际公交总站。交通枢纽中心的设计日旅客流量超过百万，将成为中国最大的现代化综合交通集散地。

四、机场是国家和地区经济起飞的发动机

民航是经济全球化的主流形态和主导模式，机场在发展过程中所承担的职能已经远远超越了运输功能。民航业的持续、健康发展，不仅与旅游等相关产业存在直接的互动关系，而且对改善投资环境，促进整个国民经济和社会发展，发挥着重要的保障作用，成为国家和区域经济增长的"发动机"。

过去，人们常常讲，要致富先修路！现在是，要开放上民航！事实上，在经济全球化背景下，航空运输不再仅仅是一种交通运输方式，而且成为区域经济融入全球经济的最佳通道。航空运输还改善了投资环境，优化了地区经济结构，带动了产业升级和服务业发展，营造了区域

经济与国际市场的无障碍运输环境,增加了地区就业机会,因而是区域经济和城市竞争力的重要组成部分。统计表明,民航投入与国民经济回报大约是1:8的关系。尤其是大型国际枢纽机场已突破了单一运输功能,通过与多种产业有机结合,形成带动力和辐射力极强的"临空经济区",成为区域经济发展的"发动机"。这几年来,各级政府更加重视发展民航业,建设机场的热情高涨,特别看重开辟国内主要城市尤其是国际航线航班,说明民航业的作用在增强。我国的机场特别是大型国际枢纽机场,早已突破单一运输功能,也不再仅仅是城市的重要基础设施,而是通过与多种产业有机集合,形成带动力和辐射力极强的"临空经济区",对区域经济社会发展产生强大的辐射效应,正如习总书记所说将北京新机场定位为首都的重大标志性工程、国家发展一个新的动力源。

五、机场是社会公共服务体系和应急救援体系的重要组成部分

民航是社会公共服务体系和应急救援体系的重要组成部分。具备健全的、先进的公共服务体系和应急救援体系,是衡量社会发展进步的重要标志。在许多国家,航空运输为邮政、医疗救护提供运输服务,通用航空广泛应用于治安监控、环境监测、边海防巡查、城市消防和通勤运输等社会管理和保障领域。在应急救援方面,航空运输和通用航空通过货物运送、难民转移,向面临自然灾害、饥饿和战争的人们提供必要的人道主义救援。在地面交通被阻塞的情况下,空中交通就显得异常重要。2008年5月12日汶川发生特大地震,对人民生命财产安全造成了严重危害。汶川抗震救灾,民航发挥了重大作用。这种作用表现为一是及时,二是有效,三是代价小。地震后仅7个小时,成都双流机场就重新开放。在铁路和公路受阻的情况下,5月13日凌晨中国民用航空局接到中央领导火速运送解放军和消防人员的命令后,立即安排55架飞机,在8个小时内把8000多名消防特警从全国各地运送至灾区。在地形特别复杂的灾区,直升机发挥了无可取代的作用。特别是在唐家山堰塞湖的紧急排险中,直升机在运送大型装备物资和救灾人员的行动中起到了重大作用。2020年初新冠病毒突然在武汉暴发,面对严峻复杂的疫情形势,中国民航一架架航班千里驰援,在我国疫情防控中发挥了突出作用。

六、民航是国家国防和经济等安全的可靠保障,是抢险救灾和应对突发事件的生力军

民航业具有准军事性质,是国家空中力量的重要组成部分。一旦发生紧急事件或战争,航空运输是军事后勤的重要支撑,是部队快速机动、运送和补给物资装备、运送伤病员等的重要手段。因此,在现代战争中,民用飞机、机场、设施、空地勤人员是军事实力的一部分,空中交通管理系统是国家防空作战体系的重要组成部分。与此同时,航空运输具有快速机动的特点,是抢险救灾、应对突发事件的空中桥梁。如应对2008年初南方部分地区的冰冻灾害、"3·14"拉萨暴力事件、"5·12"抗震救灾以及2009年的"7·5"乌鲁木齐严重暴力犯罪事件等,民航发挥了重要作用。整个应对过程,既检验了民航的应急和国防动员能力,也彰显了民航的战略地位和作用。长期以来,在保障经济安全和空中通道通畅、维护国家形象、完成党和国家特殊任务等方面,民航都做出了重要的贡献。

思考题

1. "民用机场"定义中特定区域是指什么？
2. 我国机场行业特殊性体现在哪几个方面？
3. 民用机场公益性定位和经营性定位各有什么特点？
4. 针对我国民用机场管理体制,应如何进行定位？
5. 民用机场具备什么条件方能开放使用？
6. 如何区分支线机场和枢纽机场？
7. 民用机场的基本功能是什么？
8. 机场管理机构的主要任务是什么？
9. 机场管理机构有哪些具体职责？
10. 民用机场的主要业务涉及哪些方面？
11. 为什么说民用机场是国家或地区对外的窗口？
12. 为什么民用机场是国家和地区经济增长的"发动机"？
13. 结合当地实际,谈谈民用机场与地区经济的关系。

CHAPTER

第三章

民用机场改革与发展

第一节 现状与差距

"十一五"至"十二五"期间(2006—2015年)是中国民航发展迅猛的10年。在规模体量上,总周转量从2006年的306亿吨公里增至2015年的849.9亿吨公里,旅客运输量从1.6亿人次增至4.4亿人次,货邮运输量从349万吨增至629.7万吨,分别增长了2.8倍、2.7倍和1.8倍。在民航发展质量上,总体是稳步提升,安全水平世界领先,航班客座率和载运率居于高位,飞机日利用率为9.5小时,节能减排效果显著。民航保障能力不断增强:运输机场数量达到207个(不含3个通勤机场),87.2%的地级城市100公里范围都有运输机场,通用机场310个,运输飞机2645架,不重复航线里程达531.7万公里。在效益上,虽然2008年受全球金融危机的影响,行业亏损318亿元,但其他年份民航业均实现了盈利并屡创效益新高,2006年行业盈利23亿元,2015年这一数字激增至548亿元。民航战略产业地位日益凸显。国务院出台《关于促进民航业发展的若干意见》,明确民航重要战略产业地位。航空运输在综合交通运输体系中的地位不断提升,2015年民航旅客运输周转量在综合交通体系中所占比重接近1/4。民航业与区域经济融合发展进程加快,临空经济成为推动地区转变发展方式的新亮点。民航国际影响力逐步扩大。"十二五"期末,我国航空公司通航全球55个国家和地区的137个城市,国际航线达到660条,国际客运市场份额达到49%。我国继续高票当选国际民航组织一类理事国,我国候选人首次当选国际民航组织秘书长。民航行业管理能力不断提高。持续安全理念不断深化,安全工作法治化进程不断深入,市场管理手段不断丰富。

民航业发展速度很快,不可否认,行业有很多内在质的进步。但总体看来,民航行业发展中依然存在不平衡、不协调、不可持续等突出问题。制约民航发展的体制环境没有根本性改善,空域资源不足依然是制约民航发展的突出瓶颈。大中型机场保障能力不足,基础设施建设速度滞后于发展需求。航空运输服务质量有所下降,航班正常率不高,航班平均延误时间增加,行业治理能力不适应发展需要。这些问题需要我们在今后很长一段时期中着力解决。

一、"十二五"期间中国民航成绩单

"十二五"期间(2011—2015年),我国民航运输总周转量、旅客运输量和货邮运输量年均分别增长9.6%、10.4%和2.3%,实现利润总额1800亿元左右,航空运输规模稳居全球第二,民航旅客周转量在综合交通运输体系中的比重达22.8%。全行业完成固定资产约7100亿元,补贴支线航空、中小机场104亿元。

1. "十二五"期间安全飞行

坚持持续安全理念,安全工作注重常态化,安全法规体系、队伍管理体系、安全责任体系等进一步健全,安全管理取得了长效益。"十二五"期间安全飞行指标,见表3-1。

"十二五"期间安全飞行指标　　　　　　　　　　　　　　　　　表 3-1

指　　标	"十一五"期末	"十二五"期末	增　　加
亿客公里死亡人数	0.009	0.001	-89%
运输航空百万架次重大事故率	0.19	0.04	-79%
运输航空百万小时重大事故率	0.05	0.02	—
连续安全飞行小时(万小时)	2033	3480	+71%

2. "十二五"期间运输生产

"十二五"期间运输生产统计见表 3-2。

"十二五"期间运输生产统计表　　　　　　　　　　　　　　表 3-2

项　目	"十一五"期间	2011年	2012年	2013年	2014年	2015年	"十二五"期间	增长
全行业累计实现利润总额(亿元)	567.92	363	295.9	248.1	288.9	547.6	1743.5	207%
航空运输总周转量(亿吨公里)	2013.4	577.4	610.3	671.7	748.1	851.7	3459.2	年均9.6%
旅客运输量(亿人次)	10.37	2.93	3.19	3.54	3.92	4.36	17.94	年均10.4%
货邮运输量(万吨)	2167.3	557.5	545	561.3	594.1	629.3	2887.2	年均2.3%
通用航空生产作业(万小时)	57.58	50.2	51.7	59.1	67.5	77.9	306.4	432%
机队:运输飞机期末(架)	1597	—	—	—	—	2645	—	1048
机场期末(个)	175	—	—	—	—	206	—	31
航空企业期末(家)	43	—	—	—	—	55	—	12

北京首都国际机场旅客吞吐量连续五年居全球第二,上海浦东国际机场货邮吞吐量连续七年保持世界前三。

3. "十二五"期间航班正常率

"十二五"期间航班正常率见表 3-3。

"十二五"期间航班正常率　　　　　　　　　　　　　　　　表 3-3

指　　标	2011年	2012年	2013年	2014年	2015年	平均水平
航班正常率(%)	77.2	74.8	72.3	68.4	68.3	71.8

二、2019 年民航发展现状

2019 年,我国面临的外部风险挑战明显增多,国内经济下行压力持续加大。民航行业保持"控总量、调结构"的战略定力,确保行业发展稳中有进。2018—2019年中国民航经济发展统计指标见表3-4。

2018—2019年中国民航经济发展统计指标 表3-4

项目	单位	2018年		2019年	
		本年实际	同比增长	本年实际	同比增长
1.运输总周转量	亿吨公里	1206.53	11.4%	1293.25	7.2%
国内周转量	亿吨公里	771.51	11.1%	829.51	7.2%
其中:港澳台周转量	亿吨公里	17.51	8.8%	16.90	-3.5%
国际周转量	亿吨公里	435.02	12.0%	463.74	6.6%
2.旅客运输量	万人次	61173.77	10.9%	65993.42	7.9%
国内航线运输量	万人次	54806.50	10.5%	58567.99	6.9%
其中:港澳台航线	万人次	1127.09	9.8%	1107.56	1.7%
国际航线运输量	万人次	6367.27	14.8%	7425.43	16.6%
3.货邮运输量	万人次	738.51	4.6%	753.14	2.0%
国内航线运输量	万人次	495.79	2.5%	511.24	3.1%
其中:港澳台航线	万人次	23.48	2.8%	22.22	5.4%
国际航线运输量	万人次	242.72	9.3%	241.91	-0.3%
4.运输飞机期末在册	架	3639	343	3818	179
5.飞机平均日利用率	小时	9.36	-0.13	9.33	-0.03
6.正班客座率	—	83.2%	0	83.2%	0
7.正班载运率	—	73.2%	-0.3	71.6%	-1.6
8.全行业营业收入	亿元	10142.5	18.5%	10624.9	5.0%
全行业利润	亿元	536.6	-122.7	541.3	57.6
9.重大飞行事故	起	0	—	0	—
事故征候	件	568	-1.22%	570	-2.23%
累计安全飞行小时	万小时	6836	—	8068	—
10.航空公司计划航班	万班	434.58	—	461.11	—
正常航班	万班	348.24	—	376.52	—
航班正常率	—	80.13%	—	81.65%	—
消费者投诉	件	20761	-16.2%	304662	—
11.固定资产投资	亿元	1957.8	—	1819.9	—
其中:基本建设技术改造	亿元	857.9	—	969.4	5.3%
其中:机场建设	亿元	678.6	—	751.4	—
空管建设	亿元	44.5	—	50.6	—
其他系统	亿元	134.9	—	167.4	—

三、2019 年机场生产统计指标

2019 年我国机场主要生产指标继续保持平稳较快增长,机场主要运输指标再次实现平稳增长。2019 年机场主要生产统计指标见表 3-5。

2019 年机场主要生产统计指标　　　　　表 3-5

指　　标	2018 年	2019 年	同比增长
境内运输机场(个)	235	238	+3 个
全年旅客吞吐量(万人次)	126468.9	135162.9	+6.9%
其中:国内(包括港澳台)	113842.7	121227.3	+6.5%
国际	12626.1	13935.5	+10.4%
货邮吞吐量(万吨)	1674.0	1710.0	+2.1%
其中:国内(包括港澳台)	1030.8	1064.3	+3.3%
国际	643.2	645.7	+0.4%
完成飞机起降(万架次)	1108.8	1166.0	+5.2%
其中:国内(包括港澳台)	1015.6	1066.4	+5.0%
国际	93.3	99.6	+6.8%

四、与世界航空的差距

一个世纪以前,商业航空跨越大洋横空出世,航空改变世界,从此人类社会进入现代航空时代。航空运输是现代交通运输的主要形式,具有快速、机动、国际性的特点,是现代旅客运输尤其是远程、国际旅客运输的重要方式,对国际贸易中的高价值货物运输至关重要,航空运输推动全球化贸易和旅游发展的作用功不可没。航空运输业在全球经济产出方面发挥着重要作用。2019 年全球有 44.86 亿人次乘坐飞机旅行,5760 万吨货物通过飞机运输。全球商业航空公司超过 1000 家,提供航空服务的飞机超过 31023 架,定期航班民用机场超过 4000 家,民用航线超过 5 万条,连接全球大大小小的城市。

与民航强国战略目标、国际民航先进水平相比,我国民航的整体水平还有较大差距,主要表现在我国航空公司总体规模较小、枢纽机场中转率偏低、资源保障能力较弱、运行效率较低、适航审定能力不足等方面。

1. 与美国总体指标对比

在全球范围内无论是客运,还是货运,可以看出我国和美国比较相像,不仅拥有较大的国内市场,而且拥有庞大的国际市场。

与美国的航空运输业现状相比,2018 年我国民航运输总周转量约是美国的 3/5,运输飞机数量是美国的 1/2,运输机场数量约为美国的 1/3,从业人员仅为美国的 1/4。按旅客运输量统计,全球前十大航空公司中美国占 4 家(美航 AA、达美 DL、西南 WN、联合 UA),我国只占 2 家(南航 CZ、东航 MU);全球前十大客运机场中美国占 3 家(亚特兰大 ATL、洛杉矶 LAX、芝加哥 ORD),我国境内只占 1 家(北京 PEK)。

2018 年航空运输旅客周转量美国约是中国的 1.52 倍,其中国际旅客周转量约是中国的

1.66倍。美国航空旅客运输量为8.805亿人次,我国旅客运输量约为6.117亿人次,年人均乘机次数仅约为美国的1/5,我国拥有4.26倍于美国的人口和大约1/6的人均GDP,未来我国国内市场的增长空间很大。2018年中美航空运输指标比较见表3-6。

2018年中美航空运输指标比较　　　表3-6

指　　标	美　　国	中　　国	美国∶中国
人口(亿人)	3.2717	13.9538	0.234∶1
人均GDP(美元)	62914	9462	6.649∶1
运输飞机数量(架)(2017年)	7141(DOT)	3296	2.167∶1
航空运输周转量(亿吨公里)	1924.08(ICAO)	1206.53	1.595∶1
航空货邮周转量(亿吨公里)	429.85(ICAO)	262.50	1.638∶1
航空运输旅客周转量(亿人公里)	16278.75(ICAO)	10712.32	1.520∶1
国际旅客周转量(亿人公里)	4678.38(ICAO)	2822.16	1.658∶1
航空旅客运输量(亿人次)	8.805(FAA)	6.1174	1.439∶1
国际旅客人数(万人次)	9960(FAA)	6367	1.564∶1
平均乘机数(次)	2.287	0.438	5.221∶1

注:1. 表中民航运输飞机数量(架)数据来源于美国交通运输部(DOT)和《2017年民航行业发展统计公报》。中国民航的其他数据均来源于《2018年民航行业发展统计公报》,2018年底在册运输飞机实为3639架。

2. 表中美国民航数据来源于《ICAO航空运输2018年度报告》和《FAA发布未来20年美国航空预测》(网址:http://www.macau-airport.com/cn/media-centre/news/news/22053)。

2. 国际化程度差距

我国不仅在规模和实力上与世界民航强国有差距,而且在国际民航规则标准的主导权和话语权上,特别是引领国际民航业发展的创新能力上,与国际民航先进水平也有很大差距。

从参与国际市场竞争的实力看,我国民航因实力不强、竞争乏力,尚未摆脱被动局面。在经济全球化背景下,当国家之间经济实力、资源禀赋等相差悬殊时,各国所得到的利益实际上是不均等的。这几年来,世界民航强国借助于"天空开放"政策,不断扩张国际航空运输市场,获得了巨大的利益。相比而言,我国航空运输业处于竞争劣势地位。在我国国际航空客运、货运两个市场上,国外航空公司开辟航线、增加航班、投入运力的增长速度明显快于我国航空公司。在我国国际航空客运市场上,由于我国航空公司总体规模偏小,加上国际航权资源分散,导致国际航线少而分散、全球覆盖能力较弱、与国内航线衔接性较差,直接影响了国际竞争力。即使在中美、中欧等主要国际航线市场上,我国航空公司由于投入运力不足,市场份额较少,赢利能力差。航空公司国际竞争力直接影响我国枢纽机场走向国际化的步伐。

(1)2018年全球前二十五位机场旅客吞吐量排名。

下文将从国际机场协会ACI公布的2018年世界主要机场前二十五位业务量排名进行分析。

如表3-7所示,全球前二十五位机场是根据机场全部旅客(国内、国际)吞吐量所做的排名,前二十五位全都是世界级枢纽机场,最后一位旧金山国际机场吞吐量也在5700万人次以上,前二十五位中美国占了7席,亚特兰大国际机场排名第一,吞吐量超过1亿人次,洛杉矶国际机场排名第四,奥黑尔国际机场排名第六,中国占了4席,北京首都国际机场排名第二,突破

1亿人次,香港国际机场排名第八,上海浦东国际机场排名第九,广州白云国际机场排名第十三,说明近几年来我国航空发展的势头强劲。

2018年全球前二十五位机场旅客吞吐量排名　　　　　表3-7

排名	城市	机场	国内国际旅客吞吐量（千人次）			国内国际航班起降架次（千架次）		
			2018年	2017年	增长(%)	2018年	2017年	增长(%)
1	佐治亚州,亚特兰大	哈茨菲尔德—杰克逊国际机场	107394	103934	3.3	896	879.6	1.8
2	北京	北京首都国际机场	100983	95786	5.4	614	597.3	2.8
3	迪拜	迪拜国际机场	89149	88242	1.0	408	409.5	-0.3
4	加州,洛杉矶	洛杉矶国际机场	87534	84559	3.5	708	700.4	1.1
5	东京	羽田机场(东京国际机场)	87503	85409	2.5	453	453.1	0.1
6	伊利诺伊州,芝加哥	奥黑尔国际机场	83339	79828	4.4	904	867	4.2
7	伦敦	希斯罗机场	80126	78015	2.7	478	475.9	0.4
8	香港	香港国际机场	74517	72664	2.6	439	432.4	1.6
9	上海	上海浦东国际机场	74006	70001	5.7	505	496.8	1.6
10	巴黎	巴黎戴高乐机场	72230	69471	4.0	488	482.7	1.1
11	阿姆斯特丹	阿姆斯特丹史基蒲机场	71053	68515	3.7	518	514.3	0.7
12	新德里	英迪拉·甘地国际机场	69901	63452	10.2	481	447.9	7.3
13	广州	广州白云国际机场	69769	65852	5.9	477	465.3	2.6
14	法兰克福	法兰克福国际机场	69510	64500	7.8	512	475.5	7.7
15	德州,达拉斯/沃斯堡	达拉斯—沃斯堡国际机场	69113	67093	3.0	667	654.3	2.0
16	仁川	仁川国际机场	68351	62158	10.0	390	363.2	7.4
17	伊斯坦布尔	伊斯坦布尔阿塔图尔克国际机场	68193	64118	6.4	465	460.8	0.8
18	雅加达	雅加达苏加诺—哈达国际机场	66908	63000	6.2	469	447.4	4.7
19	新加坡	新加坡樟宜机场	65628	62220	5.5	391	378.4	3.3
20	科罗拉多州,丹佛	丹佛国际机场	64495	61379	5.1	595	575	3.5
21	曼谷	曼谷素旺那布米国际机场	63379	60861	4.1	370	351.7	5.2
22	纽约州,纽约市	约翰·肯尼迪国际机场	61588	59550	3.4	455	448.8	1.4
23	吉隆坡	吉隆坡国际机场	60013	58558	2.5	400	387.2	3.3
24	马德里	巴拉哈斯国际机场	57863	53384	8.4	410	387.6	5.7
25	加州,旧金山	旧金山国际机场	57708	55823	3.4	470	460.3	2.1
		合计	1840255	1758374	4.7	12962	12612	2.8

(2) 2018年全球机场国际旅客吞吐前二十五位排名。

表3-8是按机场国际旅客吞吐量排名,反映机场在国际航空运输中的枢纽地位。我国已经是一个民航大国,但还不是民航强国,国际竞争力依然不强。由表3-8可知,我国民用航空颁证机场(不包括香港、澳门和台湾地区)中三大枢纽门户机场仅有上海浦东国际机场进入前二十五位,国际旅客吞吐量约为3086万人次,排名第二十二位,而世界第二大机场北京首都国际机场国际旅客吞吐量低于2600万人次,没有进入前二十五位。

2018年全球机场国际旅客吞吐量排名　　　　表3-8

排名	城市	机场	国际旅客吞吐量(千人次)			国际航班起降架次(千架次)		
			2018年	2017年	增长(%)	2018年	2017年	增长(%)
1	迪拜	迪拜国际机场	88885	87722	1.3	408	409	-0.3
2	伦敦	希斯罗机场	75307	73187	2.9	436	433	0.7
3	香港	香港国际机场	74361	72462	2.6	411	404	1.7
4	阿姆斯特丹	阿姆斯特丹史基蒲机场	70956	68401	3.7	499	496	0.6
5	仁川	仁川国际机场	67676	61521	10.0	372	355	4.8
6	巴黎	巴黎戴高乐机场	66383	63697	4.2	422	418	1.0
7	新加坡	新家坡樟宜机场	64890	61574	5.4	386	373	3.5
8	法兰克福	法兰克福国际机场	61775	57122	8.1	426	395	7.8
9	曼谷	曼谷素旺那布米国际机场	50869	48812	4.2	278	260	6.9
10	伊斯坦布尔	伊斯坦布尔阿塔图尔克国际机场	48979	44470	10.1	325	311	4.5
11	吉隆坡	吉隆坡国际机场	43532	42355	2.8	273	265	2.8
12	伦敦	盖特威克机场	42348	41477	2.1	240	238	0.6
13	马德里	巴拉哈斯国际机场	41857	38479	8.8	258	241	7.2
14	巴塞罗那	普拉特国际机场	36668	34527	6.2	228	219	4.0
15	慕尼黑	慕尼黑机场	36546	34722	5.3	301	294	2.2
16	东京	成田机场	35300	33091	6.7	197	193	2.1
17	多哈	哈马德国际机场	34495	35262	-2.2	217	217	-0.1
18	纽约州,纽约市	约翰·肯尼迪国际机场	33486	32570	2.8	178	180	-1.0
19	安大略省,多伦多	多伦多皮尔逊国际机场	31610	29613	6.7	252	245	2.9
20	罗马	菲乌米奇诺机场	31430	29379	7.0	204	194	5.0
21	都柏林	都柏林机场	31145	29285	6.4	213	202	5.4
22	上海	上海浦东国际机场	30864	28360	8.8	200	192	4.1
23	苏黎士	苏黎士机场	30357	28671	5.9	234	226	3.8
24	哥本哈根	哥本哈根国际机场	28226	27126	4.1	238	231	3.0
25	维也纳	维也纳国际机场	26362	23735	11.1	225	209	7.7
		合计	1184309	1127620	5.0	7419	7199	3.0

(3)国际枢纽机场其他重要指标排名。

机场的连接度指数反映机场作为交通枢纽的对外开放程度和水平,同样,机场的连接度也是机场业务发展的基础要素。根据2017年全球国际枢纽连接指数排名报告,排名第一的是希思罗机场(LHR-1),第二是法兰克福国际机场(FRA-2)。前五十位机场中有12个在美国,其中7个进入了前二十五位。亚太地区有16个机场进入前五十位,新加坡樟宜机场(SIN-6)是亚太地区排名第一的国际枢纽,我国香港(HKG-12)、上海(PVG-23)、北京(PEK-31)和广州(CAN-32)机场也排在前五十位(表3-9)。

2016年6月—2017年7月全球国际枢纽连接指数前五十位排名表　　表3-9

排名	国家	机场	连接指数
1	英国	伦敦希思罗机场/LHR	379
2	德国	法兰克福国际机场/FRA	307
3	荷兰	阿姆斯特丹史基浦机场/AMS	299
4	美国	芝加哥奥黑尔国际机场/ORD	295
5	加拿大	多伦多皮尔逊国际机场/YYZ	271
6	新加坡	新加坡樟宜机场/SIN	257
7	印尼	雅加达国际机场/CGK	256
8	美国	亚特兰大国际机场/ATL	256
9	马来西亚	吉隆坡国际机场//KUL	242
10	法国	巴黎戴高乐机场/CDG	242
11	美国	洛杉矶国际机场/LAX	235
12	中国	香港国际机场/HKG	233
13	泰国	曼谷素万那普国际机场/BKK	226
14	德国	慕尼黑国际机场/MUC	221
15	土耳其	伊斯坦布尔国际机场/IST	219
16	美国	迈阿密国际机场/MIA	204
17	韩国	仁川国际机场/ICN	196
18	美国	纽约肯尼迪国际机场/JFK	195
19	美国	休斯顿国际机场/IAH	184
20	阿联酋	迪拜国际机场/DXB	183
21	墨西哥	墨西哥城机场/MEX	176
22	美国	纽瓦克国际机场/EWR	170
23	中国	上海浦东国际机场/PVG	167
24	澳大利亚	悉尼国际机场/SYD	167
25	印度	德里甘地国际机场/DEL	166
26	加拿大	温哥华国际机场/YVR	165
27	美国	达拉斯—沃思堡国际机场/DFW	164
28	日本	东京羽田国际机场/HND	163

续上表

排　名	国　家	机　场	连接指数
29	美国	旧金山国际机场/SFO	153
30	意大利	罗马菲乌米奇诺机场/FCO	145
31	中国	北京首都国际机场/PEK	142
32	中国	广州白云国际机场/CAN	141
33	印度	孟买国际机场/BOM	140
34	西班牙	马德里巴拉哈斯机场/MAD	138
35	法国	尼斯国际机场/NCE	133
36	南非	约翰内斯堡机场/JNB	133
37	日本	东京成田国际机场/NRT	132
38	菲律宾	马尼拉国际机场/MNL	131
39	美国	西雅图国际机场/SEA	130
40	美国	波士顿国际机场/BOS	128
41	哥伦比亚	圣菲波哥大国际机场/BOG	127
42	巴西	圣保罗国际机场/GRU	120
43	加拿大	蒙特利尔国际机场/YUL	118
44	瑞士	苏黎世国际机场/ZRH	115
45	俄罗斯	莫斯科谢列梅捷沃国际机场/SVO	114
46	波多黎各	圣胡安国际机场/SJU	114
47	巴拿马	巴拿马城国际机场/PTY	108
48	奥地利	维也纳国际机场/VIE	107
49	美国	奥兰多国际机场/MCO	107
50	新西兰	奥克兰国际机场/AKL	106

根据最大6小时中转窗口(Maximum Connection Window of Six hours)数据统计,某年7月的一天内希斯罗机场6小时内航班衔接量可以达到72000个,法兰克福机场与阿姆斯特丹机场分别为第二和第三位,前三位都是欧洲枢纽机场的龙头。土耳其的伊斯坦布尔机场排名全球15位,新加坡樟宜机场在某年7月的一天内6小时内航班衔接量可以达到35000个,紧随其后的是雅加达机场(CGK)。

3. 机场总量规模

据ICAO的统计,20世纪90年代初,世界有各类机场共39500多个,主要分布在美洲和欧洲。美国是世界上拥有机场数量最多的国家,美国2011—2015年国家综合机场系统规划(NPIAS)统计共有机场超过19700个,占世界机场总量的1/2,其中5170个机场对公众开放。在这些开放机场中,约有4200个机场为公用机场。在世界上400个最繁忙的机场中,美国拥有的机场数超过2/3。

欧盟是构建欧洲经济社会的重要政治经济联合体,是继美国之后的第二航空集团运输群体,在世界航空运输中占有重要的运输地位。欧盟(EU-27不包括英国)现有机场超过2800

个,其中拥有跑道的机场近1600个。在欧洲,民用机场拥有量前三位为德国、法国和英国,分别拥有机场550个、476个和449个。从机场分布密度来分析,欧盟机场平均分布密度为8.40个/万平方公里,英国为18.63个/万平方公里、德国为15.76个/万平方公里、法国为8.65个/万平方公里,其中英国和德国远高于欧洲平均水平。

其他国家,如巴西拥有机场4263个,居世界第二位;墨西哥拥有机场1834个,居世界第三位;加拿大拥有机场1343个,居世界第四位;阿根廷拥有机场1272个,位居世界第五位;俄罗斯拥有机场1206个,居世界第六位。

我国2019年拥有运输机场238个,运输机场平均分布密度为0.248个/万平方公里,加上通用机场246个,总共484个机场,平均分布密度仅为0.50个/万平方公里,远远低于北美及欧洲地区,甚至低于南美地区和东南亚地区。受制于空域协调难度加大、机场选址困难等不利因素,整个民航机场规模的增长潜力难以得到释放。

4. 资源保障能力

民航可用空域资源严重不足。空域资源同陆地、海洋资源一样,具有极大的经济价值,必须高度重视,充分而合理地利用。在航空发达国家,民航均使用了国家空域的大部分资源。如美国供民航使用的空域达82%左右,而目前我国民航使用的空域仅为全国空域的22.9%。在北京、上海、广州等地,民航可用空域的飞行量已经饱和,导致航班大量延误,同时带来严重的安全隐患。由于空中交通管制原因,国内很多航线不得不绕飞,如果把航路取直,每年仅耗油一项即可节省100亿元。随着航空运输和通用航空需求的不断增长,民航对空域资源的需求将越来越大,军航、民航空域活动相互干扰的矛盾将日益突出。我国空中交通管制系统中的雷达系统、仪表着陆系统、导航台站等设施,只能达到美国1/6~1/4的水平,还没有真正意义上的全国流量管理能力、气象服务水平和成熟的卫星导航系统。

第二节　机遇与挑战

我国民航业发展已站在新的历史起点上。当前和今后一个时期,是全面深化改革、加快转变经济发展方式的攻坚时期,民航业发展必将迎来新的历史机遇期。

"十四五"时期是我国全面建成小康社会、实现第一个百年奋斗目标之后,乘势而上开启全面建设社会主义现代化国家新征程、向第二个百年奋斗目标进军的第一个五年。"十四五"时期是我国发展仍处于重要战略机遇期,机遇和挑战前所未有。从国际看,当今世界正经历百年未有之大变局,外部环境的不稳定性不确定明显增加。从国内看,我国正处于跨越中等收入阶段,迈进高收入国家行列的关键时期,我们即将全面建成小康社会,在此基础上,要开展全面建设社会主义现代化国家新征程。这其中有许多的新机遇、新挑战,大机遇、大挑战。

一、机不可失,时不我待

改革开放以来,我国民航业快速发展,取得了长足进步,特别是我国民航发展成为全球第二大航空运输系统,为建设民航强国奠定了量的基础;基础设施建设和先进技术设备引进步伐加快,为建设民航强国提供了一定的物质条件;力求符合国际趋势并适合中国国情的民航政府管理体制初步建立,为建设民航强国提供了重要的制度保障;航空运输市场机制和多元化竞争格局基本形成,为建设民航强国提供了市场动力;航空安全管理不断创新、航空安全水平显著提升,为建设民航强国提供了安全基础。

从民航业发展角度看,我国疆域辽阔、人口众多、经济规模大,正处在工业化、信息化、城镇化、市场化、国际化深入发展阶段,发展民航的市场潜力十分巨大。尤其是未来一二十年,我国经济社会发展将发生非常巨大、非常深刻的变化,在世界舞台上的话语权和影响力将不断扩大,建设民航强国的机遇前所未有。

1. 经济结构调整,为民航发展提供了新的发展契机

我国正加快转变经济发展方式,努力扩大内需。特别是不断优化经济结构,推动产业升级,制造业将向高端化方向发展;经济结构越调整,产业结构越向中高端迈进,对民航业的依赖程度就越高。建立现代产业体系,服务业比重将进一步上升,这些使民航业成为最直接的受益者。着力发展社会和文化事业,进一步扩大了民航业务领域,激发了新的航空运输需求。加快发展现代综合运输体系,更加重视提高资源利用效率、生态环境保护,有利于发挥民航作为可持续绿色交通方式的固有优势,使其在综合交通运输体系中发挥更大的作用。

"中高速""优结构""新动力""多挑战"是中国经济新常态的4个主要特征。当前我国强调着力提高经济发展质量和效益,将转方式、调结构放到更加重要的位置上,强调突出创新驱动、培育新兴产业和新兴业态,强调实施新一轮高水平对外开放、加快构建开放型经济新体制,强调加快培育消费增长点、推进新型城镇化建设等。这些实际上都为民航业的发展拓展了新空间,提供了新机遇。

2. 国家战略规划,有力地支撑了民航运输市场发展

到2020年全面建成小康社会,是我们党确定的"两个一百年"奋斗目标的第一个百年奋斗目标。"十三五"时期是全面建成小康社会决胜阶段。"十三五"期间的GDP年均增长将在6.5%以上,进入中高速发展阶段。"十三五"期间,我国将更加注重经济发展方式转变和经济结构调整。伴随着经济的发展和产业结构的调整,我国航空服务覆盖范围逐渐扩大,国内外航空运输将更具增长潜力。

2015年国家推出的若干战略规划,有力地支撑了民航运输市场发展:"京津冀协同发展"战略推动京津冀机场一体化运行;"一带一路"倡议推动了"空中丝绸之路"沿线航空运输市场增长;"长江经济带建设"直接推动沿线航空运输市场增长,形成相互支撑、合作共赢、服务区域经济的城市机场群布局;"新型城镇化发展战略"为中西部和支线航空运输市场发展提供了发展动力。

国家经济社会发展对民航的需求。我国疆域辽阔、人口众多、经济规模大,对民航有着多元化需求。为此,我们既要大力发展运输航空,也要积极发展通用航空;既要扩展客运业务,也要千方百计做强航空货运;既要不断优化干线布局,也要努力谋划好支线航空发展;既要加强大型枢纽机场建设,也要充分发挥好中小机场的作用;既要不断提升高端服务水准,也要积极促进满足大众需要的廉价航空发展;既要保持一定量的增长,更要重视质的提高。要通过不懈奋斗,把中国民航建设成为安全、便捷、高效、绿色的航空运输体系。

3. 全面建设小康社会奋斗目标，为民航业跨越式发展提供了沃土

改革开放 40 多年来，我国人民生活水平大幅度提高，城乡居民消费结构有了很大变化，由生存型消费结构向发展享受型消费结构转变，中国城乡居民消费水平的进一步提高，也需要方便快捷的航空运输服务，其中，旅游、交通、通信类消费上升最快。按照党中央确定的全面建设小康社会的奋斗目标，未来十几年，我国将进入消费结构快速升级时代。以旅游为例，我国成为全球第一大入境旅游接待国、第四大出境旅游客源国，将为我国民航发展提供庞大的消费群体和广阔的市场空间。受益于扩大内需及消费升级，我国航空运输业面临着持续增长的庞大市场需求。2016 年预测未来 15 年我国民航旅客运输量仍将保持较快的增长速度，前 5 年（2016—2020 年）的年均增长速度为 10%，后 10 年（2021—2030 年）的年均增长速度为 8%。那么，到 2020 年，我国航空客运市场将达到 7.2 亿人次，人均乘机 0.5 次；到 2030 年，我国国内航空客运市场需求将达到 17 亿人次，人均乘机 1.2 次。

人均收入的快速增长是民航快速发展的主要基石。无论是与国内民航市场纵向对比，还是与国际民航市场横向对比，我国人均 GDP 和民航运输周转量（特别是旅客周转量）都有明显的正相关性。当人均 GDP 超过 3000 美元后，消费升级带来的民航运输增速非常明显。2019 年，我国人均 GDP 超过 10000 美元，民航大众化、国际化战略的实施已经具备物质基础，航空市场的发展潜力正在得到释放。由于国内高铁网络不断完善，这种潜力主要体现在国际客运市场上。以 2015 年为例，随着国民消费能力的提升、人民币对全球大多数货币的稳定以及国民对出境旅游、经商和定居热情的持续高涨，同时多个发达国家适时对我国居民开放了长期旅游签证，使得国际客运市场呈现"井喷式"增长。

随着中国民众收入的增加、消费层次的提升，特别是在互联网的普及应用影响下，民众也有更多机会了解外面更广阔的世界，"说走就走"的旅行日渐成为刚需。2019 中国人均乘机数仅相当于美国的 1/6，这还有很大的增长空间。据联合国世界旅游组织的报告统计，自 2000 年开始，中国人出国游的次数以每年约 22% 的速度增长。2019 年，出国旅游的中国人数达 1.55 亿人次。

二、面对挑战，迎难而上

从面临的挑战来看，资源存量不足与需求增量剧增构成了我国民航发展的两大重要挑战。从民航资源存量来看，空域和空中交通管制保障能力与快速发展的民航市场不相适应；基础设施保障能力仍显不足；以航班正常率为核心的服务质量有待提高；航空安全基础不牢，航空安全和空防压力持续增大；专业人员保障能力短板显现；行业能耗水平反弹。反观需求增量，民航运输飞行、通航飞行、训练飞行需求快速增长；民航运输机队规模迅速扩大，航空运输市场新进入者增多；国家和民众对民航运输服务质量有更高的期待；资源环境对民航业发展的硬约束将进一步增强，对行业加快转变增长方式提出新要求。

在未来发展中，我们也面临着不可回避的甚至非常严峻的挑战，主要包括以下四个方面：

（1）资源饱和的挑战。在资源饱和的情况下，如何努力提高自身的运行效率，如何为京津冀协调发展增强周边机场的协同作用，都是面临的巨大挑战。

（2）安全运行的考验。国际环境还不太平，地区冲突频繁，如何确保飞行安全、机场运行安全；另外，国际恐怖主义、宗教极端势力活跃，如何确保旅客安全？如何在空防安全上做到让人放心？这些是所有民航从业人员需要考虑的。

（3）环境保护对我们提出的新要求。气候变暖对碳排放提出了新要求，也是全世界关注的热点。我们如何从机场建设、运行等角度来为节能减排做贡献，都是需要考虑的。

（4）提高服务水平的挑战。随着智能化手机的兴起和移动互联网的普及，旅客出行方式有了很大的改变，对机场、航空公司的服务也提出了更高的要求。如何及时满足旅客新要求、带来新体验，也是民航未来发展中普遍面临的问题。

在深化改革方面，根据中国民用航空局要求要做到"补""降""促""增""优"。

"一补"：补基础设施短板，统筹推进各重点工程项目建设，持续优化空域环境，提升运行信息监控能力，提高资源配置效率与使用效率。

"二降"：认真落实已出台的一揽子减费降负政策，进一步完善财经政策、深化价格市场化改革，确保减税、降费、降低制度性交易成本各项措施落地见效，让企业得到真正实惠。

"三促"：全面启动民航"十四五"规划研究，着力强化航空运输网络规划与国家战略、综合交通体系的契合度，重点开展北京"双枢纽"发展战略规划编制。

"四增"：研究制订智慧民航建设发展战略规划以及科技攻关计划，抓好面向2035年的民航中长期科技规划战略研究，通过科教创新不断增强民航发展新动能。

"五优"：要认真贯彻全国深化"放管服"改革优化营商环境电视电话会议精神，进一步推进简政放权，放宽市场准入，规范行政执法，优化政府服务，把"放管服"改革推向深入，为民航高质量发展创造条件。

2020年7月全国民航年中工作电视电话会议要求，高水平编制好民航"十四五"发展规划，将新基建作为"十四五"民航发展的重要抓手，推进四型机场和四强空管建设，大力推进民航协同发展战略规划的组织实施。要适应常态化防控要求，推进服务质量品牌建设，力争2020年国内客运航空公司航班正常率稳定在80%以上、全国千万级以上机场平均放行正常率和始发航班起飞正常率达到85%。

第三节　改革的方向

2018年我们迎来了改革开放的四十周年。民航过去四十年的历程，是不断解放思想、不断改革开放、不断坚持"安全第一"的四十年，是服务经济社会、取得快速发展的四十年。

一、改革历程

民航业是我国经济社会发展重要的战略产业。自党的十一届三中全会以来，我国民航业前三十年经历了三轮重大改革：第一轮是1980年按邓小平同志提出的"民航要走企业化道路"的方针，改变军队建制，实行"军企分开"，按经济办法管理民航；第二轮是1987—1992年民航完成了以管理局与航空公司、机场分立的管理体制改革，行业发展引入了竞争机制；第三轮是2002—2004年开始了中国民航新一轮体制改革，进行了以"航空运输企业联合重组、机场属地化管理"为主要内容的体制改革。先后完成了9家骨干航空公司联合重组。机场管理体制改革是 2002 年初新一轮体制改革的主要内容,以 2004 年 7 月 8 日甘肃省 4 个机场正式移交地方为标志,我国民航完成了这次影响深远的机场管理体制改革。通过这三次改革,使原来军民合一、政企不分的民航管理体制,逐渐转变为政企分离、机场属地化管理、多种所有制企业平等竞争的民航管理体制。与此同时,我国民航形成了全方位、多层次的对外开放格局。改革开放极大地解放了生产力,使我国民航逐步发展成为全球第二大航空运输系统。2007 年 5 月,改革空管体制,政事分开,建立集中统一的空管运行系统,标志着民航开始建立新的行业管理体系。

二、改革成果

自改革开放以来,我国民航从军队建制改为企业化,励精图治,快速崛起,发展成为全球第二大航空运输系统,在各方面均取得了显著的成绩。

从民航过去的三轮改革来看,改革充分调动了各方面的积极性,极大地解放和发展了民航生产力,有力地促进了民航事业发展。从 1980 年至今,我国航空运输业持续保持了 40 年的高速增长,年均增速达 15.7%,远远高于其他交通运输方式,中国民航已成为全球第二大航空运输组织。据统计,2019 年民航全行业运输总周转量 1293.25 亿吨公里、旅客运输量 6.599 亿人次、货邮运输量 753.14 万吨,分别为 1978 年的 432 倍、286 倍和 117 倍,这样的增长速度是惊人的。民航经过前四十年的改革开放,行业面貌发生了翻天覆地的变化,取得举世瞩目的成就。民航生产力得到极大解放和提高,我国一跃成为航空运输大国;与社会主义市场经济和国际趋势相适应的行业管理体制基本建立,为民航持续发展提供了制度保障;民航市场体系孕育发展,市场机制基本形成;民航全方位、多层次的对外开放格局初步形成;航空安全管理不断创新,航空安全水平极大提高;民航的持续快速发展,为国家经济社会发展提供了有力的支持。在机场管理体制改革后的这十几年中,中国民用机场在数量、规模、安全水平、服务质量、基础设施建设等方面都有了长足进步,为促进区域经济发展做出了巨大贡献,成为城市发展的靓丽名片和文明窗口。机场对于区域社会经济的拉动作用也越来越受到地方政府的重视,航空经济方兴未艾。与此同时,我国民航业的安全水平和质量效益也在明显提高。我国民航业为我国改革开放和社会主义现代化建设做出了突出贡献。这些成绩的取得,都与改革密不可分。不难看出,每一轮的改革,都给民航业的发展注入了源源不断的动力和活力。

四十年民航改革发展成就的取得,是党中央、国务院在民航改革发展的各个历史时期的英明决策和正确领导的结果,是民航广大干部职工团结奋斗、共同努力的结果,是各级各地政府和社会各界大力支持、协作配合的结果。

三、改革不平衡

自 2003 年民航实施新一轮体制改革以来,民航管理体制总体上处于磨合阶段,一些关系尚未完全理顺,许多深层次矛盾尚未完全化解。随着行业不断发展,一些体制机制和结构性矛盾进一步显现,特别是空域等关键资源严重短缺,制约了行业的持续发展;市场配置资源的作用发挥不够,制约了民航业的发展活力;民航行政管理体制不顺,影响了行业监管效能。全面深化民航改革,是促进行业持续健康发展的迫切要求。

当前民航业发展中不平衡、不协调的问题仍较为突出,空域资源配置不合理、基础设施发展较慢、专业人才不足、企业竞争力不强、管理体制有待理顺等制约了民航业的可持续发展。

事关民航安全与发展的空域资源、行业规划与产业政策、飞机和航材引进、机场建设、航权开放与谈判、航空枢纽与航线网络建设等关键决策职能,一直分散在诸多管理部门,协调难度大,成为民航中长期发展战略始终缺位的重要原因。由于决策职能分散、协调机制不完善、政策措施不配套,民航业服务国家和区域经济社会发展的战略作用没有得到充分发挥。

当前和今后较长时期,我国民航业发展仍然存在五对"基本矛盾":①社会需求巨大与关键资源不足;②行业快速发展与安全基础不牢;③战略地位凸显与体制机制不顺;④国际航空运输自由化与整体竞争力不强;⑤行业可持续发展与创新能力不强等。与此同时,我国民航业还面临着以下四方面的结构问题,集中表现为民航业发展还不能进一步满足我国社会经济总体战略发展要求:一是东中西部民航业发展不平衡,亟待提升支线航空对区域社会经济发展的促进作用;二是民航业与其他交通运输方式联动发展不足,亟待建设以机场为中心的现代综合交通运输体系;三是民航企业不同运营模式和分工合作格局尚未形成,亟待提升大网络型客货航空公司和大型国际客货枢纽机场对全行业整体发展和综合竞争实力的带动作用;四是通用航空滞后于运输航空发展,亟待满足现代社会经济对通用航空快速增长的各种需求。

四、进一步深化改革

1. 进一步深化改革的迫切性

纵观中国民航近四十年的发展历程,民航的历次改革都极大地解放和发展了民航生产力,为民航的成长壮大提供了持续动力。"十四五"时期是实现民航强国战略目标的关键阶段,是行业转型升级的战略机遇期。现阶段我国民航仍然面临许多深层次矛盾,安全保障资源不足、发展结构不平衡、发展方式比较粗放等问题还没有根本改善,制约民航发展的体制机制障碍仍然存在。实现民航强国战略目标,必须树立强烈的历史使命感和责任感,运用改革创新思维,进一步深化民航改革,坚决破除束缚民航发展的各种瓶颈,不断解放和发展民航生产力,充分释放民航发展的活力,努力开创民航发展新局面。对此,中国民用航空局党组进行了认真深入地分析研究,认为要实现民航强国战略目标,必须通过进一步深化改革,坚决破除沉疴痼疾,才能为行业发展提供新的动力,并且在"十三五"期间发布了《关于进一步深化民航改革工作的意见》。

2. 进一步深化改革的指导思想

进一步深化改革的指导思想是深入贯彻落实党的十九大和十八届三中、四中、五中、六中全会精神,以"创新、协调、绿色、开放、共享"发展理念为引领,牢固树立"发展为了人民"的理念,始终坚守"飞行安全、廉政安全、真情服务"三条底线,围绕民航的科学发展、持续安全发展,充分发挥民航在综合交通体系中的比较优势,坚持依法行政,坚持问题导向,通过进一步深化民航改革,突出重点、精准发力,着力解决民航深层次矛盾和问题,确保实现民航强国战略目标。

3. 进一步深化改革的总体思路和目标

改革的总体思路:以持续安全为前提,以实现民航强国战略构想为目标,以推进民航供给侧结构性改革为引领,以调整结构、提质增效为主线,围绕推动"两翼齐飞"(公共运输航空与通用航空)、完善"三张网络"(机场网、航线网、运行信息监控网)、补齐"四个短板"(空域资源、民航服务品质、适航审定能力、应急处置能力），梳理和解决影响行业发展质量和效益的关键问题，努力实现在行业发展动力、发展结构和发展方式等方面取得新突破。

改革的总体目标：在民航科学发展、持续安全发展重要领域和关键环节取得突破性改革成果，形成有利于提升安全保障能力、巩固民航发展安全基础的安全管理系统；形成有利于促进行业调整结构、提质增效、转型升级的政策措施；形成有利于提高政府行政效率、增强行业监管能力的体制机制；形成有利于激发市场活力、规范市场行为的法规体系，初步实现民航治理体系和治理能力现代化。

4. 进一步深化改革的主要任务

进一步深化改革，提出了十个方面的改革任务。一是提升安全监管能力；二是提升枢纽机场集散功能；三是提升运行信息监控能力；四是提升空域资源保障能力；五是提升民航服务品质；六是提升适航审定能力；七是提升应急处置能力；八是提升通用航空服务能力；九是提升民航行政管理能力；十是提升民航科教支撑能力。

民航改革的主要任务包括进一步扩大航权开放，优化国际航权分配政策，为航空运输企业参与国际竞争提供更多的航权资源。启动"一带一路"沿线国家航权自由化试点。研究出台"一市两场"国际航权分配办法。鼓励民航企业走出国门，通过资本运作方式参与国际航空市场竞争。积极参与国际民航治理，提升国际话语权。

在整合各类民航运行信息资源方面，要加快推进全国流量管理系统、全国统一的协同决策系统、飞行计划集中处理系统、监视信息集中处理系统和航空器全球跟踪监控系统等信息系统建设，整合分散在空管、航空公司、机场、保障单位的信息资源，设立民航数据中心，加强运行信息统一集中管控，提升信息数据综合分析能力，促进信息资源共享。

在提升空域资源保障能力方面，要推动国家空中交通管制调整改革，深化军民航联合运行，扩大民航可用空域资源，提高民航空域使用效率。推动国家空中交通管制委员会加快推进低空空域开放进程。建立空中交通管制运行领域军民融合发展机制。明确未来一段时期军民航空深度融合发展方向。

在提升通用航空服务能力方面，要落实国务院《关于促进通用航空业发展的指导意见》，创新通用航空发展政策，建立与通用航空发展阶段相适应的、区别于运输航空的安全监管和市场监管体系，初步建成功能齐全、服务规范、类型广泛的通用航空服务体系。

第四节 推进四型机场建设

2019年9月25日，习近平总书记出席北京大兴国际机场投运仪式，对民航工作作出重要指示，要求建设以"平安、绿色、智慧、人文"为核心的四型机场，为中国机场未来发展指明了方向。可以说，四型机场建设不仅是落实总书记指示和坚持"两个维护"的重要体现，是新时代民航机场高质量发展的必然要求，是民航强国建设的重要组成部分，也是推进行业治理体系和治理能力现代化的重要抓手，对未来机场建设发展意义重大。为贯彻落实习近平总书记关于四型机场建设的指示要求，加强顶层设计，更好推进四型机场建设，2020年1月3日中国民用航空局组织制定了《中国民航四型机场建设行动纲要(2020—2035年)》(以下简称《纲要》)。《纲要》是指导全国民航推进四型机场建设的主导性文件,谋划未来15年四型机场建设的目标、任务和路径。我们要以《纲要》为指引,统一认识、凝聚共识,明确各自职责和本单位四型机场建设的目标、路径,全力推进落实,为四型机场建设,为推进新时代民航高质量发展和民航强国建设做出应有贡献,为世界民航机场建设与发展贡献中国智慧、分享中国方案。

一、贯彻落实习近平总书记关于建设四型机场的指示要求

近年来,中国民航取得了举世瞩目的成就,特别是机场建设始终保持快速发展态势。2019年,全行业完成运输总周转量1292.7亿吨公里、旅客运输量6.6亿人次,旅客吞吐量1000万人次以上的运输机场达39个。在全球最繁忙机场的前30名中,我国有5个机场,分别是北京首都国际机场、上海浦东国际机场、广州白云国际机场、成都双流国际机场。同时,郑州、重庆、西安、三亚机场以及郑州、杭州、广州、重庆机场分别进入10年来全球客运量和货运量增长最快的前10名国际机场。

依靠大量投入的基础设施建设,民航业在产业发展速度与规模上取得了一定成绩,但是许多深层次的矛盾并没有得到很好解决并逐步显现,制约了行业的发展。主要体现在:与民航发展需求增量的矛盾、与机场运行安全的矛盾、与城市规划建设的矛盾、与旅客出行需求的矛盾、与环境生态保护的矛盾等。这些矛盾充分表明,传统的单一依靠加强基础设施建设,依靠挤压早已饱和的运行资源的发展模式已难以适应行业发展的需要,亟须转变发展方式,从过去注重数量、总量、增量的量优式发展,转向注重质量、效率、效益的质优式发展。

二、四型机场建设的战略蓝图

四型机场建设是民航强国建设的重要组成部分。根据新时代民航强国的战略部署,围绕新时代民航强国建设的阶段性特征,配合新时代民航强国的战略进程,找准主攻方向和重点任务,明确了"一筹划、两步走"两阶段的建设目标。

"一筹划",即2020年为四型机场建设的顶层设计阶段。主要任务是制定出台《纲要》等重要主导性文件,明确四型机场建设的目标、任务和路径,构建四型机场建设的四梁八柱。

"两步走",即2021—2030年,为四型机场建设的全面推进阶段。在这一阶段,"平安、绿色、智慧、人文"发展理念全面融入现行规章标准体系;保障能力、管理水平、运行效率、绿色发展能力等大幅提升,支线机场、通用机场发展不足等短板得到弥补,机场体系更加均衡协调;示范项目的带动引领作用充分发挥,多个世界领先的标杆机场建成。2031—2035年,为四型机场建设的深化提升阶段。到那时,将建成规模适度、保障有力、结构合理、定位明晰的现代化国家机场体系;机场规章标准体系健全完善,有充分的国际话语权;干支结合、运输通用融合、有人无人融合、军民融合、一市多场等发展模式"百花齐放";安全高效、绿色环保、智慧便捷、和谐美好的四型机场全面建成。

四型机场建设的主要任务为:

(1)建设平安机场,严守安全生命线。做到确保机场运行安全,确保机场空防安全,确保机场建设安全,加强薄弱环节风险防范,提升应急处置能力。

(2)建设绿色机场,实现可持续发展。做到坚持集约节约使用资源,确保机场低碳高效运

行,实现机场与周边环境和谐友好。

(3)建设智慧机场,推进转型升级。做到加快信息基础设施建设,实现数字化;推进数据共享与协同,实现网络化;推进数据融合应用,实现智能化;切实保障信息安全。

(4)建设人文机场,实现和谐发展。做到树立"中国服务"品牌,实施机场服务品质工程,实施机场服务便捷工程,打造特色鲜明文化载体。

三、把握四型机场的基本特征

《纲要》指出,四型机场是以"平安、绿色、智慧、人文"为核心,依靠科技进步、改革创新和协同共享,通过全过程、全要素、全方位优化,实现安全运行保障有力、生产管理精细智能、旅客出行便捷高效、环境生态绿色和谐,充分体现新时代高质量发展要求的机场。

具体而言,平安机场是安全生产基础牢固、安全保障体系完备、安全运行平稳可控的机场;绿色机场是在全生命周期内实现资源集约节约、低碳运行、环境友好的机场;智慧机场是生产要素全面物联、数据共享、协同高效、智能运行的机场;人文机场是秉持以人为本,富有文化底蕴,体现时代精神和当代民航精神,弘扬社会主义核心价值观的机场。

"平安、绿色、智慧、人文"是四型机场建设的四个基本特征,四者之间有着清晰的内在联系,绝不是简单的罗列关系。

从内在逻辑关系来看,平安是基本要求,绿色是基本特征,智慧是基本品质,人文是基本功能,四个要素相互联系,相辅相成,不可分割。

从实现路径来看,平安、绿色、人文更多体现的是四型机场建设的结果和状态,都需要利用智慧化的措施、手段来实现。

从机场发展的客观实际来看,单纯依靠基础设施建设等要素投入难以妥善解决当前面临的诸多问题和挑战,应以智慧机场建设为引领,全面推进机场向高质量发展转型,由巩固硬实力逐步转向提升软实力,最终实现四型机场建设目标。

四、建设四型机场是一项长期的战略任务

四型机场建设不谋一时、不为一事,而是着眼长远和全局,立足全过程、全要素、全方位的优化。

不能简单地把四型机场等同于智慧机场,把智慧机场等同于新技术应用。实际上,智慧更大程度上是实现四型机场的方式,是新技术与运行模式、服务模式、管理模式等的深度融合,绝非是新技术的简单堆砌。因此,在智慧机场建设中,要把新技术与管理水平、运行机制、人员能力、现实条件等结合起来考虑,加快培育新模式、新业态和新动能,通过全方位创新驱动来实现整个机场的智慧化。

绿色机场建设不只是运行节能,真正的绿色机场是要把"绿色"基因贯穿于机场的选址、规划、设计、施工、运营直至废弃的整个生命周期,严格按照节约集约使用资源、确保高效低碳运行的目标制定、实施严格科学的环境影响评价管理,真正实现高效、节能和可持续发展。

在人文机场建设中不能只关注设施设备建设投入,人文机场最核心的载体是人,设施设备只是提供民航运输服务所需的工具。真正的人文机场,既要坚持以人为本,从旅客需求出发,

增强服务供给能力,提升服务品质,树立"中国服务品牌";又要关爱基层员工发展,健全培训体系,提升业务能力,通过员工发自内心的服务,真正提高服务效率、增强机场服务能力、提升旅客满意度。

建设四型机场必须从全局出发,"四型机场"不能只是机场主体参与,四型机场建设不是机场一家主体的"单打独斗",它涉及空管、航空公司等各民航运行单位,以及各单位主体的生产运行、旅客服务、航空安全和节能减排等业务工作。因此,要进一步加强行业内部之间,以及行业与行业外相关部门之间的体系化协同,统筹资源供给,优化资源配置,全面提升机场系统效能。

五、推动四型机场建设标准国际化,助力民航强国建设

四型机场建设既不只针对大型机场,也不只针对新建机场,而是代表了全国民用机场未来的发展方向。不同规模、不同发展阶段的机场,都要在《纲要》思想的统一指引下,根据各自的功能定位、阶段特征、规模结构、服务需求,选择适合的发展路径。

不同规模机场的发展要因地制宜、因场施策:大型枢纽机场的四型机场建设重点是,注重缓解资源约束,提高运行效率;中小型机场的四型机场建设重点是,通过完善体制机制,提升管理水平,通过新技术应用弥补安全服务的短板,实现低投入高产出。

不同发展阶段的机场要因时而异、动态调整:新建机场的四型建设,要突出规划引领、方案先行,立足当前、着眼长远、一次规划、分期实施;现有机场的四型建设,要从实际出发,通过改扩建、提升运行管理水平和人员素质等多种举措,提高机场保障能力、运行效率和服务品质,同时要妥善处理好建设与运行的关系、近期建设与远期发展的关系。

具有制定国际民航规则标准的主导权、话语权和引领国际民航业发展的创新能力,是民航强国中关键的指标要素。因此,在打造四型机场全球标杆的过程中,要更加注重标准体系的总结提炼、整合重构、国际推广,将这些成果转化成标准体系,并充分借助参加国际民航组织相关会议,参与国际民航组织事务框架下相关规则、标准制修订的有利时机,推进四型机场建设标准国际化,向世界展示中国智慧、输出中国经验,展现四型机场根本,承担民航大国责任。

当前,四型机场建设已进入新的阶段,发展路径更加清晰、技术条件更加成熟、社会期盼更加迫切。中国民航将坚持新发展理念,以四型机场建设为引领,推动构建现代化国家民航机场体系,全面提升机场业的治理能力,为民航强国和美丽中国建设贡献磅礴力量。

第五节 "十三五"目标和机场布局中长期规划

一、民航"十三五"规划主要目标

到2020年,基本建成安全、便捷、高效、绿色的现代民航系统,满足国家全面建成小康社会的需要。航空运输持续安全,航空服务网络更加完善,基础设施保障能力全面增强,行业治理能力明显加强,运输质量和效率大幅提升,国际竞争力和影响力不断提高,创新能力更加突出,在国家综合交通运输体系中的作用更加凸显。航空业作为全球化的产物,服务于人流、物流的

快速流动。由于2020年,新冠肺炎疫情席卷全球,对航空业来说,不仅对短中期运量、效益等方面产生影响,还将对旅客结构、消费习惯、营运模式、竞争格局等产生长远、深刻的影响和改变,民航"十三五"规划主要预期指标(表3-10)难以完成。目前民航"十四五"规划正在筹划之中,民航向上的发展趋势不会改变。

"十三五"时期民航发展主要预期指标　　　　表3-10

类别	指标	2015年	2020年	年均增长
行业规模	航空运输总周转量(亿吨公里)	852	1420	10.8%
	旅客运输量(亿人次)	4.4	7.2	10.4%
	货邮运输量(万吨)	629	850	6.2%
	通用航空飞行量(万小时)	77.8	200	20.8%
发展质量	旅客周转量在综合交通中的比重(%)	24.2	28	—
	运输飞行百万小时重大及以上事故率	[0]	<[0.15]	—
	航班正常率	67%	80%	—
	平均延误时间(分钟)	23	20	—
	中国承运人占国际市场份额	49%	>52%	—
保障能力	保障起降架次(万)	857	1300	8.7%
	民用运输机场(个)	207*	≥260	—
	运输机场直线100公里半径范围内覆盖地级市	87.2%	93.2%	—
绿色发展	吨公里燃油消耗(千克)	[0.293]	[0.281]	—
	吨公里二氧化碳排放(千克)	[0.926]	[0.889]	—

注:带[ ]的数据为5年累计数;*不含3个通勤机场。

二、构建国家综合机场体系

目前我国机场数量仍然偏少,中西部地区覆盖不足,特别是边远地区、民族地区航空服务短板突出。现有机场层次不够清晰,功能结构有待完善,难以适应我国经济社会发展,以及进一步扩大对外开放、新型城镇化建设的需要。部分机场容量趋于饱和,现有设施能力已不能适应发展需要。繁忙机场和繁忙航路的空域资源紧张,航班运行受限、延误增加,影响了机场设施及其系统效能的充分发挥。

民用机场是公共基础设施,具有较强的整体性、系统性和关联性。机场布局和建设是引导配置航空资源的重要手段,是支撑民航强国的重要基础。应统筹协调民用运输机场和通用机场布局建设,构建覆盖广泛、分布合理、功能完善、集约环保的国家综合机场体系,发挥整体网络效应,为民航可持续发展奠定基础。制订全国民用机场布局规划,指导全国民用机场建设布点,有利于提高机场建设的针对性,减少盲目性;有利于提高航空运输通达能力,促进地区经济发展,便利旅客出行;有利于促进国防建设,增强国防实力。全国民用机场布局规划应当统筹安排、通盘考虑、统一规划,全国民用机场的布局规划由国家发展和改革委员会会同国务院民用航空主管部门及其他有关部门共同制订。2017年2月13日印发了《全国民用运输机场布局规划》,作为我国近十年中长规划的贯彻和执行的依据。

1. 完善机场布局体系

(1)完善机场布局。坚持共享发展理念,按照全面建成小康社会总体要求,主动适应"一带一路"建设、京津冀协同发展、长江经济带,继续增加机场数量,扩大覆盖范围,优化网络结构,构建国际枢纽、区域枢纽功能定位完善和大中小型枢纽、非枢纽运输机场、通用机场层次结构明晰的现代机场体系。

2020年,北京大兴国际机场已建成投入使用,成都新机场等一批重大项目将建成投入使用,枢纽机场设施能力进一步提升。完善华北、东北、华东、中南、西南、西北六大机场群,新增布局一批运输机场,建成机场超过40个(表3-11),运输机场总数达240个左右。

到2025年,在现有(含在建)机场基础上,新增布局机场136个,全国民用运输机场规划布局370个(规划建成约320个)。展望2030年,机场布局进一步完善,覆盖面进一步扩大,服务水平持续提升。

(2)打造国际枢纽。着力提升北京、上海、广州机场国际枢纽竞争力,推动与周边机场优势互补、协同发展,建成覆盖广泛、分布合理、功能完善、集约环保的现代化机场体系,形成3大世界级机场群、10个国际枢纽、29个区域枢纽。京津冀、长三角、珠三角世界级机场群形成并快速发展,北京、上海、广州机场国际枢纽竞争力明显加强,成都、昆明、深圳、重庆、西安、乌鲁木齐、哈尔滨等国际枢纽作用显著增强,航空运输服务覆盖面进一步扩大。接近终端容量且有条件的城市研究论证第二机场建设方案。

巩固和培育区域枢纽。积极推动天津、石家庄、太原、呼和浩特、大连、沈阳、长春、厦门、南京、青岛、福州、济南、南昌、温州、宁波、合肥、南宁、桂林、海口、三亚、郑州、武汉、长沙、贵阳、拉萨、兰州、西宁、银川等机场形成各具特色的区域枢纽。

稳步推进新增运输机场布局。增加中西部地区机场数量,提高机场密度,扩大航空运输服务覆盖。

(3)构建通用机场网络。通用机场是民航基础设施的重要组成,也是运输机场的重要补充。鼓励非枢纽机场增加通用航空设施,提供通用航空服务,初步形成覆盖全国的通用航空机场网络。支持在年旅客吞吐量1000万人次以上的枢纽机场周边建设通用机场,疏解枢纽机场非核心业务。鼓励在偏远地区、地面交通不便地区建设通用机场,开展短途运输,改善交通运输条件;支持建设各类通用机场,满足工农林作业、空中游览、飞行培训、抢险救灾、医疗救护、反恐处突等需求。积极有序布局建设一批通用机场,力争达到500个以上。

2. 加快机场设施建设

着力加快枢纽机场建设,完善国际、区域枢纽机场功能,着力提升大型机场的容量,增强中型、小型机场保障能力;加强非枢纽机场建设,新增布局一批运输机场,鼓励利用现有军用机场和通用机场升级改造为运输机场,提高航空服务均等化水平;强化机场集疏和转运能力,注重机场与其他交通方式的高效衔接,构建以机场为核心节点的综合交通枢纽;加快通用航空基础设施建设,贯彻落实《国务院办公厅关于促进通用航空业发展的指导意见》(国办发[2016]38号),完善通用机场建设标准;加强航油保障基础设施建设,完善成品油储运配送基地和战略储备库建设,优化供油网络。

2019年3月1日中国民用航空局印发《关于印发民用运输机场建设"十三五"规划中期调整方案的通知》(民航发[2019]1号),调整后,续建机场30个,新建机场43个,改扩建机场125个,迁建机场17个(表3-11)。原则支持晋城、潢川、龙岩、百色等机场项目开展前期研究工作。

民用运输机场建设"十三五"规划中期调整项目清单 表3-11

性 质		机场名称
续建机场(30个)		承德、临汾、霍林郭勒、扎兰屯、乌兰察布、松原、白城、建三江、五大连池、三明、上饶、信阳、十堰、武冈、岳阳、琼海、西沙、仁怀、沧源、澜沧、陇南、果洛、祁连、莎车、若羌、图木舒克、北京大兴、南沙、巫山、巴中
新建机场(43个)		成都新机场、绥芬河、芜宣、荆州、湘西、玉林、武隆、甘孜、威宁、丽水、郴州、邢台、嘉兴、菏泽、商丘、安阳、鄂州、韶关、红河、昭苏、闽中、乐山、于田、塔什库尔干、朔州、正蓝旗、林西、阿拉善左旗、东乌旗、四平、亳州、瑞金、蚌埠、黔北、怒江、府谷、定边、虎林、鹤岗、宣威、盘州、武威、天柱
改扩建机场(125个)		广州、重庆、武汉、大连、长春、银川、唐山、二连浩特、徐州、义乌、东营、张家界、常德、柳州、广元、毕节、昌都、敦煌、庆阳、格尔木、哈密、浦东、虹桥、成都、昆明、西安、杭州、南京、郑州、海口、沈阳、贵阳、哈尔滨、济南、太原、南昌、兰州、宁波、石家庄、合肥、拉萨、张家口、邯郸、长治、鄂尔多斯、巴彦淖尔、长白山、黑河、伊春、无锡、南通、淮安、盐城、扬州泰州、温州、舟山、衢州、黄山、泉州、赣州、井冈山、宜春、临沂、洛阳、宜昌、襄阳、怀化、桂林、万州、黔江、绵阳、南充、铜仁、兴义、荔波、安顺、遵义、大理、德宏、保山、临沧、普洱、腾冲、榆林、喀什、伊宁、库尔勒、阿勒泰、和田、阿克苏、塔城、海拉尔、石河子、乌鲁木齐、长沙、佳木斯、大庆、天津、锡林浩特、通辽、长海、阜阳、揭阳、惠州、黎平、吐鲁番、福州、吉林、大同、台州、安庆、池州、威海、九寨、西昌、丽江、林芝、赤峰、运城、烟台、迪庆、鞍山、深圳、南宁、西宁
迁建机场(17个)		秦皇岛、梧州、泸州、延安、且末、青岛、宜宾、达州、安康、呼和浩特、连云港、昭通、济宁、潍坊、厦门、湛江、天水
前期工作(48个)	新建类(39个)	珠三角枢纽/广州新、鲁山、共和、元阳、丘北、巴里坤、奇台、隆子、普兰、枣庄、宝鸡、绥化、定日、三亚新、宿州、临夏、阿拉尔、和布克赛尔、和静、娄底、平凉、石嘴山、辽源、敦化、白山、榆树、饶河、亚布力、抚州、聊城、儋州、罗甸、勐腊、乌苏、宝清、玉溪、定西、遂宁、会东
	迁建类(9个)	延吉、大连、永州、武夷山、牡丹江、梅县、普洱、威海、黎枝花

思考题

1. 2006—2015年是中国民航发展迅猛的10年,取得了哪些成绩?
2. 通过中国民航主要统计数据描述2019年中国民航发展的现状。
3. 在与国际民航的对比中,中美之间存在哪些差距?
4. 为什么当前的中国是一个民航大国而不是民航强国?
5. 为什么在未来一二十年建设民航强国的机遇前所未有?
6. 中国民航经历了哪三轮重大改革?
7. 当前我国民航业发展仍然存在哪五对"基本矛盾"?
8. 进一步深化改革的主要任务是什么?
9. 目前我国机场在发展过程中亟待解决的问题有哪些?
10. 新一代民航运输系统的改革目标是什么?
11. 如何构建国家综合机场体系?

CHAPTER

第四章

民用机场布局

民用机场作为商业运输的基地可把整个机场系统分成两大块:一块是空域,与航路系统相通;另一大块是机场地面系统。机场地面系统又分成空侧和陆侧两个部分(图4-1)。空侧,包括供飞机起飞、着陆的跑道,供飞机停放的机坪,以及沟通跑道和机坪的滑行道系统。陆侧,包括航站楼、货运站和供地面车辆流通的道路和停车场,由此与进出机场的地面交通系统相连。

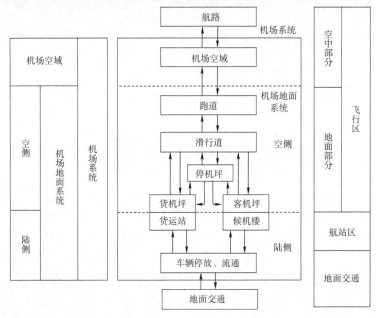

图4-1 机场系统图

当然,实际的机场系统要比这个概念还复杂得多。

第一节 飞 行 区

飞行区分空中部分和地面部分。空中部分指机场的空域,包括进场和离场的航路;地面部分包括跑道、滑行道、停机坪和登机门,以及一些为维修和空中交通管制服务的设施和场地,如机库、塔台、救援中心等。

一、跑道

机场中最重要的一个核心建筑设施就是跑道。跑道是陆地机场经整备建设后供飞机起飞和着陆用的一块划定的长方形场地。跑道分非仪表跑道和仪表跑道。非仪表跑道(VFR),即供飞机用目视进近程序飞行的跑道,属低等级机场的跑道。仪表跑道(IFR)是供飞机用仪表进近程序飞行的跑道。

1. 机场飞行区等级

跑道的性能及相应的设施决定了什么等级的飞机可以使用这个机场,机场按这种能力的分类,称为飞行区等级。随着大型客货机的出现,对飞行区等级要求相应提高。原则上,飞机的质量越大,起飞、着陆距离越长,翼展越宽,它所需用的跑道也就越长且越宽。国际民航组织将运输机场按机场跑道(飞行区指标Ⅰ)、飞行区的各类飞机最大翼展(飞行区指标Ⅱ)的不同对机场跑道进行了分类。飞行区指标Ⅰ是数字,即按使用机场跑道的各类飞机中最长的基准飞行场地长度,由短至长分为1、2、3、4四个等级。数字表示飞行场地的长度,数字越大代表跑道越长,可以起降的飞机更大。飞行区指标Ⅱ分是字母,表示各类飞机最大翼展所要求的跑道、滑行道及机坪等各项飞机服务场地的宽度,由小至大分为 A、B、C、D、E、F 六个等级,综合各项服务要求后取其较高等级。有了适当的宽度,飞机在跑道上运动时机轮才不至于越出跑道。字母越靠后,机场跑道的宽度就越大。因而对于跑道来说,飞行区等级的第一个数字表示所需要的飞行场地长度,第二位的字母表示相应飞机的最大翼展和最大轮距宽度,它们相应的数据见表4-1。

机场飞行区等级表   表4-1

指标 Ⅰ		指标 Ⅱ		
数码	基准场地长度(米)	字码	翼展(米)	主起落架外轮外侧边间距(米)
1	<800	A	<15	<4.5
2	800~1200(不含)	B	15~24(不含)	4.5~6(不含)
3	1200~1800(不含)	C	24~36(不含)	6~9(不含)
4	≥1800	D	36~52(不含)	9~14(不含)
		E	52~65(不含)	9~14(不含)
		F	65~80(不含)	14~16(不含)

注:按照《国际民用航空公约(第8版)》的附件14—机场,主起落架外轮外边距不作为确定飞行区指标Ⅱ需要考虑的因素,但仍需要根据主起落架外轮外边距确定跑道宽度和滑行道宽度。

表4-1中的飞行场地长度指飞机在最大起飞质量、海平面高度、无坡度标准大气下起飞时所要求的最低场地(跑道)长度,也指在飞机中止起飞时所要求的跑道长度,即平衡跑道长度,与机场跑道的实际长度没有直接的关系。

截至2019年底,我国共有颁证运输机场238个,其中有13个能起降A380型飞机的4F级机场,有38个4E级机场,这类机场的跑道长度在3000米以上,宽度为45~60米。目前世界上最大的宽体客机波音B747可以顺利地在4F、4E机场起降。38个能起降波音B767、B757型飞机的4D级机场,143个能起降波音B737等飞机的4C级机场,中小城市的机场多数是3C级,跑道长度在1500米左右,宽度在30米以上,供支线飞机起降。由于机场起降主流机型逐步向中、大型机转变,3C级机场减少至5个,只占总数的2.1%。国内现存3C级以下机场仅1个。

修建什么等级的机场要根据航空运输的需要而定,并不是等级越高越好。北京首都国际机场原有2条跑道,东跑道3800米×60米(PCN108),西跑道3200米×50米(PCN95),属Ⅱ类精密进近跑道,标高35.3米。为了迎接2008年奥运会,满足6000万人次吞吐量的需要,新建第三条跑道3800米×60米,属Ⅲ类双向精密进近跑道。

2. 跑道的布局方式

一般来讲,跑道系统的数目取决于交通量的大小,跑道的方向由风向决定,根据不同交通量和风向,跑道系统存在着多种布局方式。

(1)单条跑道。

在我国目前除少数机场外,其余的机场都是单条跑道,如图4-2所示。

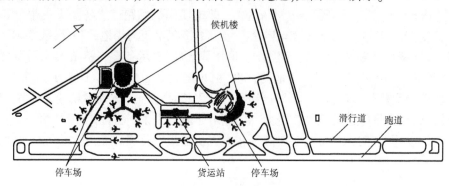

图4-2 单条跑道

单条跑道是最简单、最基本的跑道。相对于其他形式来说,单条跑道具有使用方便、占地面积小和易于维护等优点。但当机场交通量达到或超过跑道最大容量时,会发生交通堵塞现象,造成航班延误,降低航班正常率。

(2)平行跑道。

平行跑道是指跑道与跑道中心线平行或近似平行。平行跑道的出现是为了缓解单条跑道的容量饱和问题。平行跑道的容量取决于跑道数目和跑道间距,如图4-3所示。

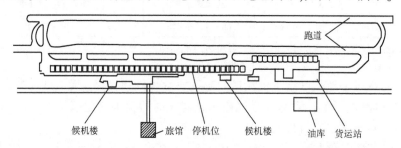

图4-3 平行跑道

近距平行跑道间距小于2500英尺(1英尺=0.3048米);中距平行跑道间距在2500～4300英尺之间;远距平行跑道间距大于4300英尺。

较好的运行方式是将离开航站楼的最远的跑道(外侧)指定作着陆飞机使用,而将离航站楼最近的跑道(内侧)作起飞跑道使用。

(3)交叉跑道。

当相对强烈的风从一个以上的方向吹来时,如果只有一条跑道,就会造成过大的侧风,需要采用交叉跑道结构。交叉跑道是指机场内两条或更多条的跑道以不同方向互相交叉。对于两条交叉跑道,当风很强时,只能使用其中的一条;当风相对较弱时,则两条跑道可同时使用。两条交叉跑道的容量在很大程度上取决于相交点位置和跑道的运行方式,如图4-4所示。

(4)开口V形跑道。

两条跑道方向散开而不相交的称为开口V形跑道。像交叉跑道那样,当风从一个方向强烈吹来时,开口V形跑道就恢复成为单条跑道。当风轻微时,两条跑道可以同时使用,如图4-5所示。

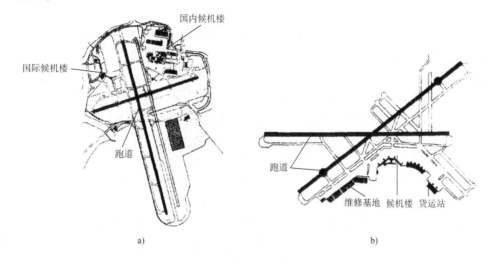

图4-4 交叉跑道

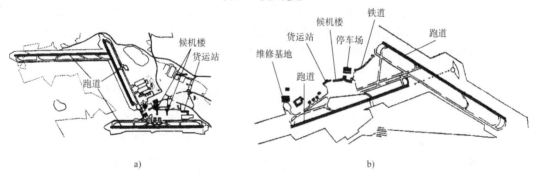

图4-5 开口V形跑道

(5)多条跑道。

随着当地经济发展,机场两条跑道已不能满足航空运输量的需求,于是机场新建多条跑道,各司其职。离候机楼近的跑道用于起飞,远离候机楼远的跑道用于降落。有的跑道专用于货机起降,短的跑道用于小型飞机起降,等级高的跑道用于大型飞机起降。在风向多变地区,还可利用不同方向的跑道,应对多种气候变化,如图4-6所示。

3. 跑道的基本参数

(1)方向和跑道号。

飞机的起降与风向有直接的关系。在逆风中起降可以增加空速,使升力增加,飞机就能在较短的距离中完成起降动作。早期的飞机抵抗侧风的能力不够,为了保证飞机能在各种不同的风向下起降,规模较大的机场往往修建两条方向交叉的跑道。现在飞机的增升能力及抗侧风的能力都大大加强了,所以新建的大型机场通常只修建同

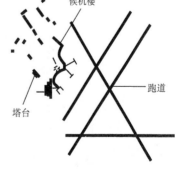

图4-6 多条跑道

一方向的平行跑道。这样的安排形式可以节约大量的用地。跑道的方向设计主要是根据当地一年中的主风向(70%的风向)来确定的,这种设计能使飞机在使用该跑道的大部分时间内得到有利的风向。

每个机场至少有一条跑道,有的机场有好几条跑道。为了使驾驶员准确地辨认跑道,每条跑道均以其所朝向的度数(即驾驶飞机起飞或降落时前进方向与磁北方向的夹角)编号。为精确起见,采用360°的方位予以表示。以正北为0°,顺时针旋转到正东为90°、正南为180°、正西为270°,再回到正北为360°或0°;每一度又可分为60′,每一分又可分为60″。为了简明易记,跑道编号只用方向度数的百位数和十位数,个位数按四舍五入进到十位数。例如一条指向为西北284°的跑道,它的编号就是28,如果是285°,编号就是29。同一条跑道,因为有两个朝向,所以就有两个编号。例如一条正北正南的跑道,从北端向南看,它的编号是18;从南端向北看,它的编号就是36。跑道号都是两位数,如果第一位没有数就用0来表示。例如咸阳机场跑道的方向是东北—西南方向,指向东北的方向为50°,跑道号是05,相反方向是230°,跑道号是23。跑道号以宽3米、长9米的数字用明亮的白漆漆在跑道的端头,十分醒目,如图4-7所示。驾驶员在空中看到跑道号,也就知道了飞机降落在这条跑道时的方向。如果某机场有同方向的几条平行跑道,再分别冠以L(左)、C(中)、R(右)等英文字母,以示区别。如北京首都国际机场有两条平行的南北向的跑道,西边跑道的编号是18L/36R,东边跑道的编号是18R/36L。跑道编号与航空器的安全起降密切相关。2000年有一架新加坡航空公司的飞机,夜间在台北机场起飞时,因为驾驶员弄错了跑道的R和L,驶入一条正在施工的跑道,与一台挖掘机相撞,造成了100多人死亡的惨剧。

图4-7　跑道号

《国际民用航空公约(第8版)》附件14—机场中规定:四条平等跑道冠以L、R、L、R英文字母;五条平等跑道冠以L、R、L、C、R或L、C、R、L、R英文字母;六条平等跑道冠以L、C、R、L、C、R英文字母。

(2)基本尺寸。

基本尺寸指跑道的长度、宽度和坡度。

跑道的长度,要根据飞机的起飞、着陆性能确定。要保证飞机的正常起飞、着陆以及中断起飞、发动机故障等特殊情况下的安全,可以起降干线飞机的机场跑道长度为 3000~3500 米。在高原地区海拔高度越高,空气密度越低,在同样的滑跑速度下,飞机的空气动力性能下降,同时,发动机的功率也下降,因此要求更长的跑道,所以这些地方的机场的跑道需要长达 4000 米以上。西藏昌都邦达军民合用机场,标高 4334 米,属世界海拔最高的机场。玻利维亚拉巴斯市肯尼迪国际机场,标高 4072 米,是世界海拔第二高的机场。邦达机场跑道长 4200 米,宽 45 米,跑道长度短于美国加州爱德华空军机场(该机场跑道长 11266 米)和南非阿平顿的波尔·雷尔维尔民用机场(跑道长 4900 米)。还要说明一点,就是邦达机场有一条与跑道平行的滑行道,长 5500 米,宽 16 米。

在热带地区,由于气温高,发动机的功率下降,飞机的升力也下降,所以跑道也要修得长些。跑道越长,机场占用面积也越大,对四周环境的影响也越大。国际民航界对此已达成共识,今后发展更大的民航飞机时要从技术上进行改进,使新型飞机要求的起降距离不能比现有的大型机场跑道更长。因此有的地区盲目修建超长跑道的机场是没有道理的。在低海拔地区,机场跑道只要有 3600 米就足够达到飞机起降使用的标准了。

跑道的宽度,要考虑飞机的尺寸并能满足飞机可以在跑道上转弯、掉头的需要。飞机尺寸越大,要求的跑道越宽,见表 4-2。飞机的翼展和主起落架的轮距越大,转弯半径也越大,跑道的宽度也要求越宽,但一般不超过 60 米。上海浦东机场第二条跑道达到 4F 级,能起降 A380 飞机,它的尺寸为 3800 米 × 60 米。

各等级跑道的宽度标准 表 4-2

飞行区指标Ⅰ	飞行区指标Ⅱ					
	A	B	C	D	E	F
1*	18	18	23	—	—	—
2*	23	23	30	—	—	—
3	30	30	30	45	—	—
4	—	—	45	45	45	60

注:* 飞行区指标Ⅰ为 1 或 2 的精密进近跑道的宽度应不小于 30 米。

一般来说,跑道是没有纵向坡度的,但在有些情况下,等级基准代码为 3 或 4 的机场可以有 1% 以下的坡度。如图 4-8 所示,采用图中实线表示的坡度时,飞行员会觉得跑道近,反之,采用图中虚线表示的坡度时,会感觉远。控制跑道坡度,可以避免给飞行员造成错觉。

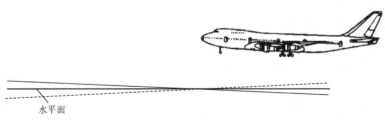

图 4-8 跑道坡度对飞行员的影响

(3)跑道的道面、强度和厚度。

跑道道面要有符合规定的摩擦力,防止飞机滑跑、制动时打滑。遇到雨雪天气要用专门的设备测量跑道的摩擦系数,并及时告诉飞行员。为此,在混凝土道面上开出 5 毫米左右的槽,并且定期(6~8年)除胶、打磨,以保持飞机在跑道积水时不会打滑。另一种方法是在道面上铺一层多孔、摩擦系数高的沥青,以增加摩擦力。为了保证跑道上不积雨,要在跑道两侧设置一定的坡度并配备一套排水系统。

飞机跑道除要承受飞机的质量之外,还要承受飞机降落时的冲击力,所以跑道必须具有一定的强度。跑道道面分为刚性(R)和非刚性(F)道面。刚性道面由混凝土筑成,刚度大,能把飞机的荷载分担到较大面积上,局部应力小,因而承载能力强,抵抗变形能力强。非刚性道面有草坪、碎石、沥青等各类道面,这类道面承载集中,局部应力大,抵抗变形能力弱,只能抗压不能抗弯,因而承载能力小。

早期的飞机质量仅几百千克,只要把土地压实就可以当作跑道。随着飞机质量和速度的增加,对跑道的要求也越来越高,相继出现了砂石道面、沥青道面、混凝土道面等各种类型的跑道。现在大中型机场的跑道,基本上都是采用钢筋混凝土结构建造。所起降的飞机质量越大,钢筋混凝土的厚度也越厚。中型机场跑道厚度在20厘米以上;可以起降波音B747飞机的大型机场,其跑道厚度在35厘米以上。

跑道的强度,要能承受飞机着陆接地时的冲击和滑跑时的荷载。一架飞机能不能使用这条跑道,不但取决于飞机的质量和飞机的下沉速度,还取决于飞机轮胎对地面的压强。压强是指在单位面积上所承受的力。对飞机而言,如果它的轮胎接地面积大或机轮数目多,飞机对地面的压强就小,也就可以在强度比较低的跑道上起降;然而机轮在飞行时要收在飞机里,体积太大不好摆放,因此需要综合考虑。此外起降速度小的飞机对地面的冲击和摩擦都较小,因此对跑道强度的要求也低。飞机使用跑道的其他影响因素还有飞机轮胎内压、飞机装载量等。

为了使问题变得简单一些,国际民航组织综合考虑了各种因素后对跑道和飞机分别制定了一套计算它们相互适应能力的公式,由这些公式可计算出相互适应的具体数值。用于跑道的叫跑道道面等级序号(Pavement Classification Number),简写为PCN数;用于飞机的称之为飞机等级序号(Aircraft Classification Number),简写为ACN数。飞机制造厂在将飞机交付使用时必须给出该飞机满载时的最大ACN数。

如果飞机的ACN数小于或等于跑道的PCN数,飞机就可以无限制地使用这条跑道;如果飞机的ACN数超过跑道PCN数的5%~10%,作为权宜的、偶然的、少量的超载,一般可以使用这条跑道,但会缩短跑道使用寿命。如果飞机的ACN数超过跑道PCN数太多,那么飞机在起降时不仅会压坏跑道,甚至会危及飞机的安全。

建议采用以下准则:

(1)对非刚性道面,ACN不宜超过PCN的10%。

(2)对刚性道面,ACN不宜超过PCN的5%,并且是偶然运行。

有了这种评估方法,飞机在使用跑道时就有了灵活性。例如飞机如果必须在PCN数低的跑道上起降时,它可以通过减载使ACN下降,达到安全飞行的目的。波音B747飞机最大的起飞质量将近400吨,它的起落架装有16个大型机轮,ACN只有55;而仅为波音B747总质量70%的MD-11客机ACN数却高达68,这就意味着能供MD-11飞机起降的机场比波音B747可用的机场数还少。ACN数是不是越低就越好呢?这要具体分析,ACN数的降低主要是通过增加飞机机轮的数量和降低轮胎内压来实现的,但这将会大大增加飞机自身的质量。如果利用这些质量来装运货物或载运乘客,航空公司就能增加收入;如果用来装燃油,飞机就可以增加航程。因此降低 ACN 数固然可以使跑道的条件降低,增加可以起降的机场数目,使飞机的活动范围扩大,但要付出相应的代价。这个代价就是降低了飞机的使用效率,即使用同量的燃油而能运载的旅客及货物却减少了。多数西欧、北美发达国家大型机场的 PCN 数都相当高,MD-11 飞机在这些机场范围内运行的效率比较高;而在一些发展中国家,由于大部分机场的 PCN 数较低,MD-11 这类 ACN 数较高的飞机就受到了限制,只能在为数不多的机场上起飞和降落,在经济上反而不合算。

二、跑道的附属区域

1. 跑道道肩

跑道两边设有道肩,跑道道肩指紧接跑道边缘经过整备作为跑道道面和邻接表面之间过渡用的地区,如图 4-9 所示。在飞机因侧风偏离跑道中心线时,道肩可减少损害。此外大型飞机很多采用翼吊布局的发动机,外侧的发动机在飞机运动时有可能伸出跑道,这时发动机的喷气会吹起地面的泥土或砂石,使发动机受损,有了道肩会减少这类事故。有的机场在道肩之外还要放置水泥制的防灼块,防止发动机的喷气流冲击土壤。

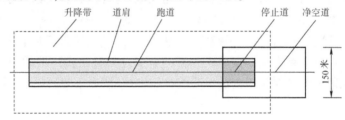

图 4-9　跑道的附属区域

道肩与跑道相接处的表面应与跑道表面齐平,跑道道肩应自跑道的两边对称向外延伸,以使跑道及其道肩的总宽度不小于 60 米。基准代号为 D 或 E 的跑道,在宽度小于 60 米时应设跑道道肩。广州白云国际机场为了满足 A380 飞机起飞和降落,总宽度达 75 米。道肩的路面要有足够强度,以备在出现事故时,使飞机不致遭受结构性损坏,还能支承可能在道肩上行驶的车辆。

2. 停止道

停止道是指可用起飞滑跑距离末端以外地面上一块划定的经过整备的长方形地区,使其适合于飞机在放弃起飞时能在它上面停住。停止道的宽度应与同它相连接的跑道的宽度相同。停止道应能承受准备使用该停止道的飞机,不致引起飞机的结构损坏。

3. 净空道

净空道,是指紧接跑道端头,在地面(或水面上)划定一块由机场当局管理的长方形区域。飞机能在其上空进行一部分爬升达到某指定高度(安全高度)。

净空道的起始点应在可用起飞滑跑距离的末端。净空道的长度应不超过可用起飞滑跑距离的一半。净空道应自跑道中线延长线向两侧横向延伸至少 75 米。位于净空道上可能对空中的飞机造成危险的物体应被认为是障碍物,并应将其移走。

4. 升降带

升降带是指一块划定的包括跑道和停止道(如果设有的话)的场地,主要功能是:

(1)减少飞机冲出跑道时遭受损坏的危险。

(2)保障飞机在起飞或着陆过程中在其上空安全飞过。

升降带应在跑道入口前,自跑道或停止道端向外延伸至少下述距离:基准代码为 2、3、4 的跑道为 60 米;基准代码为 1 的仪表跑道为 60 米,基准代码为 1 的非仪表跑道为 30 米。只要实际可行,必须在升降带的全长,从跑道中线及其延长线每侧横向延伸至少为下述距离:基准代码为 3 或 4 的跑道为 150 米;基准代码为 1 或 2 的跑道为 75 米。跑道及其连接的停止道必须包含在升降带内。

位于升降带上可能对飞机构成危险的物体,应被认为是障碍物,并应尽可能地将其移走。除了为航行目的所需并满足有关易折要求的目视助航设备外,在升降带上的基准代码为 4 和基准代字为 F 的 Ⅰ、Ⅱ 或 Ⅲ 类精密进近跑道中线两侧各 77.5 米以内,基准代码为 3 或 4 的 Ⅰ、Ⅱ 或 Ⅲ 类精密进近跑道中线两侧各 60 米以内,或基准代码为 1 或 2 的 Ⅰ 类精密进近跑道中线两侧各 45 米以内不得允许有固定的物体。在跑道用于起飞或着陆的时间内,不允许在升降带上有运动的物体。

5. 跑道端安全地区

跑道端安全地区是指一块对称于跑道中线延长线与升降带端相接的地区,其作用主要是减小飞机在过早接地或冲出跑道时遭受损坏的危险。基准代码为 3 或 4,及基准代码为 1 或 2 的仪表跑道,应在升降带两端提供跑道端安全地区。跑道端安全地区应自升降带端尽可能大地延伸,但至少为 90 米。跑道端安全地区的宽度至少应为与之相连接的跑道的宽度的 2 倍。位于跑道端安全地区上可能对飞机构成危险的物体,应被认为是障碍物,并应尽可能地移走。

三、滑行道

滑行道的主要功能是提供从跑道到航站区和维修机库去的通道。滑行道应当安排得使刚着陆的飞机不与滑行起飞的飞机相干扰。在繁忙的机场上,预计在两个方向同时有滑行交通的地方,应提供平行的单向滑行道。滑行路线应选择使从航站区到跑道起飞端具有实际可行的、最短的距离。另外,应沿跑道的若干处设置滑行道,使着陆飞机尽可能快地脱离跑道,把跑道腾出来供其他飞机使用;这些滑行道一般称为"出口滑行道"或"转出滑行道",如图 4-10 所示。滑行道系统包括入口与出口滑行道,平行与双平行滑行道,旁通、相交或联络滑行道以及机坪滑行道与滑行通道。此外,在任何情况下,滑行道的路线应避免与使用中的跑道相交叉。

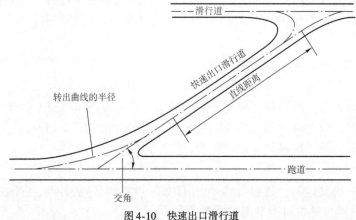

图 4-10 快速出口滑行道

滑行道直线部分的道面宽度应不小于表4-3的要求。

滑行道直线部分的道面最小宽度（单位：米）　　　　表4-3

飞行区指标Ⅱ	滑行道道面的最小宽度
A	7.5
B	10.5
C	15（飞机前后轮距<18米时） 18（飞机前后轮距≥18米时）
D	18（飞机外侧主起落架轮距<9米时） 23（飞机外侧主起落架轮距≥9米时）
E	23
F	25

滑行道的方向应尽可能地少，转弯半径应与准备使用该滑行道的飞机的操作能力和正常的滑行速度相适应。

快速出口滑行道由转出曲线、直线段及跑道与滑行道相接处的加宽部分组成（图4-11）。快速出口滑行道的转出点是根据飞机的接地速度、开始转出速度以及跑道入口至接地点的距离、接地点至转出点的距离等确定的。基准代码为3或4时，为使飞机能以93公里/小时的开始转出速度在潮湿滑行道上转出，其转出曲线的半径不小于550米；基准代码为1或2时，为使飞机能以65公里/小时的开始转出速度在潮湿滑行道上转出，转出曲线半径不小于275米。快速出口滑行道应在转出曲线后有一直线段，其长度应使飞机到达与其相交的滑行道之前能完全停住。快速出口滑行道与跑道的夹角为25°～45°，但以30°为好。

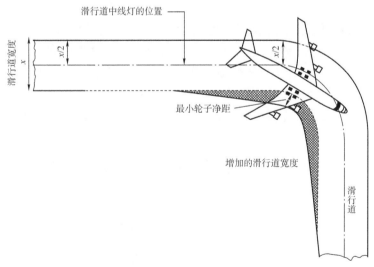

图4-11　滑行道弯道标准

注：本图为加宽滑行道以达到滑行道弯道上的规定轮子净距的示例。

滑行道与跑道端的接口附近设有等待区，地面上有标志线标出，这个区域是为了飞机在进入跑道前等待许可指令。等待区与跑道端线保持一定的距离，以防止等待飞机的任何部分进入跑道，成为运行的障碍物或产生无线电干扰，如图4-12所示。

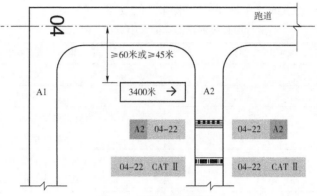

图4-12 滑行等待位置图

滑行道的强度要与配套使用的跑道强度相等或更高,因为在滑行道上飞机运行密度通常要高于跑道,飞机的总质量和低速运动时的压强也会比跑道所承受的略高。

四、机坪

机坪是指在陆地机场上划定的一块块供飞机上下旅客、装卸货物或邮件、加油、停入或维修之用的场地。机坪分为停放机坪和登机机坪,飞机在登机机坪装卸货物、加油,在停放机坪过夜、维修和长时间停放。

机坪上的飞机机位应使停在其上的飞机与任何邻近的建筑物、另一机位上的飞机和其他物体之间保持一定的净距,飞行等级为D、E、F的机场最小净距为7.5米。

五、航站导航设施

顾名思义,仪表着陆就是靠仪表的帮助着陆。这里介绍的是我国民用机场中较为常用的仪表着陆系统,它并不是唯一的仪表着陆设备。着陆中的一个重要的问题是让飞机对准跑道,而且沿着一条正确、安全、舒适坡度的轨迹下滑到跑道头附近完成飞机接地。这就是仪表着陆系统的主要功能。

仪表着陆系统的地面设备,主要包括一个航向台、一个下滑台和两(或三)个指点标,如图4-13所示。

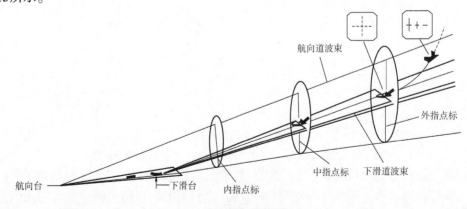

图4-13 仪表着陆系统

航向台位于跑道头附近。它在水平方向同时发射两个波束,称为垂直波束。这两个波束相交形成一个垂直平面 AB,如图 4-14 所示。飞机沿着 AB 平面飞,就可以保持正确的航向,对准跑道。

下滑台设在跑道另一头的一侧。它在与地面垂直的平面上同时发射两个波束,称为水平波束,两个波束相交,形成一个与地面成一定倾角(约 3°)的平面 CD,如图 4-15 所示。飞机沿着 CD 平面飞,就可以保持正确的下滑航迹,对准跑道头。

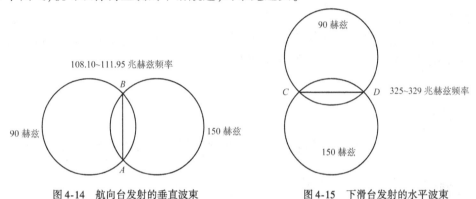

图 4-14　航向台发射的垂直波束　　　　图 4-15　下滑台发射的水平波束

AB、CD 两个平面相交,形成一条线,这条线就叫作下滑道。

飞机通过机载设备如导航接收机接收航向台的信息,下滑信标接收机接收下滑台的信息,就可以知道自己是不是在下滑道上;如果不在,飞行员就可以及时纠正偏差,操纵飞机沿下滑道飞行。

为了进一步帮助飞行员掌握自己的位置,通常还设有两个指点标,如图 4-13 所示。指点标向上发射很窄的波束。飞机如果通过机载指点信标接收机收到了指点标的信息,就表示它正通过指点标的上空。通常设两个指点标,外指点标距跑道头大约 6400 米,中指点标距跑道头大约 1000 米。有时,再加一个内指点标,距跑道头大约 300 米。过内指点标时,飞机必须看到地面,否则,就得复飞。

上面讲的这一套系统,只管一个方向的着陆。如果希望从跑道两头着陆都能得到仪表着陆系统的帮助,就得每个方向各装一套。

供飞机用仪表进近程序飞行下的各类型跑道如下。

(1)Ⅰ类精密进近跑道配备有仪表着陆系统和/或微波着陆系统以及目视助航设备的仪表跑道,供决断高不低于 60 米,能见度不小于 800 米或跑道视程不小于 550 米的运行。

(2)Ⅱ类精密进近跑道配备有仪表着陆系统和/或微波着陆系统以及目视助航设备的仪表跑道,供决断高低于 60 米但不低于 30 米,跑道视程不小于 350 米的运行。

(3)Ⅲ类精密进近跑道配备有仪表着陆系统和/或微波着陆系统引导至跑道并沿其表面着陆滑行的仪表跑道,其中:

A——供决断高低于 30 米或无决断高,跑道视程不小于 200 米的运行。

B——供决断高低于 15 米或无决断高,跑道视程小于 200 米但不小于 50 米的运行。

C——供无决断高和无跑道视程限制的运行。

从经济角度考虑,Ⅰ类仪表着陆系统目前被广泛使用,Ⅱ类仪表着陆系统只在大城市的繁忙机场使用,Ⅲ类仪表着陆系统只在世界上少数机场使用(如我国北京、上海的机场),而且装有Ⅲ类仪表着陆系统接收仪表的飞机数量也不是很多。

由于使用Ⅱ类以上仪表着陆系统能见度有一定限制,因而在装有仪表着陆系统(ILS)的机场都要装置跑道目视视程(RVR)测试仪表。它由一个透射发光器和一个透射光检测器组成,发光器和检测器都沿跑道安装,一般位于跑道的中点附近,相距150米。发光器发出高强度的光,检测器是一个由光电管构成的电流检测仪,通过测电流的大小测出这束光的强度,当天气变化或有烟雾出现时,光的强度就会降低,检测器把测出的光强转化成能见距离(以米或英尺为单位),并把这个数据自动传送至塔台,塔台管制员以此来决定飞机能否在此机场降落。在有长跑道的繁忙机场,有时沿跑道安装2~3个能见距离测试仪,以测出准确的目视视程,如图4-16所示。

六、航空地面灯光系统

夜间飞行的飞机在机场进近降落,不论是在仪表飞行规则或目视飞行规则下都需要地面灯光助航。

1. 跑道灯光

跑道侧灯沿跑道两侧成排安装,为白色灯光,通常装在有一定高度的金属柱上,以防被杂草掩盖。灯上盖有透镜使灯光沿跑道平面照射,当距离跑道端600米时,透镜变为一面为红色、一面为白色,红色灯光提醒驾驶员已经接近跑道端。跑道端灯的情况与跑道侧灯相同,但是使用一面红、一面绿的透镜,红色朝向跑道,绿色向外,驾驶员着陆时看到近处的跑道端是绿色灯光,远处的跑道端是红色灯光。

跑道中心灯沿跑道中心安置,间隔为22米,跑道中间部分为白色,在距跑道端300米之内,灯光为红色,提醒驾驶员跑道即将终结。中心灯使用强光灯泡,并嵌入跑道表面,上面覆盖耐冲击的透明罩,能抵抗机轮的压力,如图4-17所示。

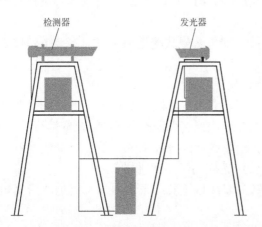

图4-16 跑道目视视程(RVR)测试仪表

图4-17 跑道灯光

着陆区灯从跑道端开始在跑道上延伸750米,白色灯光,灯泡嵌入地面,使驾驶员注意这是着陆的关键地区,飞机应该在此区域内着陆。为帮助驾驶员找到跑道出口,在滑行道的出口有滑行道灯,使用绿色灯光,间隔为15米,滑行道的中心灯为绿色,边灯为蓝色。

2. 仪表进近灯光

飞机在进近的最后阶段,一般都要由仪表飞行转为目视飞行。这时驾驶员处于高负荷的工作状态,对于夜航的驾驶员,使用进近灯光来确定距离和坡度,从而做出决断。

进近灯光根据仪表着陆的等级或非仪表着陆有着不同的布局,非仪表着陆的进近灯安装在跑道中线的延长线上,长度至少为420米,间距为30米,为白色灯光。

下面以Ⅱ类仪表着陆系统的进近灯光系统为例进行说明,如图4-18所示。

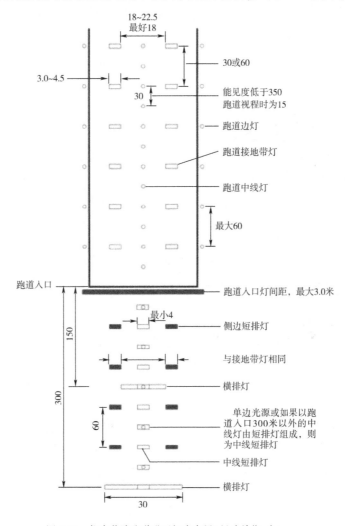

图4-18 仪表着陆跑道进近灯光布局(尺寸单位:米)

进近灯从跑道中心线的延长线上900米(或720米)处开始,为5个灯一排的白色强光灯,每隔30米一排,一直装到跑道端,横排灯的中点和跑道中心延长线重合,上面装有顺序闪光灯,从远端顺序闪光,直指跑道端,每秒两次。驾驶员在空中可以看到一个运动的光点从远处指向跑道端。在距跑道端300米处,在中线灯两侧再加装两排横向灯,最前面两排为白色灯,方便驾驶员目视测量机翼是否水平,后面各排是红色进近灯,提醒驾驶员这个区域不能着陆。

3. 目视坡度进近指示器(Visual Approach Slope Indicator, VASI)

目视坡度进近指示器(VASI)装在跑道外着陆区附近,由两排灯组成,如图4-19所示。两排灯组相距一段距离,每排灯前装有上红下白的滤光片,经基座前方挡板的狭缝发出两束光,置于跑道端沿着着陆坡度发射,下面一束是红光,上面一束是白光。如果飞机的下降坡度正确,驾驶员看到的是上红下白的灯光;如果驾驶员看到的全是白光,表明飞机飞得太高,要向下调整;如果看到的灯全部是红光,表明飞机飞得太低。VASI的作用距离为4海里(7~8公里),高度为30米,对于一些特大型飞机(如波音B747)需要设置多组VASI(一般2~3组),以保证飞机在着陆时一直能看到灯光。

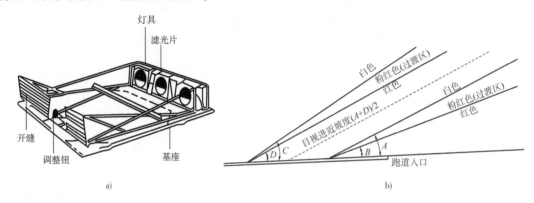

图4-19 目视坡度进近指示器

七、机场跑道系统的分类和标志

跑道按使用的规则分为目视(非仪表)跑道和仪表跑道。仪表跑道按所装备的仪表着陆系统的精度,分为非精密进近跑道和Ⅰ类、Ⅱ类、Ⅲ类仪表进近跑道,后3类跑道也称为精密进近跑道。

跑道的类别不同,它的道面标志也不同,目视跑道基本标志有中心线、跑道号、等待位置标志。

非精密进近跑道要设置跑道端标志和定距离标志,精密进近跑道还要增加着陆区标志和跑道边线标志。各类跑道的标志线如图4-20所示;跑道端标志表示跑道可用部分的开始,通常是由铺设道面的起点作为跑道端,但在有安全道或起降不能全部使用跑道时,跑道端就会移入跑道一定距离。

八、空域

空域,是指供航空器飞行所包围地球的空气空间。包围地球的空气空间,又称大气层,它的下边界是地球的表面,没有明显的上边界。以大气中温度随高度的分布为主要依据,大气层又分为对流层、平流层、中间层、热层、散逸层五层。当前的民航活动主要限于对流层,它是最贴近地球的一层,其顶层面在低纬度地区为16~18公里,高纬度地区为8~9公里。对流层中,气温随离地高度升高而下降,空气的对流运动极为明显而生成雷、雨、雾、雪等。

根据《国际法》的规定,空域可划分为国际空域和国家空域。国际空域,是指国家领土以外的专属经济区、公海和不属于任何国家主权管辖的土地(如南极洲大陆)上的空气空间。依据《国际民用航空公约》附件11—空中交通服务的规定,对国际空域提供空中交通服务须依据地区航行协议予以确定,经确定提供空中交通服务的国家应建立负责提供此种服务的机构,并公布有关资料,以使各国民用飞机飞行时利用此项服务。国际民航组织(ICAO)将空中交通服务(ATS)空域按飞行种类不同划分为 A、B、C、D、E、F、G 七类,前五类空域为空中交通管制(ATC)空域。

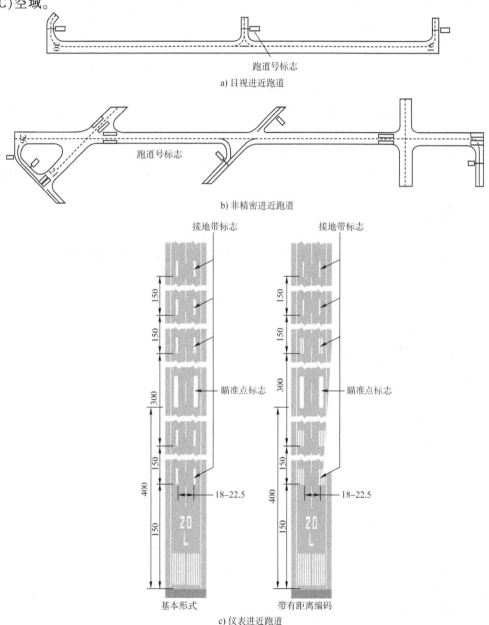

图 4-20 各种跑道标志(尺寸单位:米)

注:按 2400 米或以上长度的跑道示例。

国家空域,是指包括国家领空在内而由国家机构统一管理的空域。领空是国家空域的主体,但不一定是国家空域的全部。领空,是指一个国家领土(陆地、内水、群岛水域)和领海上的空气空间。一个国家对其领空拥有唯一和完全的主权,任何外国民用航空器只能依据国家间签订的航空运输协定及相关协议,或事先得到主权国家空中交通管制部门的许可后,方可进入领空或跨境飞行或着陆,并须服从有关的飞行规则。

国家空域是国家的重要资源,由国家指定的机构统一规划,合理、有效地管理和利用,以充分发挥空域资源效益。为达到此目的,国家空中交通管理机构在维护国家安全,兼顾军民航的飞行需要和公众利益的基础上,综合考虑设施建设、管制能力、机场布局和环境保护等因素对空域进行划设。为确保领空安全和方便航空器运行,各国可在领空或之外划设飞行情报区。飞行情报区有可能包括领空和某些国际空域,其区域大小由各国视情况划定,但若与毗邻国家有分歧时,应相互协商划定,或由国际民航组织协调一致后划定。

依据《中华人民共和国飞行基本规则》,中国没有在低空划设非管制空域,供通用航空(含私用)飞机相对自由地使用,而将国家空域划设为 26 个高空管制区(A 类)、37 个中低空管制区(B 类),以及北京、上海、广州进近管制区(C 类)和各机场设立的管制塔台(D 类),还有 10 个飞行情报区。此外,还划设了特别的空域,如空中禁区、空中限制区、空中危险区、空中走廊、空中放油区、航路、航线等。

九、机场的进近和净空(飞行)区

机场要保证飞机在起飞和降落(低高度飞行)时不能有地面的障碍物妨碍导航和飞行,因而要划定一个区域,这个区域的地面和空域要按照一定标准来控制,并把有关的地形情况标注在航图上,这个区域称为进近区或净空区,如图 4-21 所示。

进近区或净空区的地面区域称为基本区面,在跑道周围 60 米的地面上空由障碍物限制面构成,障碍物限制面如下。

水平面:是在机场标高 45 米以上的一个平面空域。

进近面:由跑道端基本面沿跑道延长线向外向上延长的平面。

锥形面:在水平面边缘按 1:20 斜度向上延伸的平面。

过渡面:在基本面和进近面外侧以 1:7 的斜度向上向外延伸的平面。

由这些平面构成的空间,是飞机起降时使用的空间,由机场负责控制管理,保证地面的建筑(楼房、天线等)不能伸入这个区域,空中的其他飞行物(飞鸟、风筝等)也不得妨碍飞机的正常运行。

十、飞行区的其他设施

1. 测量基准点

机场的地理位置基准点:由国家的测绘机构定出准确的地理经度和纬度,作为这个机场的地理坐标,通常选在机场主跑道的中点。

2. 标高校核位置

机场的标高,指它的海拔高度,由于飞机在起飞前都要进行高度表设定,因此,一个机场要设置一个专门位置,为飞机在起飞前校核高度,这个位置在停机坪的指定位置,当停机坪高度变化不大时,整个机坪都是校核位置。

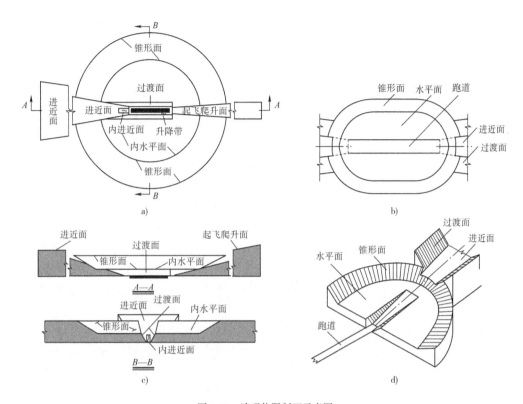

图 4-21 障碍物限制面示意图

3. 航行管制服务的设施

包括飞行区的航管中心和塔台,以及气象服务中心。

4. 地面维护设施

包括机库(飞机维修和停放的地方)、货运中心或货场(处理空运货物的场所)、其他(如油料供应的管道等)。

5. 消防和跑道维护设施

每个机场都有消防和急救中心,中心听从塔台的指挥,一旦有事就迅速出动。跑道维护的主要任务是防止积雪、积水或其他磨损,防止鸟撞及野生动物对机场道面的损害和阻碍。

第二节 航站楼区

一、航站楼的性质和特征

航站楼是航站区的标志性主体建筑物,是机场地面通路与飞机之间的主要连接体,是地面运输和航空运输的交接面,是为航空运输企业及其过港和中转旅客提供地面运输服务的生产场所。

具体来说航站楼位于车道边和机坪之间,承担旅客和行李地面运送的全部任务,为始发、中转或到达旅客办理各种手续,并把旅客及行李运送到飞机上或从飞机上接下来送出机场。它包括为旅客办理各种手续的设施、连接飞机运行的服务设施、连接地面交通的设施,以及各类服务性商业性设施及营运、管理机构。

航空港是一个地区的门户,是一座向蓝天开启的门户,航站楼不但是每一个航空港的标志性建筑,而且也是反映城市或地区形象的标志性建筑,能反映所在地的地域特征、文化背景和城市特色。

美国的丹佛国际机场,采用众多的白色纤维帐篷模仿白雪覆盖的科罗拉多州落基山脉起伏的山峰,标识出该机场所在地的地域特征。我国敦煌机场航站模仿莫高窟的造型;南京禄口机场波浪形的屋顶反映其地处长江之滨,寓意长江后浪推前浪的发展之势;北京大兴国际机场航站楼采用五指廊的造型,形如展翅凤凰。航站楼是空中旅行者的第一个落脚点,是第一个给人以自豪、成功、信心的地方,独具文化色彩。它不同于剧院、体育场等公共场所,也不同于王宫、议会大楼的权力象征,它是一个陆上交通与空中交通衔接的枢纽,是旅客进出城市的集散点。航站楼是一个流动、运输的场所,是与技术经济不断进步息息相关的场所,是强调人与环境高度和谐统一的场所。

经常乘坐飞机的旅客对运输高峰时的国际机场也许会留下不快的印象:难以控制的阻塞、无尽头的办理手续的队伍、大声的喧哗、混杂而狭窄的商店和服务处等。那么 21 世纪的现代化航站楼应具备哪些特征呢?

首先是快捷方便。旅客到机场的目的是快速登上飞机离开本地飞向目的地或到达本地后能迅速提走行李赶赴市内。一般大型国际机场年吞吐量在 2000 万人次以上,高峰小时的客流量为 10000 人次左右,要让成千上万的旅客即刻分流,非常方便而快捷地登上飞机,要有足够的空间和足够多的服务设施(柜台、登机口等),按每位国际旅客 35 平方米、国内旅客 25 平方米计算,航站楼约需要 30 万平方米建筑面积。在庞大的建筑物里每一位旅客都能迅速办理登机手续,沿着自动步梯或楼梯,按着醒目的指示标志快速到达登机处。

其次是轻松趣味。旅客旅行的首要原则是轻松和趣味,现代化航站楼的设计强调以人为本,强调人与环境高度和谐统一。航空港优美的人与自然的环境能给每一位旅客带来友好的、富有人情味的体验,在其中充分享受游览、购物、娱乐、休闲的乐趣。在日本大阪关西机场,设计者以"生态的自然和建筑的共存"的设计思想设计绿色室内长廊,在这 300 米长、25 米宽和 25 米高的巨大共享空间内布置各色栽植、竹林,表现了浓厚的日本美学意境。又如上海浦东国际机场景观水池的处理和马来西亚吉隆坡新机场的中庭设计也无不体现出人、建筑、环境三者之间的和谐关系。

再次是配套设施先进。候机楼内各种设施设备配套齐全,自动化、现代化程度高,充分运用现代科学技术为旅客服务,设有空调、地毯、电话、计算机网络、传真机、复印机、不规则的行李托运盘、行走带、残疾人专用车、自动饮水器、儿童游艺室,还有随处可见的航班动态显示器等。

航站楼的设计应考虑以下几个因素。
(1)机场的地理位置、土质结构、气候条件。
(2)机场的标准:接纳最大飞机类型。

(3) 中期的运输目标：年吞量、高峰小时。
(4) 机场功能定位：枢纽机场或支线机场、国际机场、国内机场。
(5) 旅客和行李的流程。
(6) 地面交通。
(7) 反映所在地的地域特征、文化背景和城市特色。

航站楼区包括航站楼建筑本身以及航站楼登机门与登机机坪的接合部及旅客出入航站楼的车道边。航站楼是地面交通和空中交通的接合部，是机场对旅客服务的中心地区。航站楼区的旅客进出流程，如图4-22所示。

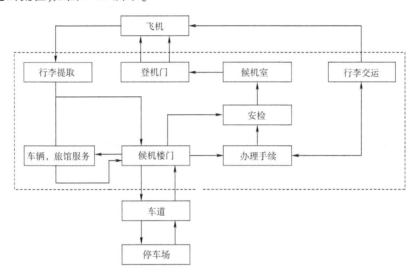

图 4-22 旅客进出航站楼流程图
注：虚线为候机楼范围。

航站楼的功能就是迎送到达（进港）和离开（出港）的旅客。同时，处理好旅客的行李。

二、航站楼的特点、分类及停车位置的设施

1. 航站楼的特点、分类

最早期的候机室非常简单。例如，英国首都伦敦的希思罗机场，在1940年时，只不过是一个帐篷。现在的航站楼，对于繁忙的机场，动辄就是几十万平方米的庞大建筑。有的机场，不只有一个航站楼，譬如，国内航线和国际航线各有自己的航站楼。或者，一个或几个航空公司拥有自己的航站楼。

航站楼的样式多种多样，很难说哪一种绝对好，其取决于发展的历史过程、机场可用的土地资源以及飞行活动的情况等。但是，对于航站楼来说，不管用什么样式，核心问题是使旅客感到方便、舒适，而且，便于在机场旅客吞吐量增加时继续扩展。

航站楼的一面是对空的，目的是便于飞机停靠，上下旅客，装卸行李、货物，以及在地面进行的各种勤务工作，包括加燃料、检查飞机、加清水、抽污水、装各种供应品、清扫客舱等。

航站楼的另一面是对地的。目的是便于旅客进出。

航站楼有各种不同的形状。在平面图形上，按飞机的停靠方式，可分为直线式、指廊式、卫

星厅式、车辆运送式、综合式等。

(1) 直线式。

这种形式是最简单的,即飞机停靠在航站楼墙外,沿航站楼一线排开,旅客出了登机门直接上机。它的好处是形状简单、使用方便,旅客安检之后到达登机口,步行距离短;但只能处理少量飞机,一旦交通流量很大,有些飞机就无法停靠到位,造成延误。直线式航站楼如图 4-23 所示。

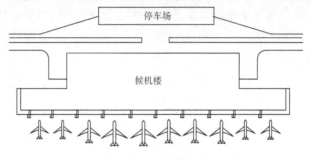

图 4-23　直线式航站楼

(2) 指廊式。

指廊式由航站楼伸出走廊,飞机停靠在走廊两旁,这样可停放多架飞机,是目前机场中使用比较多的一种形式,走廊上通常铺设活动人行道,以减少旅客的步行距离,如图 4-24 所示。

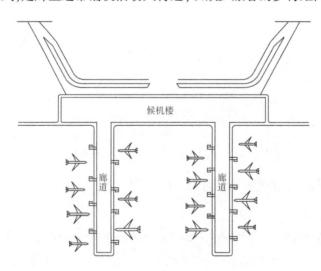

图 4-24　指廊式航站楼

(3) 卫星厅式。

在航站楼外一定距离设立一个或几个卫星厅,飞机沿卫星厅停放,如图 4-25 所示。卫星厅和航站楼之间有活动人行通道或定期来往车辆沟通,它比指廊式优越的地方是卫星厅内可以有很多航班,各航班旅客登机时的路程和所用的时间大体一致,旅客在卫星厅内可以得到较多的航班信息,而指廊式的登机坪,旅客到最末端的登机门用的时间比起始端的要长。卫星厅式的缺点是建成后不易进一步扩展。

(4) 车辆运送式。

车辆运送式也叫作远距离登机坪,飞机停放在离航站楼较远的地方,登机旅客由特制的摆渡车送到飞机旁,如图4-26所示。这种方式的好处是大大减少了建筑费用,且扩展不受限制,但它的问题是增加了机坪上运行的车辆、机场上的服务工作人员、旅客登机的时间及旅客上、下车次数,且旅客上、下车受下雨和刮风等外界天气的影响。为了解决后面两个问题,美国有些机场使用了移动登机桥,在汽车底盘上装上大型的可升降的车厢,旅客登车后,运至飞机旁边,车厢可升至机门相同高度,以便旅客直接进入飞机。

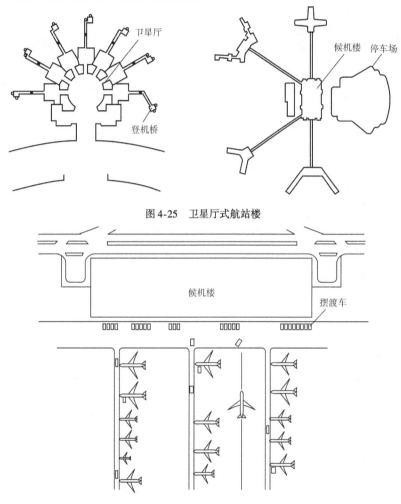

图 4-25　卫星厅式航站楼

图 4-26　运送式航站楼

航站楼的形式并不是单一固定的,实际上许多航站楼综合了上述几种形式,如图4-27所示。例如上海浦东国际机场是分散式多个单元组合的,既有直线式的,又有卫星厅式的,但当客流量增大时,超过部分就采用远距离的登机坪来解决。

2. 停机位置的设施

上述各种形式的登机坪,除远距离登机坪外,在登机的停机位置都需要一定的设施帮助驾驶员把飞机停放在准确的位置,以便登机桥和机门连接。

登机桥是一个活动的走廊,可以伸缩,并且有液压机构调整高度,以适应不同的机型。当飞机停稳后,登机桥和机门相连,旅客就可以通过登机桥直接由航站楼进出飞机。

在停机位置处，侧面有侧标志板，画有各种机型的停机指示线，当驾驶员左肩对准所驾驶机型的指示线时，飞机机门的位置就对准了登机桥。此外还有停机对准系统，驾驶员由前方的灯光显示，判断机头是否对正滑入停机位的方向。在停机位的前方滑行道上还铺有压力传感垫，飞机前轮压上传感垫之后，在机头前方的显示板上会显示出前轮停放位置的偏差。在远处机坪停放的飞机，有专门的停机坪调度员引导飞机进入正确的停机位置。

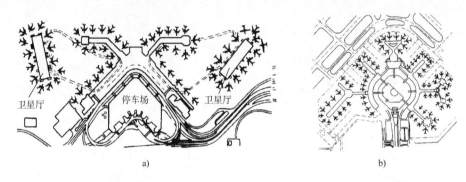

图 4-27 综合式航站楼

三、航站楼的布局及相关设施

航站楼布局根据客流划分，可分为值机区域、候机区域、到达区域、中转区域、行李转运区域，如图 4-28 所示。

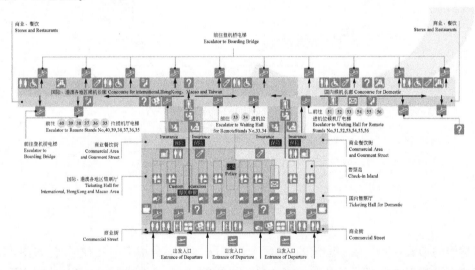

图 4-28 上海浦东国际机场出发大厅的布局

航站楼布局根据航线划分，可分为国际区域、国内区域。

航站楼布局根据功能划分，可分为旅客服务区、管理服务区。

1. 航站楼旅客服务区域的组成
(1) 办理机票行李手续的办票大厅。
(2) 安检、海关、边防、检疫的联检大厅。
(3) 登机前的候机大厅,包括头等舱与公务舱旅客休息室、VIP 休息室、吸烟室等。
(4) 行李提取处,包括行李查询处、行李传送转盘。
(5) 迎送旅客活动大厅,包括问询处。
(6) 旅客饮食区,包括供水处、饭店、厨房等。
(7) 公共服务区,包括邮电局、行李寄存处、失物招领处、卫生间、医疗设施。
(8) 商业服务区,包括各种商店、银行、免税店、旅游服务处、酒店旅馆服务处、租车柜台等。

2. 航站楼管理服务区域的组成
(1) 机场管理区,包括机场行政办公室,后勤的办公和工作场所,紧急救援设施(消防、救援的工作人员和设备)的场地。
(2) 航空公司营运区,包括营运办公室、签派室等。
(3) 政府机构办公区,包括民航主管部门、卫生部门、海关部门、环保部门、边防检查部门的办公区域。

3. 航站楼内必需设施
根据民航局制定的服务标准,为了做好旅客服务工作,应在航站楼内设置以下必需设施:
(1) 各种指示牌,这些标牌要规范、齐全、醒目。
(2) 旅客乘机流程图、航班动态信息显示设备、广播设备;在服务场所要有旅客须知、保险须知、班车须知、收票标准、投诉电话、意见箱(簿)。
(3) 贵宾休息室或头等舱休息室。
(4) 公用电话,其中航站机场要有市内公用电话,省级机场要有市内和国内长途电话,国际机场要有市内、国内和国际电话。
(5) 足够数量的行李推车供旅客使用,并配备相应数量的行李分拣员,还要设置为残疾人服务的专用设备。
(6) 国际机场应设自动问询和航班动态显示系统。
(7) 应设问询处、补票窗口、行李寄存处和旅客遗失物品招领处,并为旅客提供足够的饮水设备及饮用水。隔离厅内要有电视或阅报栏。
(8) 旅客上、下航空器应有登机桥或摆渡车、廊桥,使用率应达到95%以上。

第三节 货运站区和其他部门

一、货运站区

航空物流既不是传统意义上的航空货运企业,也不是一般人简单理解的传统航空货运服务的延伸,它是现代信息时代的新兴行业,其运营模式也不仅仅是"飞机+卡车"的简单加法,而是以信息技术为基础,以客户需求为中心,结合生产企业的供应链管理,配合生产厂商设计出以"一站式""门到门"服务为特征的一体化物流解决方案,为客户企业提供原料和产品的供应、生产、运输、仓储、销售等环节结合成有机整体的优质、高效的个性化综合物流服务。著名的航空物流企业有美国联合包裹(UPS)、美国联邦快递(FedEx)、德国敦豪(DHL)、荷兰天地物流(TNT)、中国顺丰(SF)、中国圆通(YT)等。

现代物流业的运作,通常是指从货运代理业务开始,由货运公司按客户要求上门收货,然后准时、安全、完整地把货物送到收货人手中。现代物流业的发展很大程度上取决于第三方物流业的进步。所谓第三方物流是指从厂家出货到转送到客户手中这一代理服务的全过程,它所转运的货物既不是自己生产的,也不是自己所需求的。从目前的情况来看,最有条件从事专业化物流服务的是运输行业,强大的运输网络、完善的配送体系和丰富的货运经验是他们进军物流业的最大优势。而航空货运的安全、快捷更是顺应了现代物流业发展的内在要求。符合客户需求的航空物流服务,不仅可以帮助客户提高获利率、减少资金需求、减少存货、降低成本,而且能利用新的信息科技,帮助客户实现利益最大化。我国产品储存、运输支付的费用占生产成本的30%~40%。巨大的物流市场份额为物流企业提供了很大的获利空间,发展现代物流已是大势所趋。因此,以航空货运为依托发展现代物流将成为国内外各大机场新的经济增长点。

机场必须改变传统的航空货运模式,加快基本建设,按现代物流要求建造货运站区,引进大型航空物流企业,成为本地区的国内或国际货运枢纽。

航空货运枢纽的成功关键是更新的经营模式和理念。

新模式:"枢纽机场+基地航空公司"。20世纪70年代,美国联邦快递(FedEx)首创了新型航线布局模式,以一个大型中心枢纽孟菲斯机场作为中转机场,利用基地航空公司的强大力量,进行航班衔接,实现客货快速运输,这种新模式推动了我国物流公司的发展。

新理念"只做操作,不做销售"。如今,空港货运站把自身定位于一个完全开放的中性货站,"只做操作,不做销售",不参与任何客户航空公司的航空货运销售业务,专注对客户航空公司公平地提供专业化、开放性的保障服务。

按照上海航空枢纽战略规划,上海航空枢纽最先建立"国际货运枢纽"。根据第一阶段目标,DHL和UPS相继签约落户,标志着上海机场率先确立了国际货运枢纽地位,这将加快推进上海航运中心建设,提升上海城市服务功能,更好地服务城市、区域乃至全国经济。

在浦东机场货运枢纽的规划布局中,上海机场充分考虑了国际货运公司和基地航空公司在浦东机场建立转运中心的因素,以及国际货运公司实施的供应链运作模式,把机场货站全部集中到机场第三条跑道西侧,建立了公共货站、基地货站和转运中心,把机场西货运区与周边地区连成一体,形成浦东机场空港保税物流园区。该物流园区采用全新理念,创新体制和机制,吸引外资和国际先进管理,实施"整体规划、多元投资、统一监管、内外联动、公铁海空多式联运"的模式,提供航空货运综合地面服务和先进的电子信息平台服务。

另外,通过转运中心大幅度增加机场的中转货量,吸引一大批对时间要求高的出口加工和物流企业入驻浦东临港自贸区,增加机场和周边地区的收益,为社会提供更多就业机会,在提升机场的服务水平和吸引力,提升当地企业的竞争力等方面具有重要的推动作用。我们愿意像FedEx一样,成为孟菲斯当地举足轻重的航空产业,全城近半数人员为其服务,推动当地经济的发展。

浦东机场货运枢纽中心建成后,浦东机场三条跑道可满足每小时 106~112 架次的起降需求。能满足多个运营商同时进行枢纽运作,为国际物流集成商落户浦东机场,并在浦东机场实施其航空货运供应链理念创造了有利条件。2020 年,浦东国际机场全货机停机坪增长到 58 个。2019 年,浦东机场年货邮吞吐量 363.56 万吨,货邮吞吐量较 2010 年增长了两倍,截至 2020 年,上海机场货邮吞吐量连续 12 年排名全球第三。

大型物流基地在机场布局上还要解决好地面交通进入机场的道路、货物专用停车场、滑行道、大型货机的专用停机坪等设施。

二、空中交通指挥中心

空中交通指挥中心属中国民用航空局空中交通管理局管辖。空中交通管理的基本任务是使航空公司或经营人能够按照原来预定的起飞时间和到场时间飞行,在实施过程中,能以最少(小)程度的限制,在不降低安全系数的前提下保障飞行有序运行。例如:考虑到整个航线网络的飞行量后,可以使飞机在起飞机场就得到控制,以避免飞机起飞后在空中出现无谓的等待、盘旋,或使用不经济的飞行高度层而造成燃油消耗。

空中交通指挥中心由塔台、航管楼、导航雷达、导航通信设施、气象设备等组成。

三、油料中心

机场设立的油料中心多数属于中国航空油料总公司的分支机构,专门从事航空油料供应保障业务,为航空公司提供油料供应。

油料中心由油库、输油管道、码头、铁路组成。

四、航行维护区

机场均设有航行维护区域来维护专用停机坪,大型机场航行维护区一般与客货停机坪相分离。航行维护是航空运输的重要组成部分,对保障飞行安全、保障航班正点率以及降低航空运输企业的经营成本,都起到了十分重要的作用,航空器的每次飞行都需要必要的维护工作来保证安全。

五、医疗急救中心

医疗急救中心主要职能是保障机场的医疗应急救援,负责旅客以及公司职工家属的医疗保健,负责机场辖区内卫生防疫的监督和管理,负责协调驻场单位的卫生工作。

医疗急救中心在民航突发事件和重大疫情(SARS)暴发期间,发挥重要作用。机场医疗急救中心的规模大小以急救中心用房面积、设应急救援床位数量、应急救援物资仓库面积来划分。

航空应急救护不同于医院的急诊室,航空事故的事发地点、时间以及可能累及的人群是难以预料的。据统计,一般空难伤亡人数达飞机载客数的 25% 甚至更多。大多数在机场及周边地区的抢救力量不足,伤员多,伤情复杂、严重,现场急救设施、设备较简陋,待所在地的救援力量到达现场时,已失去宝贵的抢救时间,故机场的应急救护应先"抢"后"救"、先"急"后"缓"、"因情"而"为"、因地制宜,力争在最快的时间内将人员伤亡减少到最低限度。

六、消防队

消防是在机场突发事件中最主要的紧急救援力量,应保证一旦出现航空器紧急情况时能立即组织力量赶赴现场,实施扑救火灾及防毒措施,抢救人员和财产。

根据统计,70%的航空事故发生在起飞和降落时,发生的地点都在空港附近,并伴随着失火和伤员。因而空港要有一支训练有素、装备精良的救援队伍,随时准备出动。

救援的反应时间对于救援的效果有着决定性的影响,机场消防设施和救援人员位于飞行区里,而且应该精心安排,以便在发生事故时,救援的车队能在3分钟之内到达跑道的最远端。救援车队主要是消防车队,因此我国也把救援称为消防勤务,救援队伍也称为消防队。

对于大型空港的消防队国际民航组织制定了推荐标准,如果达不到这个标准,就不能取得营运许可。空港消防队的装备要比一般中小城市消防队先进,反应迅速,使用的车辆有快速救援救火车、轻型救火车、重型泡沫灭火车和快速干预车。

(1)快速救援救火车。它的时速很高,发生事故时能第一个到达现场,装有1000升浓缩泡沫灭火溶液和急救药物等,任务是把指挥人员和第一批急救救火人员带到现场,控制火势,保持撤离道路畅通,对要紧急转移和处理的伤员进行处理和安排,然后等待救火主力队伍到达。

(2)轻型救火车。装有数百千克二氧化碳和灭火干粉,对于发动机和电器着火最为有效。

(3)重型泡沫灭火车。能装载大量的泡沫灭火剂,车上转塔的泡沫喷射器,可以向任何方向喷射泡沫。还需准备对飞机机轮、轮胎起火有效的灭火粉及对发动机起火更为有效的惰性气体。

(4)快速干预车。装有水、泡沫、药品、救援设备,以及供雾天或夜间照明的装备,它可以在很短的时间里到达跑道。

七、维护社会治安部门(公安)

机场公安部门的职责是维护空港地区(包括航站楼在内)的社会治安。机场属地化管理后,机场公安机构也随机场移交给地方政府,机场接受当地市公安局的领导。机场地区治安情况如何,直接影响着机场的运营、安全和服务质量。

国际机场是国家重要的出入境口岸,在出入境管理方面必须符合我国的有关法律、法规的规定。联检单位(海关、边防及检验检疫)就是按照国家法律、法规的规定,设置的相应机构,也是国际机场运营的必要条件。机场管理机构要为联检单位在航站楼内提供必要的工作场所和必需的服务设施。

八、海关

海关是国家对出入境的物品和运输工具进行检查并征收关税的监督管理机构。其主要职能是依法对进出境的运输工具、货物、行李物品、邮递物品和其他物品监督管理,征收关税和其他费用,查缉走私,编制海关统计并办理其他海关业务。

九、边防

国家在对外开放口岸设置边防检查站,依法对出入境人员、交通运输工具及其携带、载运的行李物品、货物等实施检查监督,是维护国家主权、保卫国家安全、方便合法出入境的必要手段,是国家整个保卫工作的重要组成部分。其主要职能是依法对出入境人员的护照、证件进行查验;对出入境的交通工具进行检查;查缉和制止非法人员出入境活动,防止非法偷渡,并对边防查控等实行管理。

十、检验检疫

中国海关下属的国家质量监督检验检疫总局是国家依法对进出口商品的品质和数量进行检查鉴定的专业监管机关。是根据国家有关法律规定,用科学技术手段和管理手段,对入出境的人员、交通工具、集装箱、行李、货物、邮件等实施检疫查验、传染病监测、卫生监督和必要的卫生处理。动植物检疫是对进出境的动植物、动植物的产品及其法律规定的应检货物、物品、运输工具实施检疫,防止各种动物危险性传染病、寄生虫病,植物危险性病、虫、杂草传入国境,保护我国农、林、牧、渔业生产安全和人民身体健康,维护我国国际信誉,促进外贸发展的一种强制性措施。2020年新型冠状病毒肺炎暴发,中华人民共和国国家质量监督检验检疫总局采取各种"硬核"措施防止疫情扩散蔓延,以责任和担当筑起了抗击疫情的坚实堤坝。

十一、其他服务机构

航站楼是人流和物流的汇集中心与集散地,是多种交通枢纽的结合点,这为航站楼创造了许多商机。因此,航站楼内往往集中了许多服务性机构,如商场、免税店、书店、计时旅馆、餐馆、旅游企业、娱乐中心、地面交通、银行、邮电等单位,为旅客和用户提供了许多便利,成为航站楼的一个组成部分。

第四节 地面运输区

地面运输区包括三个部分:机场进入通道、机场停车场和内部道路。

一、机场进入通道

机场是城市的交通中心之一,而且有严格的时间要求,因而从城市进出机场的通道是城市规划的一个重要部分,大型城市为了保证机场交通的通畅都修建了市区到机场的专用公路或高速公路。为了解决旅客来往于机场和市区的问题,机场要建立足够的公共交通系统。有的机场开通了到市区的地铁或高架铁路,大部分机场都有足够的公共汽车线路来方便旅客出行。在考虑航空货运时,要把机场到火车站和港口的路线同时考虑在内。

北京大兴国际机场配套交通路网建设规划出炉。北京大兴国际机场将建成"五纵两横"

的交通网络，包括城市轨道交通、城际铁路、高速公路、城市道路。其中，城市轨道交通新机场线一期、京雄城际铁路、新机场高速公路已于2020年5月通车运营。

北京大兴国际机场位于永定河北岸，北京市大兴区和河北省廊坊市广阳区之间。距天安门直线距离约46公里，距北京首都国际机场直线距离约67公里，距廊坊市直线距离约26公里，距雄安新区直线距离约55公里。新机场是集合了航空、高铁、轨道交通、高速公路的"大型国际枢纽"。

据北京市发改委相关负责人介绍，目前，新机场"五纵两横"的外围综合交通路网及市政基础设施建设正稳步推进。

又如，北京首都国际机场3号航站楼投入使用后，城铁机场线、第二高速公路、李天高速公路(机场南线)、机场北线、场区联络道、地铁系统将形成一个便利的场外、场内立体交通网，为旅客进出机场提供高品质的服务。城铁机场线起点在东直门交通枢纽地下，途经北京市东城、朝阳、顺义3个行政区，与地铁2号线、10号线和13号线形成换乘关系。

航站楼陆侧交通也是旅客出行不可缺少的部分。旅客下车后马上步入机场提供服务的主要场所——航站楼。楼外陆侧的交通秩序是否井然是第一个关键，按照国际民航组织规范化服务的指导手册 *Airport Terminals Reference Manual* 要求，一个航站楼陆侧可供车辆泊车的长度应是高峰小时旅客人数的 0.095×0.7 倍(通过数学模型算出)。

又如上海浦东国际机场二期工程为了解决通常航站楼陆侧车道边不够，易形成拥堵的问题，建造的"一体化交通中心"是按照"人车分流、车种分流、出发直达、到达分散"理念设计的机场交通中心，它将所有到达社会车辆的车道边移至交通中心的停车库内，形成以轨道交通车站为核心，结合东西两侧停车楼，各式车辆的有序管理，并通过三条廊道内的24条步行系统，有效衔接航站楼、停车楼和轨道交通车站，实现航站区人车分流。这样的设计理念也是国内首创，并被科技部列为示范工程。

二、航站楼内的地面交通

旅客办完登机手续后，往往需要花很长的时间才能到达登机口。一般来说，在客运量大并有几个候机楼的大型国际枢纽机场必须配备地铁系统，几分钟便将旅客送到登机口，这样可以明显节省旅客的登机时间。世界上最繁忙的亚特兰大机场就配备了全长7公里的旅客地铁系统，有73辆车，14个车站。

英国伦敦希斯罗机场试用一种无人驾驶出租车。设计者给它起了一个有趣的名字，叫"乘客快速运输系统"。这种无人驾驶的出租车用电作动力，可以乘载一家四口和行李，以每小时40公里的速度通过专用轨道，到达半径为8公里外的另一个中转站或旅客们想要到达的地点。设计者表示，无人驾驶出租车比目前伦敦的公交汽车平均速度快60%，可节约60%的旅行时间。

北京首都国际机场3号航站楼在A座、B座和C座之间也修建了旅客地铁系统。该系统是由庞巴迪运输集团提供的名为CX-100无人驾驶旅客运输系统，旅客可免费使用。该系统耗资8900万美金，每节车辆采用电力驱动，不同于传统地铁的重型轨道车轮，使用橡胶车轮，而且只在一条专用导轨上运行，这样使得车辆噪声很低。全程共有3个车站，分别设置在T3A、T3B、T3C，拥有东西两条轨道，称为1线和2线，单程长2080米，最大发车间隔为3分钟，高峰小时单向运送旅客可达 4227 名。

在北京首都国际机场第二期规划方案中,还会用"云巴"将 1、2、3 号航站楼全部连接起来,帮助旅客实现快速转机。无人驾驶出租车上装有一台计算机,用来控制出租车的各项参数。在汽车前后轮处装有雷达感应器,用于探测车轮与路边的距离。同时,每一辆车都由功能强大的中央处理器控制,旅客们只要点击车辆电脑内设置的具体地点,中央处理器就可以通过无线网络,向车辆发出指示,并不断地检查每辆车的运行情况和汽车自身状况。另外在每个站台上还将配备紧急电话,解决旅客碰到的意外问题。同时为了尽量减轻旅客的负担,3 号航站楼里设置了近 450 部电梯、扶梯、自动步道等,还准备了 35 辆电瓶车,不愿意走路的旅客可以付费搭乘。

三、机场停车场和内部道路

机场停车场除考虑乘机的旅客外还要考虑接送旅客的人,以及机场工作人员的车辆、观光者和出租车量的需求,因此机场的停车场必须有足够大的面积。停车场面积太大也会带来不便,繁忙的机场按车辆使用的急需程度把停车场分为不同的区域,离航站楼最近的是出租车辆和接送旅客车辆的停车区,以减少旅客步行的距离。机场员工或航空公司使用的车辆则安排到较远位置或安排专用停车场。

北京首都国际机场 3 号航站楼交通中心的地下两层都是停车层,共 10 个区域,仅一层就拥有近 4000 个车位,相当于现有停车楼车位的总和。管理、运作如此大规模的停车场,依靠的是一套全自动、智能化的停车楼管理系统。该系统具有停车计时收费、车辆引导、车辆安全管理等功能,不仅可以对每个区域内车位的使用情况进行自动识别,通过入口处的指示装置,还可以引导车辆进入有空闲车位的区域。在车辆进入停车楼时识别车辆牌照,并在车辆离开时进行判读。如果进出车辆存在差异,将提示报警,可以有效地保障车辆安全。

机场内道路系统在航站楼外的道路区应很好地安排和管理,这里各种车辆和行人混行,而且要装卸行李,特别是在高峰时期,容易出现混乱和事故。

机场内道路的另一个主要部分是安排货运的通路,使货物能通畅地进出物流中心。

随着海、陆、空多维立体综合交通体系的建立,将给旅客带来极大的便利。不久的将来,人们不再把出行看作是从一个城市到另外一个城市简单的地理位置上的迁移,而是一种全过程的休闲享受。建立多维立体交通体系,机场不是再一个孤立的小岛。机场将是一个大型的客货源集散地,与当地包括公交车、地铁、火车、轮船在内,组成综合交通体系,以确保所有的旅客、货物能够在最短的时间内到达或离开机场,成为现代化综合交通的集散地或枢纽中心。在欧洲,所有的机场,不管它有多么小,都和其他地面运输组成一个综合交通体系,现代化综合交通系统的建立为航空运输增加了数以万计的旅客。集飞机、地铁、公交车、火车于一身的一票多用在欧洲取得了空前的成功,这种多式联运的运输方式对于我国机场建设和发展来说具有十分重要的借鉴意义。上海虹桥交通枢纽中心已成为集城际高速铁路(京沪)、航空(虹桥机场)、城市轨道交通(地铁)、城市地面公共交通、城市高速铁路等各种交通工具换乘于一地的交通枢纽。

第五节　临空经济区

　　临空经济区是依托航空枢纽和现代综合交通运输体系，提供高时效、高质量、高附加值的产品和服务，集聚发展航空运输业、高端制造业和现代服务业而形成的特殊经济区域，是民航业与区域经济相互融合、相互促进、相互提升的重要载体。在新经济时期，许多国家和地区出于转变经济发展方式的需要，纷纷把临空经济作为经济发展的新引擎，大力进行临空经济区建设，以期通过加速临空经济发展实现发展方式的转变。

　　现代化的机场不再是一个传统意义上的旅客和货邮的集散地，它首先应该是一个商业中心、购物中心。它不仅仅能够吸引航空旅客，还将吸引当地居民和旅游观光者。机场还将是一个能够为工业产品和出口商品等航空货物提供中转服务的枢纽。与此同时，机场不仅仅是一个公益性基础设施，更为重要的是它还要作为一个经济实体而存在。

　　我国航空运输的持续快速发展，不仅是为大众出行提供便利和快捷，还是一个地区发展经济、改善民生的动力，更促使各地依托航空运输网络，构建以机场为节点的综合交通运输体系，延伸产业链条规划发展的临空产业，打造新兴产业群，形成了民航业与区域经济良性互动、合作共赢的局面。机场及其周边地区会逐步发展成为一个临空经济区或者说一座"航空城"。机场成为该地区经济活动的核心，可以起到地区经济发动机的重要作用。

　　据统计，美国现有490座国际民航机场，以机场为依托形成的临空经济区所产生的生产总值已占全国GDP的8%。目前我国临空经济区发展已取得了一些积极成效。截至2017年底，全国超过30个省（自治区、直辖市）已明确提出空港经济区发展的相关指导意见，已经明确规划并进行建设的空港经济区有67个。截至2018年底，全国客运量超过1000万人次的38个机场均已规划建设空港经济区，旅客吞吐量在500万～1000万人次的机场中，有81.8%的所在地区规划了临空经济区。截至2018年6月1日，全国共有12个临空经济示范区，东部、中部、西部均有所发展，也充分体现了空港作为不依赖沿海、沿江等区位优势发展的新型港口，将成为内陆地区"弯道超车"的重要功能依托。北京、天津、上海、广州等地临空经济已进入相对成熟的发展阶段，成都、郑州、重庆、杭州、深圳等地则进入相对快速发展的阶段，形成了以民用机场为支撑的航空核心产业、航空关联产业、航空延伸产业等类型的临空产业区，对推动区域经济社会发展发挥了重要作用。

　　临空经济区必须以航空枢纽机场为依托。只有具有一定规模航空运输才能够带动临空经济的形成和发展。因为临空经济成功发展，受两个基本要素的影响，一是硬件条件，即机场自身完备的设施和机场周边边界的地面交通，以及良好的商务设施情况；二是软件条件，即机场的发展战略及自身定位，机场所在区域经济发展和产业结构的合理、配套的文化科研机构，绿色的自然环境以及政府的政策支持。

　　发展空港经济一是要因地制宜，即依据不同城市的经济、文化等特征不同而不同；二是要有选择性，不是什么产业都可在机场周边发展，也不是每个机场都可以发展这种新型经济形态。建设枢纽空港经济区可供选择的产业主要有：第一类是直接与航空运输相关的服务性产业,如航空餐饮住宿与食品业、航空物流业、航空工程维修业、航油航材供应业、航空培训中心等,这些服务业随机场航空运输产业链的延伸而在机场周边形成;第二类是利用大型机场的区位优势和机场与城市间的综合交通优势而延伸发展的会展经济、旅游经济、总部经济、金融服务经济以及汽车出租、文化娱乐和购物等产业;第三类是利用航空货运快速性、安全性和口岸通关的便捷功能,发展对时效性要求高、技术含量和附加值高的高新技术产业,如电子信息技术业、邮件包裹快递业、创汇农业和花卉业以及高档服装业等。

临空经济正在吸引五大产业。我国不同地区发展水平的不同,吸引的产业特点不尽相同。

第一是航空产业,主要分为两方面,一是航空制造业,二是航空运输服务业。中国商飞公司新落成的总装制造中心位于浦东新区祝桥镇,毗邻浦东国际机场,2009年12月28日奠基,现已初步建成并投入使用。位于浦东国际机场南侧区域的大飞机产业园,依托国家大飞机战略、上海航空产业基础、临港新片区及特殊综保区政策,正以飞机总装制造为牵引,集聚国内外航空优质资源,着力打造世界一流航空产业园。结合上海国际航运中心、科创中心建设,更好发挥产业技术、要素资源优势,全力打造具有核心竞争力的航空产业集群。充分依托中国商飞等航空领域头部企业,加快推动产业链供应链上下游企业集聚,建立健全特色鲜明的现代航空产业体系。青岛航空制造产业区,位于核心区西部,总面积约25平方公里,重点发展航空机电与零部件、飞机内饰件、航空电子仪器等航空关键制造业,配套发展机场专用设备、航空设备维修、航空特种装备、航空模具加工、航空食品精深加工等航空关联产业。另一方面规划发展航空运输服务业,如航空器制造、租赁,航空从业人员培训,航油服务,航空食品生产,地面保障服务,机票分销代理,航空物流货运代理,旅游代理,机上文化传媒等。

第二是航空物流业。航空物流业在临空经济区发展的模式就是利用机场口岸的功能,同时利用机场周边物流基地的保税功能,真正实现港区联动。重庆临空物流区打造国际快件集散中心、辐射全国的欧洲商品分拨中心和主城最大的城市配送基地。2019年,国际货物吞吐量达到40万吨以上,成为内陆地区重要的综合物流枢纽。

第三是高科技产品制造业。在吸引这类产业方面,青岛临港经济区非常重视,卫星导航、智能装备、精密机械、3D打印等高端制造业等知名企业纷纷入驻于此。

第四是国际商务会展业。主要是总部经济和会展经济,现在北京顺义区正在规划的国门商务区就是一个代表,在北京首都国际机场南侧,规划总面积19.65平方公里的国门商务区。临空经济区正成为首都东部发展带最具经济活力的新增长极。

第五是康体娱乐休闲业。康体娱乐休闲业无论对于转机旅客,还是机场旁边的工作人员来说都是非常必要的。青岛临空经济区中专门规划一块名为航空特色的社区,位于核心区东部李哥庄镇域,规划面积4平方公里,发展居住、综合商贸、特色餐饮、健康养生等产业。现在两种产业同时驱动,临空制造业和特色现代服务业将成为固定的发展形态。

要建设一个成功的临空经济区,必须做到以下六点。第一,要有准确的战略定位。"一流的政府要战略,二流的政府要政策,三流的政府要项目。当地临空经济能否发展得好,一个关键因素在于政府制定战略是否到位"。第二,要准确把握"一带一路"倡仪的产业转移。"郑州航空港经济综合实验区为什么能够成功,其重要原因就是把握了全球产业价值链的转移方向,以及中国东部产业向中西部转移的方向,从而将郑州成功纳入全球产业价值链的体系当中"。第三,要严格遵循临空经济的科学发展规律,即港、产、城互动发展的关系。在我国60多个临空经济区中,港与产、港与城、产与城的关系并不顺畅。第四,要通过产业集群化和高端化方式,发挥临空经济区的产业竞争优势。第五,要建立阶段化、区块化的企业遴选机制。第六,要进行国际化的基础设施、生态环境建设。

思考题

1. 民用机场地面系统从功能上如何进行划分?
2. 飞行区包括哪能些部分?
3. 什么是跑道?
4. 为什么称跑道是机场的核心?
5. 跑道等级根据什么要素进行划分?
6. 飞机基准飞行场地长度的涵义是什么?
7. 跑道的布局方式有几种?各有什么特点?
8. 飞机起飞或降落时,飞行员根据什么来识别跑道?
9. 跑道号和跑道标识字母是如何编制的?
10. 跑道长度设计受到哪些因素影响?
11. 跑道道面等级序号与飞机等级序号之间是什么关系?
12. 除了跑道之外,跑道还有哪些附属区域?
13. 滑行道可划分为几种?
14. 仪表着陆地面设备由哪几部分组成?
15. 飞机如何在仪表着陆系统指引下安全降落?
16. 精密仪表着陆系统有几个等级?各种等级的限制条件有什么不同?
17. Ⅱ类仪表着陆系统的进近灯光系统是如何布局的?各类跑道灯光起什么作用?
18. 什么是国家空域?如何对国家空域进行管理?
19. 什么是净空区?它由哪些障碍限制面组成?
20. 什么是航站楼?它应具备哪些特征?
21. 航站楼设计应考虑哪些因素?
22. 航站楼的各种形状布局具有什么特点?
23. 航站楼内部布局从功能上如何划分?各个功能区域由哪些部门组成?
24. 货运区的布局如何适应现代物流的要求?
25. 机场消防设施和人员应安排在什么位置比较合适?消防队应配备哪些装备?
26. 在国际机场中,应设立哪些国家口岸查验机构?
27. 进出机场的地面交通应满足旅客哪些要求?
28. 大型枢纽机场航站楼内的地面交通如何解决?
29. 临空经济主要发展哪些主导产业?

CHAPTER
第五章

机场飞行区运行管理

第一节 概 述

一、机场运行管理的定义

运营管理包括运行管理和经营管理两个方面。机场运行管理是指为了保障飞机安全起飞和降落,满足航空公司、旅客及货主的需求,运用管理职能(计划、组织、控制、激励和领导)合理地优化机场资源(人力、物力、财力和信息),为航空运输生产提供有序、高效的地面保障和全面、优质的机场服务。

通过有效的管理和监督手段,充分利用机场各种资源,统一对机场的生产运行保障工作进行组织、指挥、协调和控制,准确掌握和传递各个生产环节之间的信息,理顺各生产保障部门或单位的工作关系,并及时处理生产运行保障中出现的各种问题,实时监控生产运行保障过程,从而使机场的生产运行保障工作能够按照各自相应的服务内容、标准和程序有序地进行,提高生产效率,达到机场为服务对象提供安全、正常服务的目的。

二、机场运行管理的内容

从机场系统来划分,可分飞行区运行管理和机场地面运行管理。

飞行区运行管理主要围绕飞机飞行活动(劳动工具)开展,涉及飞行运行指挥、飞机飞行保障、飞机监护、跑道管理和维护、机坪管理、导航设备管理、净空管理等。

机场地面运行管理主要围绕旅客运输航班保障活动(劳动对象)展开,涉及航班信息、机位分配、航班保障、旅客流程、地面运输设备、物流等管理等。

从机场的运行管理内容可分为空侧、航站楼、安全保卫和应急救援四个部分。

(1)空侧:实行净空管理,保障飞机运行安全,对飞行区内的车辆运行实行严格管理,防止任何航空地面事故的发生,为计划外的特殊航班安排机位和提供服务。

(2)航站楼:要保证进出航站楼的道路安全和通畅,要杜绝机场从业人员和旅客妨碍安全生产的违规行为,引导他们有秩序地遵纪守法。管理好驻场各单位的经营活动,协调好与政府机构之间的关系。

(3)安全保卫:严守机场安全底线,禁止旅客擅自进入飞行活动区,重点把握好登机门和联检区域的安全检查,在紧急情况下组织和疏散人群,保护人民群众的人身安全和机场财产。

(4)应急救援:机场一旦发生航空事故、失火等重大事件时要紧急组织救援行动。

三、以科学发展观为指导,创建机场运行新模式

进入21世纪,随着我国经济和民航业的飞速发展,我国机场将开始面临多条跑道和多座航站楼运行的局面,机场运行管理复杂性、风险性和专业性的特点将更为突出。机场的规模和业务量日益扩大,在航班地面保障过程中如何确保安全、正常、高效地实施系统化管理,做好机场本单位及驻场各单位的协调配合等工作,确保机场各类资源的合理、优化利用,是大型枢纽

机场正常运行的重要问题。

枢纽机场对现有的运行模式进行调整与更新势在必行,而改革的方向为与国际上比较通用的、成熟的欧美模式接轨,在这种模式下,机场运行指挥部门将代表机场全面负责管理机场的运行控制。对整个机场的运行效率、服务质量和安全保障能力进行集中监控和统一协调管理,按其功能、范围、地域及专业进行划分,形成机场运行指挥中心(AOC)、航站楼运控中心(TOC)、交通信息中心(TIC)、市政设施管理中心(UMC)和公安指挥中心(PCC)5个运行管理中心,并按照各自分工,互相协调配合,对机场航班生产运行、安全和服务质量管理实施全面的无缝隙的组织和控制管理。

机场运行指挥中心(AOC)是枢纽机场的现场运行指挥部门,管理范围主要包括机场运行现场和飞行区安全运行管理。它是机场运行管理和应急指挥的核心,是机场日常航班安全生产和旅客服务现场的最高协调管理机构,主要负责整个枢纽机场航班生产运行的监控、指挥和协调,航班信息的统一收集、发布和更改;飞行区资源的分配管理,包括飞机桥位、登机门的资源分配、重大活动的组织、突发事件的处理以及应急救援指挥等。AOC在机场运行中的地位、作用、职责将在下文中详述。

航站楼运控中心(TOC)是机场航站区运行的区域管理者,是候机楼内日常运营、安全生产和服务保障的核心机构,是整个候机楼现场运行的指挥中心。TOC是航空公司客运的保障和支持中心,是驻楼单位和旅客遇到困难时的协调和指导中心。TOC对整个航站区的日常运营和航站区内各驻楼单位进行统一管理。TOC与旅客的联系最多、最频繁、最直接,实施区域化管理后,通过席位管理,高效协调各专业支持部门,可为旅客提供便捷、舒适、全方位的服务。旅客如在候机区域有任何意见或需求,都可通过现场服务人员或拨打服务热线,由TOC负责协调各单位予以解决,从而避免了旅客遇到问题时不知道该找哪个部门解决的情况。

交通信息中心(TIC)负责协调和监管停车楼、出租车排队系统以及机场场区内的道路资源、交通流程、标志标识、磁悬浮、公交、长途、出租车站点等。TIC作为航站区陆侧交通监控的指挥主体,主要通过信息采集、传递来掌控停车楼、出租车排队系统、航站区主干道及公共交通的运作情况,按照职权范围协同相关单位及各行政执法部门确保场区的正常运行,共同负责突发事件的应急联动指挥。

市政设施管理中心(UMC)主要负责其他中心之外的市政设施运行监管,与机场外相关市政部门的协调联系。

公安指挥中心(PCC)的主要职责是对机场运行涉及的公安安全保卫工作和其他警务活动进行指挥协调和参谋、辅助决策,行使城市应急联动中心机场分中心的指挥调度职责,为机场地区应急事件的处置提供指挥和信息平台。

四、机场运行指挥中心(AOC)

(一)机场运行指挥中心的地位和作用

机场运行指挥中心是现代民用机场航班现场作业指挥调度的中心,是信息流程管理中心,又是机场特殊情况下的应急救援指挥中心,并代表机场对机坪运行实施具体管理。机场运行指挥部门是机场运行的神经枢纽,它担负着机场运行的组织、指挥、协调、控制和应急救援指挥的重要职责。

机场运行指挥中心的主要工作是发挥指挥枢纽的作用、参谋助手作用和对外协调作用。

(1) 指挥枢纽的作用。机场以运行指挥部门为核心将生产运行网络、通信网络、组织指挥网络、安全保障网络、应急救援网络整合为统一的机场运行管理体系,实施统一的组织指挥。

(2) 参谋助手作用。运行指挥部门在实施机场生产运行的管理和指挥中,可真实、全面地掌握机场生产保障的现状和信息,以及机场各生产保障单位的工作状态和存在的问题,及时向机场领导反馈,为领导决策提供依据和参考意见。并将机场领导的决定和指令,及时下达到各生产保障部门。

(3) 对外协调作用。运行指挥部门作为机场生产运行的指挥平台,除对机场本身各部门进行组织、指挥和控制外,还必须与地方政府各部门以及驻机场运作的各航空公司、空中交通管制部门、联检单位、其他与机场生产运行有关的单位和人员进行协调。运行指挥部门的工作协调和服务保障质量直接代表了机场的形象,并对生产运行的安全、正常、高效发挥着重要的作用。

近十几年来,随着民航业的迅速发展,机场所承担的运营任务越来越繁重,机场运行指挥部门在机场运营中的作用越来越突出,将代表机场全面负责管理机场的运行控制,机场运行指挥部门的指挥协调能力直接反映出机场的运行管理水平,机场现场运行指挥部门服务水平的高低将直接影响机场的市场竞争力和效益。

在国外尤其是欧美机场也都有相当于机场运行指挥中心的机构和机场运行指挥人员。例如,在欧洲最为繁忙的机场之一的德国法兰克福机场,旅客吞吐量已超过 7000 万人次,其机场运行指挥中心有员工 900 多名,担负着机场的指挥、协调任务,是法兰克福机场运行的核心部门。

(二) 机场运行指挥中心的职责

为保证运行安全和效率,大型枢纽机场多采用运行控制中心模式。核心模式是:"集中指挥+分级管理"。集中指挥体现在由机场运行指挥中心统一管理整个机场关键性的业务,负责各种中心之间的协调、应急事件的统一指挥,各中心指挥所属区域的日常运行、服务与安全。分级管理体现在机场运行指挥中心、各中心指挥体系下各部门的管理与运作。机场运行指挥中心的机构设置如图 5-1 所示。

图 5-1 机场运行指挥中心机构设置

1. 运行管理工作职责

(1) 根据各航空公司提供的航班计划,编制本场每天的航班预报,并通过机场运营管理系统向各保障单位(部门)发布。

(2) 负责收集、传递各种运行动态信息。

(3) 负责本场的停机位、登机门和行李传送带等各种运行资源的分配与调整。

(4) 掌握、记录飞行动态和航班信息,及时调整航班信息并向相关单位(部门)发布。

(5) 负责发布航班生产、保障服务指令。

(6) 参与专机、重要飞行、VIP 等重要航班的保障工作。

(7) 监听塔台与机组的对话,如获悉发生异常情况,立即按有关程序处置、报告。

(8) 紧急情况发生时,负责应急救援工作启动与协调。

(9) 监督机场代理航班的保障过程,协调航班生产工作,报告航班生产异常情况。

(10)负责与航管部门、航空公司及驻场单位等的协调工作,交流航班生产、保障服务信息。

(11)负责统计机场代理航班的正常率,填写有关工作台账、报表。

(12)负责收集航班服务保障情况,分析造成航班延误的原因。

2. 机坪管理工作职责

(1)负责飞行活动区的管理和指挥、协调工作。

(2)负责飞行区车辆设备停放的管理。

(3)负责飞行区内不停航施工的监督管理工作。

(4)掌握飞行活动区内航空器、人员、车辆的动态,保证机坪运行安全、正常。

(5)检查、监督停机坪内人员、车辆、设备设施的运作情况和机坪标志的完整性以及机坪卫生状况。

(6)及时制止、处置可能危及飞行安全和航空地面安全的各种行为。

(7)参与组织指挥应急救援工作。

(8)负责向上级及时报告飞行区运行和航班生产的异常情况。

(9)根据机坪运行情况,及时向相关服务保障单位发布机坪运行动态指令。

3. 应急救援工作职责

(1)紧急事件发生时,负责向有关单位(部门)通报信息,按规定程序启动应急救援程序。

(2)在应急救援行动的准备和实施阶段,负责对各单位应答、施救的全面协调、指挥,并发出行动指令。

(3)与航空器所属企业建立并保持联系,索取有关资料数据,并向领导小组报告有关情况。

(4)负责组织、协调物资保障组及有关单位,为救援行动提供必需的支援服务。

(5)收集有关应急救援信息,提出具体处置方案供领导小组决策。

(6)根据领导小组的决策,下达具体的指令,实施救援指挥。

(7)负责机场应急救援工作的组织、协调。

(8)负责与相关单位签订应急救援互助协议。

(9)负责策划、组织实施应急救援演练,并总结、评估。

(10)负责检查各单位(部门)的应急救援工作的落实情况。

(11)负责完善《机场应急救援手册》的内容,确保能够迅速、有效地实施救援工作。

应急救援详细内容见第十章第三节。

第二节 飞行活动区安全管理

一、飞行活动区的范围

飞行活动区(航空器控制区)是机场内用于飞机起飞、着陆和滑行的部分,由运转区和机坪组成。

（1）机坪是指在陆地机场上划定的一块供飞机上下旅客、装卸货物和邮件、加油、停放和维修用的场地。

（2）运转区是指机场内用于飞机起飞、着陆和滑行的部分，不包括机坪。

（3）登机过程是指旅客为登机自离开候机楼（室），经机坪（廊桥）进入机舱的过程。

（4）离机过程是指旅客步出机舱，经机坪（廊桥）进入候机楼（室）或离开机坪的过程。

（5）车辆、设备、设施是指在活动区和机库内运行的车辆及设备、设施。

二、飞行活动区的安全

近年来，中国民航坚守飞行安全底线，坚持持续安全发展，进一步健全安全法规体系、队伍管理体系、安全责任体系和安全管控举措，行业基础进一步被夯实。自党的十八大以来，我国民航安全水平大幅提高，全行业未发生运输航空重大安全事故，安全水平世界领先，百万架次重大事故率均低于世界平均水平。2019年，民航安全运行平稳可控，运输航空百万架次重大事故率十年滚动值为0.028（世界平均水平为0.292）。自2010年8月25日至2019年底，运输航空连续安全飞行112个月，累计安全飞行8068万小时。这个数字只是作为一个参照，绝不能把它当成放松航空安全工作的一个理由。多年来，空管人员以如履薄冰的态度对待安全工作。2019年，全国客运航空公司共执行航班461.11万班次，平均每天执行航班12633多班次，平均每天飞机起降2.5万多架次，这样大的航空流量，飞行区安全工作的压力可想而知。

民航历史上，因忽视安全导致飞行区事故频发，机毁人亡的事例还少吗？殷鉴不远，岂能不慎之又慎。

【案例】埃航货机在浦东机场起火 致多架飞机备降虹桥

2020年7月22日15时56分许，埃塞俄比亚航空一架波音B777货机在上海浦东国际机场起火。上海应急联动中心接警后立即调派5个消防站18架消防车赶赴机场灭火。起火飞机为埃塞俄比亚航空B777F，注册号ET-ARH，机龄5年。现场火势颇大，飞机烧得很严重，机身后部已经烧穿。另据了解，因为受此影响，浦东机场关闭一小时，致使多架航班备降虹桥机场。

【案例】湿滑积水道面降落飞机断成两节

2020年8月7日晚间一架印度航空的波音B737客机，航班号为IX1344，执行从阿联酋迪拜撤离滞留的印度侨胞的任务，在印度南部卡利卡特国际机场降落时冲出跑道。飞机上有191名乘客，由于客机在降落时当地正下着大雨，能见度极差，飞机冲出跑道事件，共造成20余人遇难，百余名受伤，其中部分人伤势严重。

【案例】工程车自行滑动碰撞飞机发动机

2018年10月6日某航空A320飞机机执行兰州—遵义航班任务，停靠在某机场26号廊桥，等待推出。民航某机务工程车在无人监控的情况下，开始向东直线自行滑动，车辆在滑动了约210米后，碰撞某航空B8873飞机右发后停止，车身左前侧卡在了飞机右发底部。

由于机场机务工程部驾驶员下车后在未放置轮挡、未拔出启动钥匙以及未熄火的情况下离开车辆，造成车辆在无人监管的情况下自行滑动并撞向航空器，导致航空器损伤超出放行标准。但是飞机上的乘客并未因此受伤，更换其他飞机继续执行航班后，其他航班的飞机起降也没有受到太大影响。

2020年1月7日，2020年全国民航航空安全工作会议在北京召开。会议强调，要深刻认识当前行业安全发展面临的形势：民航强国建设"三步走"战略正处在关键阶段，安全发展"瓶颈"问题亟需结构性突破；民航面临的外部形势正发生复杂深刻的变化，防范化解安全风险和抵抗压力的能力亟待增强；制约行业安全发展的内部矛盾仍将长期存在，筑牢新时代民航强国的安全之基任重而道远。全行业要认清形势、锐意进取，扎实推动安全治理体系和治理能力现代化，为民航高质量发展和民航强国建设筑牢安全之基。

机场飞行控制区的安全问题一直是民航和社会各界高度关注的焦点。各机场应对此高度重视，从上到下积极行动，开展"地毯式"安全大检查，查漏补缺，彻底消除安全隐患。对各类事件进行深入细致剖析，针对机场的实际情况及时采取行之有效的对策，消除隐患，确保安全。

飞行活动区安全涉及人员、飞行器、跑道、助航设施、运行等方面，运行管理就是在安全前提下，保障正点飞行。

三、航空地面事故的范围和等级

1. 航空地面事故的定义

航空地面事故是指在机场活动区和机库内发生航空器、车辆、设备、设施损坏，造成直接经济损失人民币30万元（含）以上或致人重伤、死亡。

2. 事故的范围

(1) 航空器与航空器、车辆、设备、设施碰撞造成航空器及车辆、设备、设施损坏或致人死亡。

(2) 航空器在牵引过程中造成航空器及设备、设施损坏或致人死亡。

(3) 航空器不依靠自身动力移动造成航空器及设备、设施损坏或致人死亡。

(4) 航空器在检查和操纵过程中造成航空器及设备、设施损坏或致人死亡。

(5) 航空器在维护和维修过程中造成航空器及设备、设施损坏或致人死亡。

(6) 工作人员在值勤和服务过程中造成航空器及设备、设施损坏或致人死亡。

(7) 航空器在开车、试车、滑行（直升机飞移）过程中造成航空器及设备、设施损坏或致人死亡。

(8) 车辆与车辆、设备、设施相撞造成车辆及设备、设施损坏或致人死亡。

(9) 车辆与设备在运行过程中致使人员死亡。

(10) 在装卸货物、行李、邮件和航空食品过程中造成航空器及设备、设施损坏或致人死亡。

(11) 旅客在登、离机过程中造成航空器及设备、设施损坏或致人死亡。

(12) 航空器失火、爆炸造成航空器及设备、设施损坏或致人死亡。

(13) 加油设备、设施失火、爆炸造成航空器及设备、设施损坏或致人死亡。

(14) 在加油、抽油过程中造成航空器损坏或因航油溢出引起失火、爆炸造成航空器及设备、设施损坏或致人死亡。

(15)车辆、设备、设施失火、爆炸造成航空器及设备、设施损坏或致人死亡。

(16)载运的物品失火、爆炸造成航空器及设备、设施损坏或致人死亡。

(17)载运的货物发生外溢、泄漏,活体动物逃逸造成航空器及设备、设施损坏或致人死亡。

(18)外来物致使航空器损坏。

(19)航空器、设备、设施意外损坏。

3. 事故等级划分

(1)特别重大航空地面事故。凡属下列情况之一者为特别重大航空地面事故:

①死亡人数4人(含)以上;

②直接经济损失500万元(含)以上。

(2)重大航空地面事故。凡属下列情况之一者为重大航空地面事故:

①死亡人数3人(含)以下;

②直接经济损失100万元(含)至500万元。

(3)一般航空地面事故。凡属下列情况之一者为一般航空地面事故:

①造成人员重伤;

②直接经济损失30万元(含)至100万元。

四、机场安全运行的主要目标

我们以上海机场集团为例,安全运行主要目标如下。

(1)杜绝因机场原因导致的飞行事故。

(2)在确保人、机安全前提下,杜绝因机场原因导致的劫机、炸机事件。

(3)杜绝因机场原因导致的重大航空地面安全事故。

(4)杜绝因机场原因导致的特大航空器维修事故。

(5)因机场原因造成的民用航空器飞行事故征候万架次率不超过0.1,因机场责任原因造成的鸟击事故征候万架次率不超过0.3,其中浦东机场鸟击事故征候不超过4起,虹桥机场鸟击事故征候不超过2起。

(6)因机场机务保障原因导致的飞行事故征候万架次率不超过0.45。

(7)因机场航油保障原因导致的飞行事故征候万架次率不超过0.01。

(8)避免因机场场道、飞行区秩序保障原因导致的飞机复飞,力争不发生飞行区车辆与飞机危险接近的事件。因责任原因导致的车辆与飞机抢道,股份公司不超过3起,虹桥公司不超过2起,实业公司、公安分局、物流事业部各不超过1起。

(9)杜绝机坪、油库火灾事故,杜绝站坪调度楼、候机楼、停车库等重要设施内发生影响航班生产秩序的重大火灾事故。直接财产损失在5000元及以上的一般火灾,股份公司、虹桥公司各不超过2起;实业公司、物流事业部各不超过1起(芦苇着火除外)。

(10)杜绝机场责任原因导致的外来人员非法登机事件。无证人员进入控制区事件浦东机场不超过7起,虹桥机场不超过4起。

(11)因机场责任原因导致的航班延误所占的比例,浦东机场不超过航班延误总量的

1.5%（联检原因除外），虹桥机场不超过航延误总量的1%。

（12）杜绝群死群伤恶性交通事故，交通事故死亡数两场不超过10人。

（13）因安检原因导致的翻舱检查、旅客下机重新检查，浦东机场不超过3起，虹桥机场不超过2起。

（14）杜绝因机场责任原因导致的员工工伤死亡事故。

（15）因机场责任原因的信息系统故障影响航班正常，浦东机场不超过2起，虹桥机场不超过1起。

（16）因机场责任原因不能按规定正常供电、供汽、供暖、供冷、供水，影响航班正常的，两场各不超过2起。

目标中的民用航空器飞行事故征候，是指航空器飞行员实施过程中发生的未构成飞行员事故或航空地面事故，但与航空器运行有关，影响或者可能影响飞行员安全的事件。

第三节 机场飞行保障工作

一、围界的维护

1. 围界防范系统为机场扎起安全"篱笆"

围界与围栏是有区别的，围界是由围栏、围墙、围场河等标志物组成，用于将飞行控制区与公共区进行有效隔离。飞行区的围界是飞行区域与相邻非控制区域的分界线。

围界是为防止非控制区工作人员、无证车辆以及防止大得足以对飞机形成危害的动物随意进入飞行活动区，在机场控制区周围设置的障碍设施。因此，围界应具备一定的防攀扒、防钻入功能。

即使这样，防范还是存有漏洞。据不完全统计，在世界范围内，每年都会发生5~10起利用飞机起落架舱的偷渡事件，暴露出这些机场在技术层面上存在的漏洞。

众所周知，机场周界往往连绵十几甚至几十公里，环境复杂，防范起来非常困难，单一的探测设备很难满足要求，因此必须使用多种技术的探测设备，形成立体的防护及探测网。国内机场目前采用的大都是振动光纤、辐射电缆、红外对射、张力围栏、高压脉冲等第二代"信号驱动"型技术手段，不可避免地存在漏警、误警现象。由我国自主研发的第三代机场周界安防系统已广泛应用，这套基于传感器网络的第三代目标驱动型周界防入侵系统，抗干扰能力强，误警和漏警率极低，为机场周界堵漏洞、防入侵带来了革命性的技术创新。

【案例】外来人员入侵飞行控制区

2016年5月26日，一名外来人员翻越上海浦东国际机场围界进入控制区，并进入阿联酋航空公司EK303航班飞机货舱飞抵迪拜，构成一起非法入侵控制区事件。

6月15日，中国民用航空局就上海浦东国际机场控制区非法入侵事件对上海机场（集团）有限公司实施了行政约见，并决定对上海浦东国际机场进行专项空防安全评估，期间停止受理上海浦东国际机场的国内加班、包机和新增航线航班申请,还将依法对上海国际机场股份有限公司进行行政处罚。这是民航局首次因为空防安全问题对行政相对人实施行政约见。时任民航局副局长李健严肃指出,"5·26"非法入侵控制区事件,性质严重,影响恶劣。他要求上海机场深刻汲取教训,清醒认识问题的严重性;充分认识形势,提高做好安全工作的责任心和紧迫感;狠抓问题整改,切实履行好空防安全主体责任。特别是要以控制区管理为重点,对空防安全系统做一次彻底的梳理,对照相关法律、规章、标准逐项比对系统建设、手册方案、设施设备、岗位设置等各个环节的落实情况,充分发挥人防、物防、技防的联动效应,持续强化人防工作力度,坚决避免再次出现监控真空和防控死角,确保空防安全。李健同时要求民航监管和地方综合监管双管齐下,靠前监管,从严监管,综合运用多种监管手段共同履行好安全生产监管职责。

围栏围栏,围而不拦,再次敲响了机场围界的安全防护警钟,我们必须严防死守机场安全大门。

2. 人员防范和科技防范相结合

飞行区围界是机场空防安全的第一道屏障。科技是手段,人防是智慧。采取人员防范和科技防范相结合的方式,才能使这道屏障更加牢固。

机场按现有标准建设,围界高3.2米,顶端装有防止人员攀爬的滚刺,部分人员密集活动区处装有双层围界及防入侵警示标牌,就硬件配备而言,还是无法对强行入侵人员做到彻底阻拦,所以人员防范更为重要。

在重要区域加装"飞行区禁止翻越"警告牌,在部分空防高危地带加装激光对射系统及围界声光报警系统,组建威慑—发现—制止的安防层次。在所有正式通道口加装视频监控及硬盘录像机,便于远程监控及入侵事件的后续调查处理。对所有通道门加装门禁系统,使隔离区证件与系统有效结合。

机场围界空防安全巡视主要由武警人员或机场安检部门负责,如广州白云国际机场由安检护卫部监护三大队负责,他们无论春夏秋冬,不分白昼黑夜,全年365天,每分每秒,用实际行动守护着机场14个道口、40多公里的机场边防线,他们被誉为机场的"守边人"。

在巡视方式上,采取固定岗哨与流动作业相结合的手段。固定岗哨主要设置在跑道外侧及人员活动密集区,居高临下,视野开阔,正常情况下可实时观察周边的人员动向。武警人员还驾驶巡逻车,按照既定路线24小时对围界进行不间断巡查,以作为固定岗哨的有效补充。此外,机场还需设立专业围界巡视班组,每日步行对围界硬件设施完好性进行细致检查,发现问题立即整改。

同时也要挖掘空防安全死角。从地下管线入侵的方式相对隐蔽,地表巡视人员很难及时发现。机场需要对飞行区地下管网进行全面排查,有效识别存在空防安全隐患的漏洞。实施地下管网封围工程,将管线入侵的途径彻底切断。

二、道面的维护

道面包括跑道、滑行道和停机坪的道面,其中最重要的是跑道道面。飞机在跑道上高速运动,任何小的裂缝或隆起都有可能造成爆胎或对起落架的损害,从而引发大事故。

【案例】泰国普吉机场因跑道发现多处裂痕关闭 2 天

2018 年 2 月 25 日,泰国普吉机场由于飞行跑道出现多处裂痕,覆盖面积近 100 平方米,需要紧急关闭维修,因此在 2 月 26—27 日关闭机场,启动紧急修复方案。期间,上百架次航班全部停飞。

【案例】马尼拉国际机场的主跑道因出现裂缝而紧急关闭

2016 年 7 月 18 日菲律宾首都马尼拉国际机场的主跑道因出现裂缝而紧急关闭,致使上百架次进出港航班受到影响,数十架次航班被迫取消。当天上午,马尼拉国际机场工作人员在主跑道沥青道面上发现微小裂缝,由于飞机频繁起降,裂缝最后扩大成为一块 12.7 厘米深、1 米宽、9 米长的浅坑。为防止造成安全事故,从下午 4 时 30 分开始,马尼拉国际机场管理局下令临时关闭该跑道,对其进行修缮。18 日晚间,马尼拉国际机场管理局宣布受损的主跑道修缮完毕,所有航站楼的航班起降陆续恢复。当天,马尼拉国际机场至少有 129 架次进出港航班受影响,14 架次国际航班、41 架次国内航班被迫取消,20 多架次抵港航班被临时调整到克拉克机场降落。

道面的维护包括以下四个方面。

1. 修补道面的裂缝和测试强度

大型机场的跑道多数采用水泥混凝土道面,它是刚性道面,承载能力高,变形小,但在温度变化时它的膨胀和收缩会引起很大内应力。因而混凝土道面在一定距离上都留有伸缩缝,进行道面分仓处理(用接缝将水泥混凝土道面分割为较小尺寸的板块),分仓之后板块尺寸以 4~6 米为宜。分仓之后若不对接缝处理,冬天混凝土收缩,伸缩缝变宽,这时水和沙就会进入缝中,当水冻结时就会产生很大的压力,使伸缩缝边缘开裂,随后雨水就会渗入混凝土底层,使整块道面出现裂缝、隆起或伸缩缝变宽。因此,机场常常采用填充伸缩性的嵌缝胶条对接缝进行处理。跑道维护人员要定期目视检查跑道的表面,在春季要增加检查次数,及时修补。由于跑道不均匀下沉,也会造成裂缝。

特别是"服役"较长时间的机场,多在既有水泥混凝土道面上加铺一层沥青,从而达到改善道面表面性能和增强道面强度的目的。这种道面是半刚性道面,与柔性道面—沥青混凝土道面特点相似,不需要伸缩缝,但这种道面不耐水汽侵蚀,如果道面积水时间较长,就会造成小孔裂缝等,由于道面强度低,飞机的重着陆和暴雨都会使道面上的软材料被带走,导致集料流失,造成道面空洞。沥青道面虽然造价比混凝土低,但它的维修次数和费用都要高于混凝土道面。

在机场道面未出现较大明显破坏时,每隔一定时期要对跑道的强度和性能进行检验,目前常用振动法来测定跑道的性能。这个方法不破坏跑道,只是靠振动波的传播和反射来测定跑道的性能,在振动法不能确定的地方,有时用打孔、切槽等破坏性检验来作补充检测。若道面出现较明显破坏时,则需要及时对道面承载能力进行评测,确定在道面修复之前不会影响到航空器安全,否则需停航进行道面修复。

2. 清除道面污染,增加摩擦力

道面的摩擦力会因道面的磨损、积水和污染而变化。

道面磨损可通过及时修补来解决。跑道上的薄层积水会使机轮打滑,导致飞机制动性能减弱,甚至丧失全部摩擦力。解决的方法是在道面设置横坡,加速道面排水;水泥混凝土到面还可以在跑道道面上开出跑道安全槽,这些槽深只有6~7毫米,间隔为30毫米,它可以加速道面上积水的排出,也可以排出由于轮胎摩擦造成的水蒸气和热量。

机场应配备跑道摩擦系数测试设备。按规定当跑道日航空器起降架次大于210架次时,跑道摩擦系数的测试频率应不少于每周1次;当遇大雨或者跑道结冰、积雪时,应在跑道上施洒除冰液或颗粒;当出现航空器偏出、冲出跑道的情况时,应当立即测试跑道摩擦系数。

跑道污染主要是由于油漆、废物和轮胎上的橡胶颗粒黏附造成的,其中最主要的污染是橡胶黏附,它是由于飞机在降落后制动时摩擦产生的大量热量,使轮胎的橡胶颗粒黏附在道面上,这将大大减小道面的摩擦系数。清除这种污染也比较费力,目前采用的方法有以下四种:

(1)高压水冲洗。水压在300标准大气压以上而且只能在5摄氏度以上的气温中进行。
(2)化学溶剂溶解。这种方法很有效,但容易污染环境。
(3)高速机械刷除。这种方法的设备比较昂贵。
(4)超声波清洗。这是一种新的方法,成本不高,效果较好。

3. 保持跑道清洁

道面应当保持清洁。道面上有泥浆、污物、砂子、松散颗粒、垃圾、燃油、润滑油及其他污物时,应当立即清除。

风沙,或在飞机起飞时发动机喷气吹起的灰尘,都会使跑道不清洁。跑道上如果有散落的东西,哪怕是一块小小的沙石,如果随着空气被发动机一起吸进去,就会破坏发动机,造成很大的损失。特别是对于发动机离地面比较近的飞机,这种危险更大。有的散落物还可能戳坏飞机的轮胎。或者贴附在同跑道面平齐的灯具上,影响正常照明。这些都需要及时清除。

【案例】协和飞机空难

2000年7月25日下午,法国当地时间4时44分,一架法国航空公司编号为4590的"协和"号飞机,从巴黎戴高乐机场起飞不到2分钟就拖着长长的火焰,向左一偏几乎垂直地撞到了机场附近一个小镇的一家旅馆中,机上109名乘客和机组人员以及地面5人不幸遇难。这就是震惊世界的"7·25"空难。

据事故调查报告,这次事故的直接罪魁祸首是跑道上一块从另一架飞机上掉下来的约40厘米长的金属碎片。正是这块金属碎片使轮胎爆裂,机轮的金属碎片像炮弹似地打破了机翼和机翼上的油箱,造成燃油大量泄漏起火。飞机左机翼上方起火后又导致发动机丧失动力,并危及飞机的操纵面。

4. 除雪和除冰

下雪和结冰,是跑道正常使用和飞行安全的一大威胁。由于强冷空气的入侵,当地气温急剧下降,所降雨、雪遇到低温,特别是气温低于零摄氏度时,会在跑道面上迅速冻结成冰层,飞机轮胎与冰层间摩擦力很小,起飞降落的飞机在有结冰的跑道面上不易保持方向,极易冲出跑道,因此机场道面除冰雪后,通常还需要进行摩擦系数测试。《飞机飞行手册》规定,跑道上有结冰时禁止飞机起降。2008年春,我国南方雨、雪低温造成的冰冻灾害对航班威胁就很大。因此,一旦跑道结冰,机场有关部门必须立即采取紧急措施及时清除,确保飞行安全。另外,降雪较大时,如不及时清除,跑道积雪也将影响飞机的起飞和降落。当然,如果降雪持续时间过长,雪量过大,机场的积雪有可能来不及清除,这势必会造成机场的关闭。除雪、除冰虽然很麻烦,却必须及时。把喷气发动机装在车上,用炽热的喷流除雪是一种办法。现在,还有了专门的扫雪车。

【案例】地面结冰致两起飞机滑出跑道

2016年12月13日上午,新疆乌鲁木齐地窝堡机场发生两起飞机滑出跑道事件,事件中无人员伤亡。12月13日上午9时30分许,一架上海航空公司,航班号为FM9220的波音B737-800(注册号:B-5370)型飞机,在乌鲁木齐地窝堡机场推出滑行后,在转弯过程中因地面结冰、机组操作不当致前轮滑出滑行道事故。

在事发后的10时左右,乌鲁木齐地窝堡机场再次发生滑出跑道的事故。发生事故的飞机为航班号CZ3436的南方航空深圳分公司的空中客车A320(注册号:B-2391)型飞机,事发时,飞机发生侧滑,左主起落架偏出滑行道。

三、目视助航设施管理

目视助航设施包括风向标、各类道面(含机坪)标志、引导标记牌、助航灯光系统(含机坪照明)。各类标志物、标志线应当清晰有效,颜色正确;助航灯光系统和可供夜间使用的引导标记牌的光强、颜色、有效完好。

(一)目视助航设施检验评估

为了保障飞行安全,机场管理机构应当按照以下频次或情况对机场目视助航设施进行检验评估,以避免因滑行道引导灯光、标志物、标志线、标记牌等指示不清、设置位置不当产生混淆或错误指引,造成航空器误滑或者人员、车辆误入跑道、滑行道的事件。检验评估人员由飞行员、管制员、勤务保障作业人员、机场管理机构人员组成。对于检验评估发现的问题,机场管理机构应当及时采取整改措施。

检验评估频次:
(1)每三年评估一次。
(2)新开航机场或机场启用新跑道、滑行道、机坪、机位前以及运行三个月内评估一次。
(3)机场发生航空器误滑、人员、车辆误入跑道、滑行道等事件时应进行评估。
(4)机场管理机构接到飞行员、管制员、勤务保障作业人员反映滑行引导灯光、标志物、标志线、标记牌等指示不清,容易产生混淆或者影响运行效率时应进行评估。

(二)目视助航设施维护

目视助航灯光是安装在跑道两旁、跑道延长线、滑行道、联络道等处的大功率卤钨灯,有着飞机"外眼"的美誉。在阴、雨、雾、雪等低能见度的复杂天气条件下,它是引导飞机起降的重要辅助手段,而在晚上则必须有助航灯光的引导飞机才能安全起降。

1. 巡视维护

机场助航灯安装在飞行区,巡视是维护人员的基本工作,维护就是对助航灯进行维修和保养。不论寒冬酷暑,不论狂风暴雨,不论白昼黑夜,一旦发生故障,要及时处理,如果不能及时排除,将导致飞机无法起降,甚至关闭机场。

第一是保障供电。按规定,夜航灯光开启后若设备出现故障,则要用最短的时间修复,如果回路断电则要在 15 秒内恢复。因此要做好备用发电机的定期检查、维护和试运行工作,使其持续保持适用状态。每周至少应进行备用发电机的 30 分钟加载试验,每月至少应进行备用发电机的 1 小时加载试验,进行一次主供电源与备用电源之间及主、备用电源与备用柴油发电机之间切换的传动试验。

第二是全部灯亮。为了保证进近、跑道、滑行道灯光系统和顺序闪光灯系统每一盏灯的正常运行,巡视、维护检查项目应不低于以下要求。

(1)日维护:更换失效的灯泡和破损的玻璃透镜,确保透镜的干净、清洁,检查各个亮度等级上调光器输出电流是否符合技术标准的规定。

(2)年维护:灯具紧固件的紧固、灯具锈蚀部分的处理,灯具仰角、水平的检查和调整,插接件的连接可靠性检查,每个灯组的支架及基础情况检查。

(3)不定期维护:在大风和大雪后可能对助航灯光系统正常运行造成影响时,应当对助航灯光系统进行检查,并调整各类灯具的仰角及水平;清除遮蔽灯光的草或积雪。

助航灯巡视、维护工作是一项十分艰苦的工作。每天一清早值班人员打开并监控部分助航灯光,每隔 1 小时对调光设备巡查 1 次。夜航结束后,值班人员上跑道对所有灯光进行巡视维修,若发现故障要立即维修。助航灯光在外场经受风吹雨淋日晒,维修保障起来十分困难,夏季高温加上照明产生的热量,嵌在跑道里的中线灯膨胀拔不出来,只能用大铁锤锤;冬季灯具结冰,也要先用铁锤敲打;跑道上的沙尘会蒙住灯罩,要定期洗刷清理;如在围界外河道上安装了进近灯,要涉过河爬上 5~6 米的杆子维修。

2. 智慧防盗

机场助航灯电缆被盗现象时有发生,厦门高崎国际机场曾在短短十几天内就发生了两起助航灯具电缆被盗案件,直接对厦门航空安全构成威胁。

机场人深感忧虑的是导航灯具是重要的民航安全保障设施,将直接为在空中接近机场的飞机提供准确的高度、方向等指示信息,一旦发生问题将直接危及人民生命和财产安全;同时,助航灯光桥架上有高压电源,窃贼随便进入桥架极可能导致人身安全事故。

如果有人攀登灯塔或者盗割电缆,让导航灯"瞎了眼",极有可能使飞机发生事故。由于飞机跑道较长,导航灯塔一般安装在机场围栏之外,监控难度较大。重庆机场曾出现过导航灯电缆被盗割事件,致使航班延误。该机场研制的新型数字式导航灯电缆视频防盗系统投入使用后,如果有人做出攀登的动作或者接触灯塔时面部紧张,智能报警终端的人体生物探测器便会立即发出 110dB 的警报声,并向监控中心报警,同时会向值班人员和机场公安发送手机短消息,即使监控室无人值守也能报警。提高了效率,保障了安全。

3. 环境监察

环境监察就是监察机场周围路灯设置,防止高亮度的路灯误导飞行。

目前高速公路上的高杆灯和低柱灯,一般采用的灯泡都是从意大利进口的,高杆灯功率为 1000 瓦特,而低柱灯的功率也有 250 瓦特。目前机场上的目视助航灯系统所用的灯泡也都是高质量的,但所用的进近灯和跑道灯,其功率均为 200 瓦特。尽管机场上的灯距只有 60 米,高速公路上灯与灯之间的距离在 100 米以上,机场上灯的密度大于高速公路,但是每当飞机在几千米或数百米的高空飞行时,飞行员向地面观察,只能看到灯光带,并不能看出灯与灯之间的间距。更何况高速公路上的灯光瓦数都比机场上的每盏灯光瓦数要大,光强度也大,容易误导飞行员。

【案例】机场高速公路多次误导飞行员

1996 年一天晚上,南京大校机场。一架国际航空公司由北京飞往南京的 1503 航班到达南京,由于当时南京城市及绕城公路灯光强度大,加上该飞机场跑道设备差,灯光较暗,而 1503 航班的飞行员在准备着陆时,误以为绕城公路灯光为跑道灯,于是飞机从高空一路降落,直奔绕城公路而来。正当飞机欲降落在绕城公路上时,被机场空中管制员发现,及时提醒,飞机上飞行员迅速拉起操纵杆,飞机拉起复飞,避免了一场险情,最后飞机安全降落。

2002 年,安徽某机场,当天夜里机场管制员误以为当天航班已结束,人为关闭了助航灯光,致使华东五省地的飞机到达机场时,误将机场附近的高速公路强灯光看作飞机降落时的跑道灯光,所幸发现及时,飞机复飞才未出现险情。

在武汉,曾经有一架大型客机,夜间准备在武汉机场降落时,同样是当时机场跑道灯光亮度不如武汉大桥灯光的亮度,飞行员误将大桥为机场跑道,飞机险些降落在长江大桥上。

机场因高速公路上或其他地方的灯光,误导飞行员产生险情的情况时有发生。每个机场都与高速公路相衔接,这是一个回避不了事实,不仅在武汉、南京,全国各地机场都一样。所以监察工作必须从机场规划和机场周围高速公路设计时就开始介入。

四、净空保护

(一)净空环境恶化,违法事件屡禁不止

1. 城市建筑物超标影响起飞降下有效飞行空域

根据《民用机场运行安全管理规定》第一百六十六条规定,在机场障碍物限制面范围以外、距机场跑道中心线两侧各 10 公里,跑道端外 20 公里的区域内,高出原地面 30 米且高出机场标高 150 米的物体应当认为是障碍物,除非经专门的航行研究表明它们不会对航空器的运行构成危害。

在特殊情况下,修建超过规定范围的超高建筑物或者高大建筑物的,地方人民政府应当征得机场管理机构的书面同意,并报地区民航管理机构审批。

随着城市建设的发展,民用机场与城市中心的距离越来越近,并且在发展临空经济、打造航空城的过程中,机场周围新建了各类建筑物,部分建筑物处于机场净空保护区范围内,却没有按照规定限制高度,直接影响到飞行安全。有些人认为,飞机起降是在机场进行的,机场周围净空环境对飞行安全影响不大。殊不知,航班起降必须按规定的航线飞行,航线周围空间条件的好坏直接关系到飞行安全。当机场净空条件受到破坏或达不到标准时,会严重影响飞机的起降安全。例如,在净空范围内出现超高建筑物就破坏了飞行的净空条件,进而导致严重的不安全事件。在恶劣的天气条件下,超高建筑物会影响机场目视助航设施的正常运作,甚至可能发生飞机与建筑物相撞而机毁人亡的惨剧。

2012 年中国民用航空局曾在全国范围内开展净空超高障碍物排查,结果问题十分严重。

华北局对所辖地区 24 个机场以是否超出国际民航组织附件 14 的规定作为判断依据,其中 17 个机场共查出 152 个超高或疑似超高障碍物。超高障碍物由于涉及多方利益,要反复与地方政府、建设单位、施工单位多方协调沟通,才解决问题。整个中南地区的净空安全同样令人担忧,共发现新增超高障碍物 146 处,涉及 16 个机场。民航华东地区管理局在排查过程中,共发现净空保护区限制面内新增超高障碍物 262 处,涉及 30 个机场。

【案例】昆明巫家坝机场由于净空环境恶化整体搬迁

由于城市快速膨胀,机场在水泥森林中突出重围,迁移他乡。

2006 年 4 月随着城市的快速发展,昆明巫家坝机场净空区建筑物超高现象严重,鸟类撞击飞机事件频繁发生,致使机场净空环境日趋恶化。

据不完全统计,昆明巫家坝机场周边的超高建筑有 100 余处,包括北京路地标建筑佳华酒店和广海路边的一些高层住宅都在超高范围,给飞行安全带来了严重隐患。另外,机场周边鸽子较多,也不同程度地危及着飞行安全,仅 2005 年就发生鸟类撞击飞机事件 8 起,这在国内机场中也属较严重情况。巫家坝机场受限于航站楼设计容量,运营压力大,且机场净空环境恶化,2008 年,昆明长水国际机场动工,2012 年 6 月,昆明机场由巫家坝机场整体搬迁到长水机场运营。

【案例】绵阳万达高楼迫使机场夜航停运,削楼适航

2012 年 4 月 22 日深夜,某航空公司一架航班飞临绵阳,准备降落。当这架飞机飞临绵阳机场并进入五边进近时,机长突然发现,一座巨大的高层建筑兀立在下滑线上,挡住航班去路。正常降落被迫中断,这架航班只有选择紧急复飞,准备再次降落,但连续两次复飞,两次降落,都因这堆庞大的建筑挡住去路,而都没能成功。最后,该航班只有无奈地备降到另一个机场。民航四川监管局接到航空公司报告后,进行了现场勘测。复查后发现,万达广场项目正好处在绵阳南郊机场 14 号跑道五边下滑线下方,位于现有机场跑道北端只有 2400 米,绵阳涪城万达广场全部占地为 113 亩,已封顶最高为 32 层,其建筑物顶端和施工塔吊最高点超出机场净空限制面、控制面,已经严重威胁飞行运行安全。复查发现,涪城万达广场建筑群超机场净空限高达 10 层,因此绵阳市政府责令其"削"掉这 10 层。

2. 鸟类动物撞击飞行器

大部分鸟类飞行高度在 4000 米以下,因而鸟撞飞机事件多发生在机场周围。飞机起飞或降落如果把鸟吸入发动机或与鸟相撞都会造成一定的危险,某些机场驱散鸟类是其主要的任务之一,据国际民航组织统计全球每年鸟撞飞机事件报告在 2 万多起,损失达 100 多亿美元,飞鸟撞击是威胁航空安全最危险的因素之一。

根据中国民用航空安全信息网和中国民航鸟击航空器防范信息网收集的鸟击信息数据,对由各机场、航空公司、空管部门和航空器维修部门等单位和部门提交的鸟击信息进行了统计分析,2014 年,共统计到鸟击 3375 起,较 2013 年增长 8.03%;构成事故征候 1187 起,较 2013 年增长 16.88%,占事故征候总数的 59.74%,是第一大事故征候类型。发生于机场责任区的鸟击 471 起,较 2013 年增长 0.43%;构成事故征候 18 起,较 2013 年增长 28.57%。

【案例】万米高空撞上飞鸟 国航飞机雷达罩受损

2018年3月22日,一架中国国际航空CA103客机,中午从天津飞抵香港途中遭遇鸟击,飞机头部被撞穿一个1米乘以1米的大洞,雷达罩被砸穿。所幸客机于13时24分安全着陆,机上无人受伤,如图5-2所示。

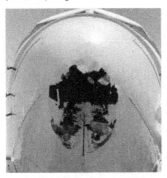

图5-2　CA103航班途中737-800客机遭遇鸟击

2013年7月28日19时30分左右,上海虹桥机场飞往烟台机场的MU5547航班刚刚起飞五六分钟,在1500米的高空处,飞机突然发出异响。不少旅客听到声响后,开始以为是起落架收起的声音,没怎么注意。但随即舱内传来烤焦的味道,大家马上开始不安起来。电路短路、设备故障,不管哪种情况发生都非常严重。旅客任先生马上叫来空姐报告情况。机长得知该情况后马上决定返航,所幸飞机最终安全着陆。机场地勤人员检查后通知旅客,称飞机遭受了鸟击,右边发动机有血迹,还有被撞的凹陷损伤。

据记载,1975年,一架DC-10飞机在美国肯尼迪机场起飞,一群海鸥吸入巨大的发动机里,飞机爆炸坠毁。1996年9月22日,美国空军一架由707改装的军用飞机从阿拉斯加州的爱尔蒙多夫空军基地5号跑道起飞时,撞上了30多只加拿大鹅。瞬间发动机火光冲天,飞机坠毁在机场附近的洼地里,空勤人员全部遇难。

据航空科学家研究测定,一只质量仅1千克的鸟,对行驶中的飞机来说,其撞击力高达10吨,相当于一颗炸弹的能量。"鸟撞"之所以如此严重,专家们认为主要有两方面的原因:首先是由于人们环保意识不断提高,各类鸟类的数量急剧增加;其次,随着高科技的发展,发动机的动力越来越大,而噪声却越来越小。B737发动机的进气量为320千克/秒,B747发动机的进气量为820千克/秒,B777发动机的进气量为1420千克/秒。显然,只要鸟类稍微接近发动机就会被吸进去。而且发动机切线旋转速度高达450米/秒,鸟类一旦被吸入发动机内就会变成无情的杀手。如果风扇叶片被鸟击断,碎片会随气流向后甩入飞机其他关键部位,造成更严重的后果。

由于鸟击发生的地区不确定、时间不确定、飞行阶段不确定、飞行高度不确定、鸟的种类不确定,因此鸟击防范工作必须是全方位、立体式、纵横交互作用。

鸟击防范工作的重点不是被动的驱、赶、射杀,而应该从基本做起,从源头出发,主抓招引鸟类的生态环境治理,找出招引鸟类的原因,然后加以治理。当然强调环境治理,并不是说要舍弃设备驱鸟,因为设备驱鸟并不是万能的,而鸟儿们的意志力又是坚决的,它们前赴后继,驱赶走了再回来,射杀了一只还有一群,因此机场要做到防范和减少鸟击,关键就是要做好机场及周边地区的生态环境调研工作,并加以治理,使鸟儿不来到此地。

在生态治理方面,机场应该进行草种改良,种植不结草籽、不宜生虫的野牛草,干预食物链,减少鸟类食物来源;设置彩色飘带,从视觉上对鸟类进行警示;通过人工现场敲鼓的声音、声压给鸟类带来压迫感,使其远离机场区域。

在驱鸟防范方面,为减少冬季云雀造成的低空鸟击事件,机场可以专门成立人工干扰班组,在跑道起降端进行人工干预,确保航空器起降安全。同时,引入猎鹰驱鸟模式,利用位于食物链顶层的隼形目鸟类,刺激机场周边鸟类的视觉及听觉,实现"以鸟驱鸟"。

3. 不明飞行物

在《民用机场管理条例》中,明确规定禁止在民用机场升放无人驾驶的自由气球、系留气球和其他升空物体。但是,这几年机场却常被"骚扰"。特别是每年的节假日,气球、烟花、孔明灯等"不速之客"一起来"捣乱",严重危及飞行安全。燃放升空的孔明灯以及在空中飘的风筝等一旦进入机场净空区,可能在视觉上对飞行员造成干扰。特别是孔明灯由铁制的框架制成,一旦与高速飞行的飞机相撞或者被吸入飞机的发动机内,后果不堪设想。

【案例】放天灯导致机场多个航班取消

11月10—12日是泰国的传统节日——水灯节,当地人会有漂水灯和放天灯的习俗。为了保障航班飞行安全和旅客人身安全,泰国机场公司下辖的素万那普、廊曼、清迈、普吉、合艾以及清莱机场在此期间调整或取消160个航班。

【案例】飞机发动机吸入孔明灯导致航班延误

2017年2月4日,中联航KN5873北京南苑—河南南阳的航班在滑行道滑行时,机组发现疑似孔明灯,立即向塔台报告并停止滑行,及时关闭了发动机。但因发动机自然吸力,孔明灯被吸入左发动机。由于机组正确采取措施,处置果断及时,所幸未造成飞机损伤,但当晚该航班被迫延误,临时调换飞机安排旅客出行。

孔明灯属于明火,是靠加热后产生的热气流升空的。它的外焰温度能达到300多摄氏度,所带的燃料能持续燃烧10分钟左右,升空后随风飘移,飞行高度可达1000米,飞行的距离可达数公里,而且升空以后方向无法控制。因此,升空后的孔明灯与航道上正起降的飞机极可能发生冲突。倘若高速飞行的飞机因云雾遮挡等原因无法发现孔明灯而与其相撞,或被飞机发动机吸进去,轻则危及飞行安全,重则机毁人亡。正常飞行于航道上的飞机一旦因躲避而偏离航路,很可能会与其他飞机造成飞行冲突,甚至发生撞机事件。在风力不大的情况下,孔明灯底部的燃料烧完后会自动下降,如果掉落到机坪上,可能被机坪上运行的飞机吸进发动机,如果掉落到机场内干枯草地上,则可能引发飞行区明火。2006年2月,台北桃园机场因一个飘落的孔明灯引发了20多年来最大的火灾,机场因此关闭,损失巨大。

气球也可能影响到航班飞行。气球主要有两类,一类是气象探空气球,一类是商业广告气球。气象探空气球主要用于气象科学研究,施放地点固定(全国现有120多个施放点),气球规格和质量规范,且施放活动比较规律,因而管理起来比较容易,对航班几乎没有什么影响;而商业广告气球,存在着施放地点不固定、规格和质量不规范、施放活动没有规律的特点,管理起来很难,对航班的影响也最大。

随着社会经济的发展,近几年,商业广告气球的使用量激增,气球也越放越大。看似小小的气球,一旦升空后,就像鸟儿那样对飞机造成危害。直径一米的气球会在气流的作用下上升或飘飞,高度可达七八千米,有的甚至要飘到万米高空才会爆裂。小孩玩的氢气球升到空中几百米后就会自然爆裂,如果在机场空域附近放飞,会对飞行安全构成威胁。倘若高速飞行的飞机因遮挡等原因无法发现气球而与其相撞,轻则危及飞行安全,重则机毁人亡。此外,正常飞行于航道上的飞机一旦因躲避而偏离航路,很可能会与其他飞机造成飞行冲突,甚至发生撞机事件。

气球失控升空与民航客机抢道事件时有发生,给飞行安全带来了极大的威胁。据专家介绍,大型广告气球一旦失控升空,就会成为杀伤力极强的"空中炸弹"。失控后的气球最高能飞到12000米,飘忽不定,民航管制员无法利用雷达探测到气球的具体位置,因而很难指挥飞机避让,尤其是空域繁忙或夜间飞行时,这些气球若碰上飞机,很有可能被卷入发动机,造成发动机熄火,其后果不堪设想。

除此之外,各地的风筝节也有增多的趋势,风筝的尺寸越来越大,放飞的高度也越来越高,对飞机飞行也造成一定影响。

【案例】烟台机场上空不明物体

2013年12月28日16时24分,由烟台飞往北京的国航8224航班进入跑道准备起飞,烟台机场的塔台管制员刚准备发出"可以起飞"的许可指令,突然间,发现一不明物体在机坪南侧,由西往东飘向跑道。管制员立即指挥国航8224在跑道上等待并简要说明原因,然后向正在滑行道滑行的深圳9285、韩亚308、上航9250、山东4885、山东4077航班通知该不明物体的动态,提醒机组慢速滑行并注意观察,指挥在停机坪上的国航4532、山东4899、山东4895、深圳9690航班原地等待。此次气球事件影响到近10个进出港航班,给塔台管制员的管制工作带来了额外的工作负担和压力,影响了航班的安全顺畅运行。

【案例】气球引起福建空管注意

2018年2月2日11时30分,福建空管分局塔台管制员发现机场主滑行道上出现一个红色气球,气球随着风向向海边移动,引起了塔台管制员的高度重视。一名塔台管制员拿起望远镜密切观察气球动向,另一名塔台管制员迅速向相关航班通报气球动态,提醒机组目视观察。机场场务部门随即派出巡道车处置升空气球。

4. 焚烧农作物秸秆、垃圾等物质

焚烧农作物秸秆、垃圾等物质或者燃放烟花、焰火会产生大量的烟雾影响飞行视线。农民大量焚烧收获过的农作物秸秆,不但给飞机白天的起飞降落增加了难度,夜晚更是让飞行人员难以操控,一旦操作失误,便会带来机毁人亡的灾难,后果不堪设想。

田里留的麦垛秸秆是成行的,每隔一段距离就留一个堆,一般这个距离还比较相近,每个火堆都出现火花以后,特别在高空飞行的时候,容易对飞机驾驶员形成一种误导,好像这就是跑道一样。

烟花、焰火的燃放除了大量烟雾对机场能见度的影响,烟花、焰火的爆炸有一定的高度,爆炸的冲击力对机场附近起降飞机的安全造成较大威胁。机场在传统节假日,特别是春节到来之前,要加强机场净空区内烟花这一类影响净空物体的防范宣传。

【案例】烧秸秆烟雾笼罩机场

2005年6月6日傍晚,安徽合肥街头烟雾弥漫,浓烟导致合肥骆岗机场的两个进港航班迫降南京机场,而同样的事情,2002年在西安也曾经发生过。

2002年秋,西安周边的农田里,当地农民大量焚烧收获过的农作物秸秆,滚滚的浓烟,遮天蔽日,部分地方的能见度只有100多米,咸阳机场的飞行安全受到了严重的威胁,机场几次与所在地的咸阳渭城区的领导进行紧急协商。

近年各地政府纷纷出台严格的禁烧令,但是近年来情况并没有好转。从2017年9月20日到11月15日,环保部卫星环境应用中心共监测到全国的秸秆焚烧火点3638个,比2016年同期增加了约73%。京津冀及周边地区在高压禁烧政策之下,发现的火点有所下降。但东北地区的情况却变得越来越严重,2017年11月监测到黑龙江1994个火点,增加了约41%,吉林898个火点,更是增加了783%。焚烧秸秆会产生颗粒物、一氧化碳、二氧化碳等污染物,在扩散条件不利的情况下,不仅会对大气造成污染,而且烧秸秆烟雾会笼罩该地附近区城市、机场,影响航班正常起降。

5. 非法电磁信号干扰航空无线电频率,危及飞行安全

民航无线电专用频率的安全使用,是民航飞行安全的前提和基础。随着我国国民经济的迅速发展,飞行航班数量不断增加,相应的机场、航路、扇区日趋扩展和饱和,机场所在地区的无线电台站以及机场附近辐射无线电波的非无线电设备大量增加,民航无线电专用频率遭受无线电干扰的机率不断加大,如因广播及有线电视放大器泄漏形成的杂散辐射干扰,互调干扰等隐患时常出现,严重时机场被迫关闭。

无线电发射设备在日常生活中已经得到广泛应用,如移动电话机、无线电对讲机、无绳电话机、无线固定电话、无线网络设备、广播设备及各种微功率无线电设备等。但大批非法无线影音传输设备,设备使用的频段多为国际航空无线电导航使用的900~1200千赫兹。

近年来,在民用机场以及周边地区非法设置无线电台(站)等侵害民用机场净空和电磁环境的行为,严重影响了民用航空器的飞行安全。无线电干扰事件呈"井喷式"增长。据统计,仅2013年第一季度,仅华北地区就发生了546次,同比增加了293次。

如果民航空管区域管制专用指挥频率被严重干扰,不时有不明信号干扰甚至打断管制指挥,管制员不能与飞行员进行正常无线电联络,就无法实施正常指挥。而对于飞行员来说,极易导致错听、误听地面指挥命令的情况发生,甚至可能因此与地面指挥人员失去联系,给飞行安全带来极大威胁,严重时甚至会造成空难。例如,在同一时间内,如果有两架飞机正在面对着飞向一个路口,就需要地面指挥及时下达一道指令,调控一架飞机的飞行高度和飞行时间,使得两架飞机在高度和时间上错开。如果在这关键时刻,航空专用频率突然受到干扰,地面指令不能上达,危险瞬间就有可能发生。

【案例】电磁波干扰影响航班正常运行

2015年1月9日深夜,大连机场导航信号受不明电磁干扰,导致机场当天夜间4个着陆航班盲降信号不稳定,影响后续航班正常运行。大连市无线电管理委员会经过排查,初步判断干扰源为晚间播放药品等"黑广告"的非法电台。"黑电台"的影响半径为300公里,也就是半小时的航程,正是飞机起飞降落最危险的阶段。如果地面完全听不见呼叫,飞机有可能处于"失联"状态,威胁飞行安全。

【案例】不明电波影响机组与空管通信

2013年11月23日,一架飞机刚从成都双流国际机场离地升空,等待地面塔台的下一步指令。本来无线电话筒里传来的声音应当是"CA4107,高度3300米出走廊,金堂报告",可飞行员在接听指令时听到的却是出租车司机"晚上吃蹄花还是羊肉汤"的闲聊,并伴有严重的杂音。2014年3月,一架飞机在飞临山东聊城上空时,突然受到一段较强的不明电波干扰,无法与地面进行通信。

6. 无人机

小型无人机的真正发展时间不超过10年,近年来,民用无人机迎来井喷式发展,从有成熟产品到现在不过几年时间,而它的应用,除了现已大范围应用于航拍外,民用无人机在搜寻救援、警用巡逻、物流快递等领域都发挥着作用。已经深入日常生活中的各个角落。据预计,未来20年,全球无人机市场规模将达到900亿美元,如此庞大的市场引得全球瞩目。在无人机蓬勃发展的同时,随之而来的无人机安全问题也变得日益严峻。无人机炸机、撞上建筑物等伤及百姓的事件时有发生,面临着立法、航空安全等方面的争议与挑战。

现在很多无人机的飞行高度可达五六千米,如果进入航班起降的航路,后果不堪设想。但是,许多市民在驾驶无人机时,往往存在使用时不分区域、不分范围的情况,再加上法律意识淡薄,这些行为将对航班安全构成严重威胁。

【案例】无人机干扰民航班机正常运行

2016年6月11日,波兰华沙国际机场发生无人机干扰民航客机降落事件,造成机场停止降落长达半小时。而就在同一天,迪拜国际机场也因无人机活动的干扰,被迫关闭空域,停止飞机起降长达69分钟。

【案例】无人机导致机场航班无法正常起降

2016年5月28日傍晚,在成都机场东跑道航班起降空域就发生了一起无人机阻碍航班正常起降的事件。据了解,当天18时20分,民航西南空管局塔台的工作人员在雷达上发现东跑道上空以及成都市龙泉区柏阁寺上空有无人机在活动,而且该无人机的飞行高度约为3000米,恰与航班飞行高度一致。为保证民航安全,18时20分到19时40分,成都机场停止了东跑道所有航班的运行,直接造成55个已安排在东跑道起降的航班不能正常进港和起飞离港。到19时40分,工作人员在雷达上没有再发现无人机的踪迹后,才决定恢复东跑道的运行,航班得以正常起降。

(二)净空保护需要加大宣传深度,加强执法力度

2020年中国民用航空局印发的《民航安全专项整治三年行动实施方案》指出,三年行动将坚持问题导向、目标导向,深化源头治理、系统治理和综合治理,按照《全国安全生产专项整治三年行动计划》总体要求及其明确的民航领域重点风险,着力从完善安全责任体系、强化隐患

排查治理、突出重点风险防控、加强机场安全整治、狠抓队伍作风建设五个方面深入推动整治工作。在完善安全责任体系方面,要促使全行业进一步强化民航安全工作的政治担当,落实"四个责任",进一步健全安全生产责任制,严格监管责任,持续完善行业信用体系建设;在强化隐患排查治理方面,要以"对安全隐患零容忍"的态度,加强安全隐患分级治理,针对性开展安全隐患治理,提高隐患排查质量,实现隐患排查治理全过程管控;在加强机场安全整治方面,要针对机场净空保护、鸟击防范等开展专项整治,严厉打击黑飞无人机等破坏机场净空环境的行为;在狠抓队伍作风建设方面,要抓好安全从业人员工作作风教育,做好"三个敬畏"宣传教育工作,大力弘扬和践行当代民航精神,为行业打造作风过硬的专业队伍。

由于升空物体与客机撞击或被吸入发动机可能会产生机毁人亡的严重后果,为了避免危险发生,《民用机场管理条例》规定,在机场净空保护区域放飞影响飞行安全的鸟类,升放无人驾驶的自由气球、系留气球和其他升空物体,情节严重的,将处2万元以上10万元以下的罚款。如果随意燃放孔明灯引发火灾事故,燃放者会因触犯刑法构成失火罪,并承担相应的法律责任。根据《中华人民共和国刑法》第115条第2款规定,犯失火罪的,处3年以上7年以下有期徒刑;情节较轻的,处3年以下有期徒刑或者拘役。

目前,我国各地机场、司法部门和执法部门已经加大对威胁净空安全行为的防范和惩处,但是这远远不够。杜绝无人机、孔明灯等物体扰乱机场净空,还需要广大人民群众尤其是这些升空物持有者的配合,应自觉遵守国家及地区相关法律法规,主动避免出现在机场净空保护区范围内放飞无人机、风筝等影响飞行安全的升空物体,确保机场净空安全。同时,广大市民也需要提高机场净空安全意识,如发现扰乱机场净空安全的行为,要积极向机场方面和监管部门反映。

针对城市建筑超标问题,首先在新机场建设时做好统筹规划,如广州新白云机场建设要与市城市发展始终和谐共进,新机场周边规划分为三个层次。第一层包括15平方公里的机场用地和300米绿化隔离带;第二层包括88平方公里的开阔地,此处为不可建设区;第三层为机场周边建设控制区,面积约152平方公里,该区域以支持机场运营为优先,逐步发展成为航空运输客流中心和物流中心。

解决鸟撞的方法有很多种。首先是把跑道和机场周围的垃圾封盖起来,控制一些昆虫和小动物的生长,清除杂草、水塘,整顿机场附近的露天屠宰场、养殖场,最好能取缔,使鸟类在这个地区没有食物来源;改善自然生态环境,如在上海浦东国际机场以东11公里长江口九段沙,种青引鸟,开辟新的适合鸟类生息的生态环境,改变候鸟迁徙路线,从根本上消除机场鸟撞隐患;取缔机场周围鸽子、飞禽饲养点;还可以采用声音驱赶鸟类、投放化学药物及猎杀等。但有些方法遭到环境保护组织和动物保护组织的反对,防止鸟撞迄今是个还没能完全解决的问题,只能通过机场加强对环境的清理,研究这一地区鸟类活动的规律,使驾驶员提高警惕来防止事故发生。

《航空法》第五十八条规定,在机场范围内和机场净空保护区内禁止的活动,即包括饲养、放飞影响飞行安全的鸟类和其他物体。第五十九条和第六十条则规定了违反第五十八条的单位和个人,由机场所在地县级以上地方人民政府责令在期限内清除。

2004年国务院办公厅下发的《关于加强民航飞行安全管理有关问题的通知》,明确要求各地人民政府和有关部门要严格执行有关规定,禁止在机场净空保护区内饲养、放飞影响民航安全的鸟类动物。因此，内地相继有徐州市、宁夏回族自治区、安徽省、上海市、汕头市、贵阳市、四川省、昆明市、重庆市、南京市、威海市、无锡市、运城市、云南省、广州市、江西省、泉州市根据《航空法》以政府规章、规范性文件或地方性法规的形式出台规定，明确机场净空保护区内禁止饲养、放飞影响飞行安全的鸟类动物或从事容易引诱鸟类聚集的养殖业。

与此同时，民航各地空管部门也积极配合地方政府，制定了诸多加强升空物体管理的地方性法规、文件。如安徽省制定了《安徽省民用机场净空保护条例》，重庆市制定了《重庆市民用机场保护条例》，宁夏自治区制定了《关于银川、河东机场净空保护的规定》，浙江省制定了《关于加强升放气球管理确保飞行安全的通告》等。各地政府及管理部门采取多种形式，利用广播、电视、报刊、网络等媒体进行综合、全方位的宣传，为整治活动的顺利进行营造了良好的社会氛围；对机场周边的市、乡镇（村）采取拉网式排查，详细掌握本地区的干扰净环境情况，对严重地区进行全面检查，并对检查中发现的问题及时进行处理。建立和落实长效机制，常抓不懈，防止各类问题重新抬头，为民航飞行安全保驾护航。

目前对民用无人机管理共分为三类。第一类，质量小于或等于7公斤的微型无人机，飞行范围在视距内半径500米、相对高度低于120米范围内的，无须证照管理；第二类，在视距内运行的空机重量大于7公斤的无人机、在隔离空域内超视距运行的所有无人机，以及在融合空域内运行的质量小于或等于116公斤的无人机都须纳入行业管理；第三类，在融合空域运行的质量大于116公斤的无人机则必须全部纳入民航局管理。

2016年，民航局为了进一步规范无人机的运行管理，促进无人机健康、有序发展，出台了《轻小无人机运行规定（试行）》，以大数据和"互联网＋"为依托，对"低、慢、小"无人机运行实施放管结合的细化分类管理，进一步规范轻小型无人机的飞行秩序，确保运行安全。《轻小无人机运行规定（试行）》明确了民用无人机的定义和分类，引入了无人机云的数据化管理，并分别在无人机驾驶员的操作资质、无人机的飞行空域等方面提出了运行管理要求。

第四节　机坪运行管理

一、机坪运行管理

根据《国际民用航空公约（第8版）》附件14——机场的有关标准，机坪管理就是在机坪上对飞机和地面车辆运行实施管理。机坪系统的管理范畴包括：入口管理、设备、车辆（交通）、机坪保洁与维护、机坪标志、线路与照明、机位分配、飞机引导、泊位系统、廊桥系统、飞机监护、现场作业管理、站坪秩序管理、站坪施工管理等。

机坪管理原则：机坪运行管理遵循"安全第一，正常飞行，优质服务"的原则，建立和维护良好的机坪运行秩序，确保机坪技术状况持续地符合《民用机场飞行区技术标准》的要求，保障地面服务工作的正常进行。

机坪运行管理的目标是防止因机场原因导致航空地面安全事故的发生，机坪运行管理的职能部门是机场运行指挥中心（AOC）。机坪管理要充分发挥作为机场指挥中心的功能，使之成为一个行之有效的、及时的、完整的指挥系统。

二、机坪运行模式的重大变革

目前，我国民航在机场地面运行管理方面与航空发达国家或地区相比还存在较大差距。其深层次原因是，近几年民航行业发展速度过快，而其配套基础建设难以适应行业飞速发展需要。机场地面交通运行优化是短期内缓解运行冲突、减小滑行成本、降低环境污染的重要途径，无论在经济层面还是环境层面都有着重要的意义。通过优化策略可加速场面运行，降低关键点的冲突与延误，有效提升场面运行容量。

为此中国民用航空局下达《关于推进航空器机坪运行管理移交机场管理机构工作的通知》，航空器机坪管制移交工作是顺应当前民航发展变化而进行的一次民航运行模式的重大变革，也是中国民用航空局针对提高机场运行效率、减少航班延误的重要举措之一。航空器机坪运行管制移交，主要是将航空器机坪运行指挥权由空管移交给机场机坪运行管理机构。这样既有利于我们优化航空器地面滑行路径，灵活分配机坪资源，也有助于进一步优化航空器拖曳管理。航空器机坪运行指挥权由空管系统移交给机场机坪运行管理机构，可促使停机位利用率提高、航班时刻增加、航班起降量增加、客流量增加。通过机坪管制移交，还可以逐渐建立起以机场为主导的地面运行管理体系，提升机场的话语权，进一步提高机场运行管理的效率。

截至2017年10月，杭州、福州、南京、厦门、郑州、深圳、海口7个机场已全部或部分完成移交工作。机坪管制移交后，在减少航空器滑行冲突、缩短航空器地面滑行等待时间、提高廊桥使用率、提升机坪运行效率、改善航班放行正常率等方面发挥了重要作用。北京大兴国际机场、成都新机场、青岛新机场（在建）等大型机场均列入航空器机坪管制移交机场名单；现有15个双跑道或多跑道机场、年旅客吞吐量超过1000万人次的机场以及停机坪存在塔台视线遮蔽的机场等全部列入机坪管制移交机场名单，按民航局要求完成机坪管制移交工作。

三、机位分配

停机位是机场运行的核心资源之一，大量的物资和人员都需要依赖停机位的分配方案进行调度。停机位分配方案对机场和航空公司的运行效率有着直接的影响，对机场提高服务质量有着重要意义，它关系到整个机场的系统运作。

机坪机位应当由机场管理机构统一管理。机场管理机构应当合理调配机位，最大限度地利用廊桥和机位资源，方便旅客，方便地勤保障，尽可能减少因机位的临时调整给旅客及生产保障单位带来的影响，公平地为各航空运输企业提供服务。大型机场为各航空运输企业提供的机位应当相对固定，可为航空公司设置专用航站楼或专用候机区域。

1. 机位调配基本原则

(1) 发生紧急情况或执行急救等特殊任务的航空器优先于其他航空器；
(2) 正常航班优先于不正常航班；
(3) 大型航空器优先于中小型航空器；
(4) 国际航班优先于国内航班。

当机场发生应急救援、航班大面积延误、航班长时间延误、恶劣气象条件、专机保障以及航空器故障等情况时，机场管理机构有权指令航空运输企业或其代理人将航空器移动到指定位置。拒绝按指令移动航空器的,机场管理机构可强行移动该航空器,所发生的费用由航空运输企业或者其代理人承担。

机位分为近机位(靠廊桥)和远机位(需摆渡)。飞机停在远机位,旅客需拎着行李上下客梯,乘坐摆渡车,特别是老弱病残旅客,非常不方便。走廊桥相比需要搭乘摆渡车的远机位更方便、快捷。

2. 科学合理分配机位

当有限的廊桥数遇上不断增长的航班量,捉襟见肘的情形就会屡屡发生,这时,如何合理分配机位、提高飞机靠桥率就显得尤为重要。科学管理廊桥资源、持续保证较高的始发航班正常率,是机场运行中心资源分配面临的任务和挑战。

在正常的情况下,机场运行指挥中心根据航班计划,对每一天进出港的航班都会事先分配好机位,机位分配相对稳定,一旦遇到航班延误、流量控制、特殊运输任务,机场运行指挥中心会根据机位分配原则做相应的调整。

在资源十分紧张情况下,民用机场应该本着公正、高效、优质服务的目的对各航空公司所提出的飞机停靠要求提供最大的方便,只要条件许可,尽量满足需要。

上海虹桥国际机场在机型与机位相匹配的基础上机位分配遵循以下原则:

(1)全年在本机场运行的航空公司应优先于某个季度运行的航空公司;
(2)对于条件相等的新航班,承租人应比非承租人优先;
(3)货机不得使用登机桥和旅客候机楼内的设施;
(4)停靠机桥位时,一般按先专机,后要客飞机,再一般航班的原则;
(5)机桥位紧张时,通常采用国内航班让国际航班、小型机让大型机、不正常航班让正常航班的原则;
(6)发生紧急情况或执行急救等特殊任务的飞机优先于其他飞机;
(7)飞机的进港或离港时间延误超过15分钟(含)以上的必须报运行指挥中心,由运行指挥中心根据情况重新指派停靠位;
(8)过夜飞机的停靠位由运行指挥中心调度安排;
(9)日常生产运行中,以运行指挥中心的决定为最终决定。

【案例】长水机场机位分配新模式

长水机场航站楼现有廊桥68个、远机位42个。机场每日航班量超过800架次,重大节假日的航班还要更多。如何不断保持并提高航班靠桥率,从而提高服务质量,一直是资源分配席努力攻克的难题。针对靠桥率,资源分配席曾对航空公司和各保障单位做过一些需求调查。几乎所有运营的航空公司都提出了一致的需求:①飞机要靠桥,不停放在远机位;②集中区域安排各个公司飞机停放;③不停放在保障受限制的临时机位区域。然而,"迎难而上、科学发展"是每个长水人不敢或忘的团队精神。资源分配席通过不断摸索航班运行规律,积极调查各保障单位的工作需求,优化资源分配流程,最终总结、细化了一套适合长水机场运行规律的有效的资源分配工作新模式。

(1)缩短飞机停靠廊桥时间间隔。同一廊桥安排前后航班的时间间隔从30分钟缩短至20分钟甚至更短。长水常准系统预警时间间隔提示改为20分钟。

(2)航空器分区域交错停放。在分配机位时,尽量实现"交叉空格"式分配,将计划起飞时间相近的航空器分区域"交叉空格"式安排,避免同一区域内的航空器出现拥挤,航空器推出时堵挡滑行道导致排队等候的情况,缩短了航空器的推开、滑出时间。

(3)机位冲突尽量就近调整。机位预先分配利用"交叉空格"式分配方法后,在机位安排需要临时变化时,临近机位就会留出空余机位,安排在就近的停机位,减少因机位调整给旅客和保障单位带来的不便,提高机场保障运行效率。

(4)预先对航空公司进行跨区域分配。长水机场指廊呈Y形,综合考虑到航空公司集中区域停放的要求、停场过夜数量的限制、飞机机务维护和地面服务需求,资源分配席为各个航空公司划定了相对固定的机位资源片区,在航班高峰时段,预先对航空公司飞机进行跨区域分配,同时协调好各地面保障单位。

(5)监控长水常准机位预警系统。长水常准系统航班时刻2次修订时间准确性可达到95%,准确的系统数据支持对提高航班靠桥率起到了关键作用。

(6)统筹安排各类廊桥维护季检维护工作。对于时间短、影响小的维护作业尽量抓紧时间协调,并尽量将作业时间安排在夜间航班较少的时段,减少对廊桥使用的影响。

(7)加强与空管地面指挥的沟通。为减少航空器机位停放不恰当或其他原因造成飞机地面滑行时间过长的情况,资源分配席一旦发现问题将第一时间报告空管,积极与空管地面指挥沟通协调,做到传递信息及时通畅,解决问题合理有效,最大限度地减少航班延误。

机位分配不当,也会酿成重大航空地面安全事故。

【案例】两航空器机坪碰擦事件

2018年9月4日,南京禄口机场首都航空一架空客A320客机在禄口机场执行完航班JD5716任务后,滑行入位过程中飞机左侧机翼翼尖与停放在相邻机位的一架东航飞机风挡前侧蒙皮发生剐蹭。经调查,首都航空客机自行滑进的机位为复合机位74A(推进滑出机位),东航飞机停放的为试机位,按照规定,相邻机位不可停放飞机,且机位上飞机的进出形式不可改变,分配机位时,系统并未报警,工作人员也未及时察觉其危险性。飞机引导车驾驶员引导进港的首都航空客机时未按规定路线安全引入指定停机位。机务保障人员在发现飞机明显超过机位安全线的情况下,盲目指挥飞机进位。所幸事故未造成人员伤亡,但其经济损失巨大。

【案例】机坪泊位系统引导事故

1996年6月14日,国航747SP飞机在斯德哥尔摩机场落地后,滑向17号停机位,未到停机线时,左机翼与廊桥相撞,经查,机翼距机身2米处被撞出一个洞,面积为1.5×0.5平方米。原因是地面指挥员将747SP机型误为747COMB机型输入显示器。直接损失51.5万美元,构成重大航空地面事故。

四、飞机地面运行管理

飞机活动包括空中飞行活动和地面活动两大部分。空中飞行活动包括以下几个阶段:滑行、起飞、爬升、巡航、下降、着陆、滑行、停靠等。空中飞行活动由空中交通管制部门负责指挥。飞机地面活动是指飞机在机坪与滑行道上滑行、引导、牵移、停靠、试车等作业活动。飞机地面活动在改革前由机场运行指挥中心负责运行管理,但飞机所有的活动(包括地面活动)都必须得到空中交通管理部门许可方可执行。改革后全部由机场运行指挥中心负责运行管理。

(一)飞机地面活动管理

飞机地面活动必须经空中交通管制部门或机场运行指挥中心同意后,方可按指定的滑行路线滑行、牵移,同时须与空中交通管制部门保持不间断的地面通信联络。如飞机需要试车,必须到指定地点,试车前须向运行指挥中心申请,不得超过有关规定,严禁在非指定地点试车。未经航空公司领导或地面代理公司领导同意和运行指挥中心许可,严禁飞机利用自身动力倒退。飞机离港地面滑行时,发动机所产生的废气、喷气或螺旋桨尾流不得对任何人或结构、财产造成损坏和构成危险,如达不到上述条件时,必须关闭发动机,使用牵引车拖至安全滑行线。任何类型的航空器试车,必须有专人负责试车现场的安全监控,并且应当根据试车种类设置醒目的"试车危险区"警示标志。无关人员和车辆不得进入试车危险区。飞机舱内有旅客时一般不能进行加油,确有特殊情况需带客加油时,必须采取安全保护措施后,才可进行带客加油。

(二)飞机滑行、停靠管理

飞机进港是由地面指挥人员负责指挥飞机滑行、停靠,指挥人员除严格按照中国民用航空局下发的《民用航空器飞机维修标准》执行指挥外,还须经有关部门培训取得信号指挥操作合格证后,方可指挥飞机的滑行、停靠。

指挥人员必须在飞机预计到达前15分钟到停机现场,确保飞机滑行线路和停机场地无杂物和障碍物,灭火瓶、轮挡和通话耳机等设备处于良好的状态。飞机进入机坪时,指挥人员应位于飞机驾驶员能明显观测到的位置指挥飞机,必要时可增设引导员、引导车。在机群密集、转弯处、翼尖附近应设监护员,所有地面引导、指挥人员应穿着有明显标志的工作服。白天指挥飞机使用信号板(一面为深黄色,另一面为红黄相间的方块图案),夜间使用能发光的指挥棒。

飞机进港停靠近机位时,现代化机场采用自动泊位引导系统,小规模机场则由人工指挥飞机滑行到位。停靠远机位、货机位、维修机位的飞机则由人工指挥其进离机位。

1. 进入机位前

航空器进入机位前,应当保持以下状态:

(1)除负责航空器入位协调的人员外,各类人员、车辆、设备、货物和行李均应当位于划定的机位安全线区域外或机位作业等待区内。

(2)车辆、设备必须制动或固定;有液压装置的保障作业车辆、设备,必须确保其液压装置处于回缩状态。

(3)保障作业车辆在等待时,驾驶员应当随车等候;所有设备必须有人看守;廊桥活动端必须处于廊桥回位点。

在航空器处于安全靠泊状态后,接机人员应当向廊桥操作人员或客梯车驾驶员发出可以对接航空器的指令。廊桥操作人员或客梯车驾驶员接到此指令后,方可操作廊桥或客梯车对接航空器。

2. 安全靠泊状态

航空器安全靠泊状态应当满足下列条件:

(1) 发动机关闭；
(2) 防撞灯关闭；
(3) 轮挡按规范放置；
(4) 航空器制动扳手松开。

3. 滑出或被推出机位前

航空器滑出或被推出机位前，送机人员必须确认：
(1) 除牵引车外的其他车辆、设备及人员等均已撤离至机位安全区域外；
(2) 廊桥已撤至廊桥回位点。

飞机退离机位时，指挥员站在机头左或右前方，当飞机驾驶员发出请求滑行信号时，指挥员经观察确认可以滑出，及时指挥飞机滑出。靠登机桥的飞机先用拖车将飞机推出桥位，再拖至滑行线上，撤离所有车辆和设备，并确认滑行线路内无障碍时，指挥飞机按滑行路线滑出停机坪。

飞机滑出时指挥人员应观察发动机、起落架、舱门及辅助动力装置(Auxiliary Power Unit, APU)情况，当飞机全部滑出后方可撤离。

【案例】北京首都国际机场两机相蹭

2006年8月27日上午11时20分左右东方航空公司一架从北京飞往宁波的空中客车A320客机与南方航空公司一架从广州抵达北京的波音B777客机，在北京首都国际机场地面滑行时发生刮碰，东航客机的垂直尾翼和南航客机的右侧大翼都受到不同程度的损坏，但没有造成人员伤亡。两架飞机执行的北京—宁波、北京—广州航班都被延误，东航和南航随即安排旅客改乘其他航班出行。

【案例】上海虹桥机场一架民航班机机翼撞上油罐车

2005年2月10日下午4时30分左右，一架从舟山到上海的东航客机在虹桥机场降落，飞机刚滑行到一半时，突然紧急制动，接着是"轰"的一声巨响。左边机翼不慎撞上停在跑道旁的油罐车，导致机翼受损。机上旅客有惊无险，在机场滞留约30分钟后，安全离开现场。

【案例】国航一架客机浦东停机越线发动机吸入异物受损

2004年8月30日上午，中国国际航空公司一架波音B747飞机从北京飞上海，执行CA1935航班的飞行任务。在上午9点40分抵达上海浦东国际机场时，不知何因飞机停机时超越了停机线，发动机紧靠廊桥的一根空调管子被飞机发动机巨大引力吸入，导致发动机受损。

(三) 飞机地面牵引

飞机离港或移动时，地面牵引是一项十分重要又频繁的工作，为了避免发生撞机事故，地面牵引飞机时严格按照中国民用航空局规定执行。

整个牵引工作由指挥员、机上人员、牵引车驾驶员、现场监护员组成牵引飞机工作小组。现场监护人员视飞机机型大小配备，D类型(含D类型)以上的机型配两名，C类型(含C类型)以下的机型配一名。

指挥员应持有飞机维修人员上岗证并经值班主任(班组长)授权；在牵引飞机中机上人员

应由机组人员、代理公司机务人员或经专业操作培训并经机务部授权的维修人员担任;牵引车驾驶员必须持有国家交通部门颁发的B级以上的驾驶执照和牵引车上岗合格证,并熟悉牵引飞机的程序、所牵引飞机有关的技术要求(如维修手册中转弯角度、牵引速度、翼展、高度等)和机场内的各种指示灯、标志线。

在整个牵引过程中,指挥牵引的机务人员应按要求佩戴通话设备,在牵引前检查牵引杆连接是否正常;牵引中与牵引车驾驶员和机上人员保持联络,确保飞机行进中的安全,当联络中断时,应停止牵引飞机,直至恢复联络后再继续牵引。机上人员应熟悉驾驶舱相关设备的使用方法,飞机牵引过程中,应始终与指挥员保持联络,遇有紧急情况时,应及时使用刹车。牵引车驾驶员按飞机规定路线及地面标志牵引飞机,牵引时应缓步启动,并缓慢地使牵引车减速或停止;遇有紧急情况时及时停止牵引。监护员负责观察飞机各个部位与障碍物的距离,确保飞机安全通过障碍物,在紧急情况下使用有效联络工具通知牵引驾驶员停止牵引。

防止飞机牵引发生事故,指挥和牵引车驾驶员必须控制牵引速度。在开阔地区直线行驶速度,不应超过10公里/小时,夜间和特殊天气时,不应超过5公里/小时;通过有障碍、拥挤区域、有坡度地带的速度,不应超过1.5公里/小时;转弯和进入停机位置的速度,不应超过3公里/小时。牵引飞机的转弯角度,遵照相关机型维护手册中的规定执行。

牵引飞机过程中,应按标志线行驶,牵引中的飞机与停放的飞机及移动中的障碍物的净距满足下列要求时方可通过:

(1)翼展在24米以下的飞机,净距不小于3米。

(2)翼展在24米(含)至36米之间的飞机,净距不小于4.5米。

(3)翼展在36米(含)及以上的飞机,净距不小于7.5米。

达不到以上标准而又必须牵引时,则应在2名以上监护观察人员的监护下,以小于规定的牵引速度和转弯角度缓慢通过。

遇到特殊情况应注意以下几点:

(1)遇有大风(风速超过该机型的牵引限速时)或在大雾、大雨、大雪的复杂情况下,如牵引车驾驶员不能清晰地看清机翼翼尖和监护人员或者超过牵引条件时,禁止牵引。

(2)在牵引飞机过程中,不允许人员上、下牵引车和飞机机舱。

(3)由于道面冰雪使牵引车打滑时,应清除冰雪后再牵引飞机。

(4)牵引飞机进入停机位位置时,牵引车前保障杆或最前端到达第一条前轮停机线前,牵引车驾驶员必须看清指挥人员指挥信号,无指挥人员或未看清指挥信号时不得继续再向前牵引。

【案例】机坪尾喷流事故

2001年4月10日7时32分,CA1215航班,2554号飞机在北京首都国际机场232机位推出后,在M3口右转弯由南向北滑行时,尾流将停在231机位的CA1609航班,2948号飞机向西南方向吹偏30度,前起落架距停机线2.4米,机头翘起与廊桥相撞,廊桥左侧顶棚被划破约15厘米,该机前舱门受损,无法关闭,廊桥可正常使用,航班取消,无人员受伤(当时风向280度,风速每秒9米)。

【案例】机坪人员伤亡事故

1997年8月9日,北方航A300飞机从机位推出,外场维修分部外航维修科朱某、机械员丁某和国航地服拖车驾驶员共同执行任务,丁某在飞机左侧(戴耳机),当飞机推出20多米时,丁某面朝下摔倒,前起落架左轮将其左臂及左腿压断,随后送医院抢救无效死亡,构成重大航空地面事故。

【案例】东航机务人员在机坪遭牵引车碾压身亡

2020年9月29日上午9时许,一名东航机务人员在上海虹桥机场机坪作业期间发生地面交通事故,遭牵引车碾压。事故发生后,该名机务人员随即被送往医院治疗,经医院全力抢救无效不幸离世,构成重大航空地面事故。

(四)飞机引导

近年来,航空器误滑、错入机位的事件在国内机场频繁发生,严重影响着民航安全,同时也为机场运行保障工作敲响了警钟。

飞机误滑,对于机场而言存在极大的安全隐患,不像开车走错路可以在前方找出口,飞机一旦"走错路",很可能出现"大飞机"进入"窄"滑行道,或是"大飞机"进入"小机位"的情况。特别是对于一些组合机位,若"大飞机"误滑入了组合机位中的"小机位",很可能发生飞机剐蹭的事故,影响机场整体安全运行秩序。

为杜绝航空器误滑、错入机位等不安全事件的发生,必须标本兼治,从源头上守住航空器滑行的各道安全关口。航空器误滑的原因有很多,如机场飞行区地面标志缺失、不清晰或与技术标准不符等,机位更换频繁、信息通报不及时或信息传递不对称、在机位变更后的指挥和保障环节上出现失误等。

【案例】日航客机在上海浦东机场误撞灯柱

2000年8月29日11时50分左右日本航空公司一架波音B747飞机在浦东国际机场降落滑行时,由于JL791航班机组没按原定的路线滑行,结果碰到了跑道旁的灯柱,造成右机翼断裂2米多长,幸无人员伤亡。事件发生后,日航取消了当天飞往东京的班机,部分旅客换乘到大阪的飞机,还有的旅客则等候当天飞往东京的航班。这架飞机停靠在浦东机场维修,半个月后重新投入运营。

不少大型机场停机位很多,站坪上的车辆、飞机运动情况复杂,为了有效防止出现运行冲突,防止航空器误滑、错入机位,保障飞机地面运行的安全,每次当飞机顺利降落在跑道上后,需要引导车对飞机实施引导。

引导车的涂装一般都是黄色的,在后风挡上贴着明显的反光标志字样或者荧光灯屏显示的"follow me"。另外引导车的车顶上都有黄色的警示灯,当引导车在等待飞机或者非执勤状态时警示灯是关闭的,开始实施引导工作时警示灯才会打开。车里有车载电台,驾驶员可随时监听航班运行情况,在管制员指定的机坪入口处等待进港航班,引导车是塔台上站坪管制员的有效助手,它们将管制员的管制指令在飞机机组面前真实的展示出来,机组只要跟着相应的引导车就可以安全滑到停机位。引导车的运行权限很大,因为管制员发出的滑行指令只能精细到具体的滑行道和跑道,但在站坪上由于滑行路线情况比较复杂,引导车就会根据实际站坪运行情况进行滑行路线的选择,对于在飞机计划滑行路线上未能及时发现引导车的车辆和人员鸣笛进行提醒。飞机引导到位后引导车就会关闭车顶警示灯迅速脱离飞机滑行路线。

如果航空器型别、注册号或航班计划变更时,航空器营运人应当立即向空中交通管理部门和机场管理机构通报。否则引导车也会发生引导失误,导致航空器误滑、错入机位,造成巨大损失。

【案例】机坪飞机与障碍物相撞

1993年6月13日,国航B747飞机在乌鲁木齐机场着陆后滑向机坪,在引导车引导下,机组按线滑行,滑向第二灯塔杆时,左翼碰灯塔杆,损坏翼尖外侧20~30厘米,机坪滑行黄线距灯塔杆只有29.4米,而B747飞机单翼展为29.84米,必然造成机翼撞灯塔杆。

当机组在航空器进入设置目视泊位引导系统的机位时,发现有疑问的引导指示,或进入由人工引导入位的机位时发现地面协调员未就位,应当立即停止航空器滑行,及时通报空中交通管理部门,并应当保持发动机运转,等待后续处置。空中交通管理部门应当及时通知机场运行部门进行处理。飞机在引导车的引导下来到接近廊桥位置后,机务工作人员通过语音和手势将飞机引导到停机位,连接上廊桥,旅客即可顺利下机。

第五节 飞行区航班作业管理

一、航班作业流程

组织一个航班并保证其正点飞行,需要航空公司的多个部门相互配合。

维修部门要对飞机进行维修和检查,决定飞机是否能飞行;按照飞机使用说明书上的规定对飞机进行维修保养,确保飞机处于安全状态;根据不同航线市场的旅客需求特点,对飞机座位布局进行改装以适应市场的需求,提高航空公司的收益。

航务部门收集到达机场和航路上天气情况预报;安排机组和制订飞行计划,把这个计划通知通知导航和航管部门做好准备;机长根据各种情报和信息做出飞行计划并与有关人员商讨;及时向下一航站通报飞行动态;机长在临起飞前对飞机重要部分的安全检查等。

乘务部门检查机上服务设备、机上供应品完好准备情况,迎接旅客登机等。

销售部门开拓市场,做好营销和销售机票,办理货物托运。

供应部门负责清洁、上水,给飞机加油;配餐部门根据旅客人数将餐食和机供品装入飞机等。

运输部门为旅客办理手续,旅客通过安检,登机,货运部把货物和行李装入机舱,计算载重和平衡,由货舱单、旅客名单和平衡图组成随机文件交付机长审核,拍发有关电报等,经放行后,飞机才可以起飞。

飞机到站后,重复这一过程,然后飞往下一站。这个工作流程如图5-3和图5-4所示,从图上可以看出整个流程一环紧扣一环,形成一个工作链。任何一环脱节都会影响到航班的正常运行,如果有任何的改动,也会影响到各个不同的部门工作。各个部门协调配合得好,就会缩短飞机在机场的经停时间,提高机场正点率。

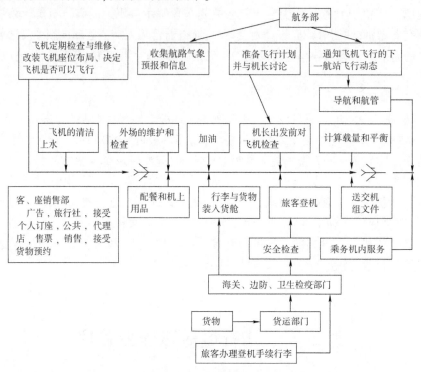

图 5-3　航班作业流程图

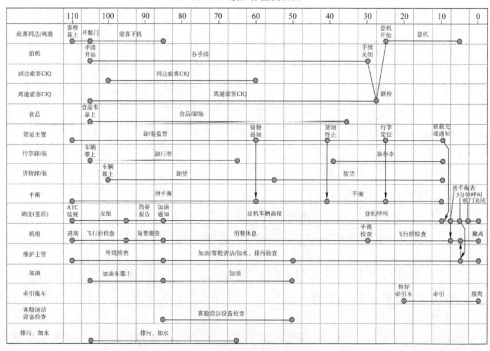

图 5-4　B747 飞机 110 分钟过站停场作业进程图

二、地面勤务保障工作

地勤保障全称为地面勤务保障,是指一系列的地面车辆和设施为飞机的出港、进港、经停提供地勤服务。这些服务都有一定的时限,这样可提高飞机的利用率,也能增加机场的效益。这些服务包括上、下旅客,装卸货物,供应食品及其他用品,供水、加燃油及清除垃圾。

在候机楼里,通过玻璃窗,可以看到外面有许多各式各样的车辆在奔跑,如图 5-5 所示。飞机着陆之后,起飞之前,地勤保障要完成许多工作。

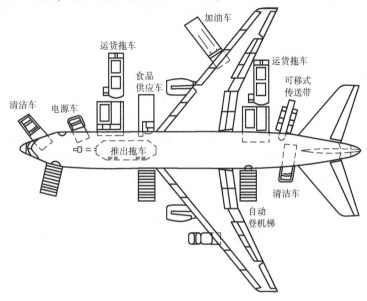

图 5-5　机场地勤保障

(一) 机场地勤保障项目

大部分进港和离港的飞机在停机坪上或多或少都需要一些服务,其中大部分服务是由航空公司驻场或机场工程师负责。当需要完成的工作任务比较繁杂时,许多工作就必须同步进行。

1. 登机服务

旅客上下飞机,有登机桥的地方,可以用登机桥,没有登机桥的地方,就要用摆渡车把上飞机的旅客从候机楼送到飞机旁边,把下飞机的旅客从飞机旁边接回候机楼。

2. 行李货物装卸

装卸进出港行李、货物时,驾驶员驾驶不同类型的行李拖车、集装箱车、平板车,在行李库房、货运仓库与机坪之间不停地来回穿梭,装卸时非常小心地操作不同的升降和传送设备,确保安全、准时地完成装卸任务。

3. 故障处理

包括飞机机长在技术记录中已经报告的小型故障和不需要飞机停止飞行的小型故障,在航空公司驻站工程师的监督下进行处理。

4. 加油

有专门负责提供添加油料的工程师,该工程师负责监督飞机添加油料的过程,确保以安全的方式为飞机提供正确数量的无污染油料。油料供应可来自移动油罐车,也可来自停机坪液压加油系统。

5. 机轮和轮胎检查

通过目测对机轮和轮胎进行物理检查,以确定在最近一次的起降周期中没有发生损坏,而且轮胎仍然可以使用。

6. 动力供应(供电供气)

虽然许多飞机有辅助动力装置(APU),基于地面环境因素的考虑,某些机场严格限制使用APU,为了减少燃料消耗和降低停机坪的噪声,由机场为其提供动力(提供电源和压缩空气),这已成为动力供应的趋势。地面设备主要分为两种:地面车载电源、空调设备和地面桥载电源、空调设备。

7. 除冰和清洗

除冰和清洁车是一辆典型的多用途车辆,它可以向机身和机翼喷洒除冰液,还可以清洗飞机,重点清洗驾驶舱窗户、机翼、发动机舱和客舱窗户。这种自驱动的液体罐车有一个平稳的升降平台,可以对普通的飞机和宽机身的飞机实施喷淋等维护工作。某些机场,在其离港跑道出口附近设计了专用的除冰停机区,飞机滑行穿过巨大的门式除冰台架,就可以除去机身上的冰。而且该设备还可以回收除冰液,并可以循环利用除冰液。

8. 机舱的制冷、供暖

飞机常常需要在停机坪上停留一段时间,在多数气候条件下,可不启动APU。但为了使飞机机舱内能保持一个适宜的温度,通过机场地面空调设备向机舱提供暖气或制冷。

9. 供水清污

在停机坪上通过车载的专用泵压设备,从外部对飞机卫生间的储存容器进行处理。与此同时,饮用水和发动机用的纯净水也同时被加满充足。

10. 机上服务

在对飞机进行外部维护的同时,还要对飞机的内部进行维护,主要任务是清洁和餐食供应。要获得较高程度的舱内清洁,需完成以下几项工作:

(1)更换床单、枕头和座椅的头部靠垫。
(2)真空吸尘和用香波清洗地毯。
(3)清除烟灰缸和去除全部杂物、废屑。
(4)配备新的座椅靠背罩。
(5)清洁、配备新的厨房和卫生用品。
(6)清洗所有平滑的地方,包括扶手。

11. 餐食供应

飞行途中的旅客餐食由机场航空食品公司提供。餐食供应操作标准非常严格,从餐食来源到送至旅客手中的全过程,都必须全部符合国际认可的卫生标准。如果在航班途经的航站餐食供应达不到质量或卫生标准,飞机上供应的餐食则要从航空公司的主要基地带过来。餐食供应由航空食品车进行装载操作。

(二)机场地勤保障特种车辆

每项地勤保障工作都有特种车辆提供保障,特种车辆种类很多,如图5-6所示。

第五章 机场飞行区运行管理

图 5-6 机场勤务车辆

（1）推出拖车（牵引车）。在指廊式或卫星式的机坪，飞机是机头向里停在停机位上的，因而飞机必须倒退出机位，这时要借助于推出拖车把飞机推出机位，重型拖车可以把大型飞机推出，它的高度可以变化以适应不同机体的高度。

（2）饮水供应车。为飞机供应饮用水，可以携带数吨水。

（3）加油车。分为两种，一种是油罐车，装有 10 吨以上燃油，上面有加油臂，1 分钟可泵油 4000 升；另一种是油栓车，它把机场供油系统在机坪上的供油栓和飞机的加油孔连在一起，在 10 分钟内可以为波音 B747 这样的飞机把油装满。

（4）地面车载电源车。飞机停放在地面，关闭了辅助动力装置（APU），远机位由地面车载电源车供电，用于启动发动机、照明和空调。

（5）自动登机梯。在没有登机桥的机坪上供旅客上下。

（6）货运拖车。由牵引车拖动，运送行李和小件货物。

（7）补给车（食品车）。可以载运食品供应人员以及补充的各种物品送上飞机。这种车辆通常是在一个标准卡车底盘上加装上车篷而制成的全封闭式货车车体，该车体可以由卡车发动机驱动的液压式剪形升降机实现升降。有两种不同类型：低空升降食品车，用于舱门门槛高在（3.5 米）以下的窄机式飞机；高空升降食品车，用于宽体式喷气式飞机。

（8）可移动式传送带。在飞机装卸行李时，它可以大大提高工作效率。

(9) 货运平车。用于放集装箱或集装货板,它的车体平面离地不到 0.5 米,易于和传送带联合作业。

(10) 升降平台。用于清理或维护飞机外部,它的升降高度可达 12 米,保证能达到飞机外部各个部位,分为液压式和构架式,构架式价格低但不能到达空间比较小的地方。

(11) 清洁车。把机上厕所污水和其他杂物清除。

【案例】美一飞机机身裂缝紧急迫降原是行李工失误

2005 年 12 月 26 日下午,一架载满 140 名旅客的麦道-80 客机正准备从西雅图飞往加利福尼亚州伯班克。由于机身出现一道 12 英寸长(约合 30 厘米)、6 英寸宽的裂缝,飞机起飞后 20 分钟内就出现舱内气压急剧降低现象,机长立即返航,并实施了迫降。一名行李工向公司承认,搬运行李过程中行李传输带曾经与机身发生碰撞。

三、登机桥运行管理

登机桥主要由旋转平台、内通道、外通道、电缆输送机构、升降机构、行走机构、接机口、调平机构、安全靴结构、遮蓬机构 10 部分组成。

登机桥是用以连接候机厅与飞机之间的可移动升降的通道。每次与飞机对接或撤离,需要与航空器直接接触,直接影响到飞机的安全,是机场运行管理中唯一的 A 级设备。因此机场对登机桥操作制定了严格的规章制度。

(1) 严格按规定停靠的机型使用登机桥。各登机桥所规定的机型停靠线为该登机桥位允许停靠的机型。如增加新机型,需使用登机桥的航空公司应提前向机场运行指挥中心提出申请,并提供该飞机的几何参数。经核准后方可使用。运行指挥中心在批准新机型停靠时,核准左右停机间隔及登机桥停靠有关规定,确保两机安全间隔和前后安全距离在规定范围之内。

(2) 飞机在停靠近机位时按泊位引导系统的指示修正方向并停机,地面机位人员严密监视飞机动向,一旦发现泊位引导系统发生故障,而引导有较大误差时,使用紧急 STOP 按钮或用人工指挥停机。防止飞机冲线而造成不安全因素。

(3) 登机桥管理部门应在航班到达前 10 分钟完成对登机桥运转状况的检查。非登机操作人员及非专业人员不准擅自启动登机桥设备和开启登机桥。

在通常情况下,飞机降落后需要地面工作人员引导其滑行至停机位,飞机滑行完毕停稳后再由乘务长下达解除滑梯预位口令,乘务员按程序操作。之后,地面工作人员将对飞机进行检查并放置轮挡、反光锥筒等,待确定飞机可以靠接廊桥后通过手势示意登机桥操作员对飞机进行靠接。

登机桥操作员确认飞机已停稳,轮挡放好,飞机发动机已熄火停车,廊桥活动区域内没有障碍物,飞机舱门处在关闭状态,飞机停机位在停机线允许的范围内后,开始操作登机桥。登机桥操作员在廊桥前端的操作台上操作按钮和摇杆,使廊桥通道伸缩、升降、左右摇摆,实现廊桥接机口与客舱门的对接。在操作过程中,登机桥操作员还要随时观察仪表数据,反复调整廊桥的方向、角度和高度,在靠接时要保证廊桥接机口地板与客舱门地板大致呈水平方向,地板前缘距飞机机身 1~5 厘米,并且低于客舱门下沿 10~15 厘米,因此操作员应具备非常强的操作能力和观察能力。

廊桥是个"大家伙",拥有几十米长的钢结构伸缩通道,最轻的也要20吨左右。为了避免廊桥在运行过程中剐蹭到飞机,对廊桥的行进速度也是有要求的。首先,登机桥操作员要严格遵循"缓慢起动、中速行驶、缓慢接近飞机"的原则,并且为了提高安全裕度,廊桥在出厂时就增设了限速装置,在距离飞机机身约50厘米时行进速度会自动减慢,就算用尽"洪荒之力"也无法人为地使它变快。

廊桥接机口与客舱门对接好后放下接机口遮蓬,为旅客挡住风雨或烈日的侵扰。靠接工作完成后,工作人员通过敲击飞机舱门通知乘务员,乘务员在确认正常靠接后方可开启舱门,并引导旅客有秩序地离开飞机。

(4)得到地面机务部门的撤桥指示后,确认廊桥空调管缩回,飞机舱门已关闭,廊桥活动区域内没有障碍物,400赫兹电源线已从飞机上撤离,电缆已被出悬挂机构收紧,且锁桥机构已解除后,登机桥操作员操作廊桥安全撤离。

当靠桥的出港飞机在本场出现故障时,待旅客下完机后,登机桥可撤离飞机,待故障排除后,由航空公司或代理公司临时申请再靠桥。如故障排除时间需2小时以上,则该机应退出桥位。按运行指挥中心临时指定机位停靠。

(5)根据登机桥设计和飞机舱门布局,原则上每架飞机相对只停靠一个登机门,如需使用双机门时,在使用前向运行指挥中心提出申请。桥位一经分配妥当,一般不再改变。遇特殊情况时,可应急更改飞机桥位,并立即通知有关部门。

【案例】飞机停靠错误停机位

机场很多停机位只能停靠特定的机型,有些停机位是无法停下大型客机的。比如,在某停机位,只能停B767以下飞机,这时如果调度一架B777飞机进机位时,则可能发生廊桥无法停靠飞机,旅客无法下机,甚至其他飞机滑行时与该错误停机位飞机发生刮蹭等严重问题。一旦机位分配不当,也会酿成重大航空地面安全事故。

2000年7月24日,国航大连机场站将CA952航班/B747-200/B2450号飞机误发成B737/B2954号飞机,机场运行管理部将该机安排在219机位,飞机到达北京首都国际机场后,机长看到B737-300机型,与塔台联系后,显示屏改为B747-200机型,但没有进机位的引导指示,机组往里滑时,被机务发现,及时制止,飞机滑过停机线5米,向右偏移0.5米,机身距前廊桥不到3米。

【案例】机坪飞机与廊桥相撞

2000年9月30日22时40分,北京首都国际机场清洁人员告诉机场廊桥工作人员说要清洗231廊桥,要求廊桥工作人员将桥向前伸出,23时,廊桥工作人员在未认真了解飞机靠桥信息的情况下,将桥向前伸出,23时18分,执行CA1406航班的B767/2556号飞机进入231机位,国航机务指挥人员在未认真观察的情况下,指挥飞机滑入,造成飞机左发11点钟处与廊桥右侧相撞,飞机和廊桥均轻微受损。

【案例】登机廊桥与飞机舱门错位,部分乘客行程耽误近5小时

7月25日15时左右,北京飞往成都的国航CA1407次航班,旅客已经全部登机,在飞机上坐好等待起飞。机组人员发现登机廊桥与飞机舱门的对接发生错位,廊桥上的一根金属梁卡住了飞机舱门,致舱门轻微损坏。机组人员担心舱门密封性遭破坏后会给飞行带来严重危害,决定请旅客下机等候。机组人员认为,是廊桥滑动造成对接错位,致使舱门损坏。地勤人员则认为,是飞机意外滑动导致故障出现。双方争执不下。该事故造成该次航班取消,近300名旅客滞留北京首都国际机场。

【案例】重庆机场客机与廊桥对接时发生擦挂

2005年4月25日9时30分左右,一架空客A320由昆明飞往重庆的客机降落后缓缓驶向停机位时突然失控,冲破停机黄线后径直冲向登机廊桥,飞机左翼撞了上去,直至慢慢停住。此次事故未造成人员伤亡。经初步调查,造成此次事故的原因是飞机在降落机场时油压系统突然失灵,导致飞机起落架出现故障,飞机突然刹车失灵。

四、车辆运行管理

随着民用机场客、货流量的增加,进入机场航空器活动区的车辆、人员增加很快,危及飞行安全和机动车辆撞坏航空器的事故时有发生。为将民用机场航空器活动区的事故降至最低限度,以保护旅客权益,加强机场内场生产环境的安全,保障民航运输生产的安全,适应民航事业的发展,必须对民用机场航空器活动区道路交通进行管理。

1. 驾驶员管理

驾驶员驾驶车辆在航空器活动区行驶时,应当遵守下列规定:

(1)按指定的通行道口进入航空器活动区,接受值勤人员的查验。

(2)机场管理机构可根据本机场的实际情况,实行分区限速管理,但最高时速不得超过25公里。

(3)行驶到客机坪、停机坪、滑行道交叉路口时,停车观察航空器动态,在确认安全后,方可通行。

(4)遇有航空器滑行或被拖行时,在航空器一侧安全距离外避让,不得在滑行的航空器前200米内穿行或50米内尾随、穿行。

(5)行李车拖挂托盘行驶时,挂长3.4米、宽2.5米的大托盘不得超过4个,长1.9米、宽1.8米的小托盘不得超过6个。拖挂的货物重量不得超过拖车的最高载重。行李车拖挂托盘行驶时不得倒车。

(6)机动车辆穿行跑道、滑行道、联络道或在跑道、滑行道、联络道作业时,应当事先征得空中管制部门或机场管理机构同意,按指定的时间、区域、路线穿行或作业。

(7)驶入跑道、滑行道、联络道作业的机动车辆应当配备能与塔台保持不间断通信联络的双向有效的通信设备,作业人员应当按规定穿戴反光服饰。

航空器活动区道路应当按照国家有关标准设置道路交通标志、标线。航空器活动区内的车辆、行人应当按照交通标志、标线通行。

2. 机动车辆管理

(1)所有在航空器活动区内保障航班生产的车辆必须经机场公安部门登记注册,申请办理控制区车辆通行证。无车辆通行证的车辆禁止进入航空器活动区。

（2）因工作需要进入航空器活动区的非生产用车须经机场公安交巡警部门审核批准并办理机场车辆通行证，经指定门口经过安检后才准进入。

（3）需进入航空器活动区迎送 VIP 的车辆，严格按照公安部、中国民用航空局及当地政府部门规定执行。

（4）凡进入航空器活动区的车辆，其制动器、转向灯、后视镜和灯光装置必须保持完整有效，检验不合格的车辆不得驶入航空器活动区，并严格按照指定的大门进入航空器活动区。

（5）依据《民航机场飞机活动区机动车号牌样式》及《民航机场飞机活动区机动车行驶证样式》规定，由负责机场治安的公安部门统一制发车辆号牌及飞机活动区车辆行驶证。

（6）在航空器活动区行驶的所有车辆必须配备有效的灭火器材。

3. 车辆行驶要求

（1）所有内场车驾驶员必须经机场公安交巡警部门考核并颁发内场驾驶执照后方可在航空器活动区内驾车行驶。进入航空器活动区的车辆必须遵循避让飞机的原则。

（2）进入航空器活动区的车辆必须严格按规定行车道行驶，行驶速度不得超过 25 公里/小时，接近飞机时车速不得超过 5 公里/小时。

（3）在行车道交叉道口或行车道与飞机滑行道交叉点前设有 STOP 标志，任何车辆在通过 STOP 线之前必须提前减速，加强观察，确认无航空器滑行后，方可继续行驶。

（4）在夜间及低能见度时进入航空器活动区的车辆，必须启用黄色警示灯。

（5）超高车辆的行驶：高度在禁高标志线（一般为 4~4.2 米）以下的车辆，在固定廊桥下行驶时，必须贴近中心线行驶，高度在禁高标志线以上（4.2 米）的车辆禁止在固定廊桥下行驶。

4. 临时执行公务的车辆管理

（1）凡需进入航空器活动区临时执行公务的车辆，事前必须向运行指挥中心提出申请，并经机场公安部门审核同意后，在机场工作人员带领下，由指定大门经过安检后方可进入。

（2）外来车辆在航空器活动区内行驶必须执行航空器活动区车辆行驶规定。在夜间或低能见度时必须启用双跳灯或黄色警示灯。

5. 车辆及有关设备摆放

（1）航空器活动区内车辆必须按指定的停车位置停放。与航班生产有关的设备按规定区域排列整齐，不得越线摆放。

（2）在"斑马线"内严禁停放车辆和设备。

（3）远机位出发、到达门前只供摆渡车临时停放，为上、下旅客服务。

6. 车辆接近飞机时的管理

（1）车辆在接近飞机时必须由专人指挥，轮挡应随车轮拖动，随时准备安放轮挡。

（2）车辆在接近飞机时须严格按规定速度（5 公里/小时）行驶，在距飞机 10 米外制动，以确保制动有效。

（3）严禁车辆在飞机的任何部位下穿越停放，执行任务的特种车辆按有关规定执行。

（4）客梯车、装卸车须遵循先升起后接近，先撤离后降下的操作规程，不得在前后移动的同时操纵升降。

(5)除客梯车、食品车外,其他车辆距飞机不得小于20厘米。
(6)严禁无关人员和未经培训的人员操作车辆靠近飞机。
(7)车辆停靠飞机时,驾驶人员不得离开车辆的工作现场。

【案例】车辆入侵跑道

1996年7月28日,南航757飞机在兰州机场跑道由北向南着陆,高度为20~30英尺时,机组和塔台同时发现跑道"T"字灯前200米处有一辆面包车正在由北向南行驶,飞机在距地面10英尺高度上从汽车顶上拉起,复飞后安全落地。经查,该车为机场修建处场务工作人员驾驶,未与塔台联系,也未带对讲机,擅自进入跑道。

1998年1月15日,北京首都国际机场地区连续下雪,6时,场务队通知跑道开放,但机场管理处领导发现滑行道某些地方仍有雪,让吹雪车再去吹一下,机场场务队吹雪车因长时间工作,警示灯不亮,在吹雪车吹完撤离过程中,与6时10分在北京首都国际机场着陆滑跑的瑞士航空747飞机相刮,瑞航飞机发动机蒙皮有一道120厘米的划痕。

2000年11月15日,东航安徽公司MD90飞机预计14日23时57分在虹桥落地,由于虹桥机场指挥处值班人员未认真核对航班计划,漏掉东航飞机动态,也未与塔台联系,盲目指挥巡道车开上跑道,致使飞机在15日零时29分落地后滑跑过程中,右襟翼与巡道车顶部照明灯碰撞,飞机右翼轻微受损,巡道车顶部照明灯被撞坏。

2005年9月4日上午,芬兰航空公司AY052次飞机起飞前在北京首都国际机场加油时,加油车为抄近道被卡机翼下,将位于机翼下方的"翼刀"撞坏,飞机无法起飞。经飞机卸油、油车轮胎放气后,油车仍无法从机翼下开出。无奈之下,机械师爬到机翼上,将一块机壳卸下,事发1小时后,油车终于顺利地从机翼下驶出。经检查,飞机"翼刀"里面的一个操作杆被撞断,暂时无法修复。当时飞机上总共有287名旅客。虽然事故有一定危险,但当时由于消防车就在旁边,经过工作人员分析,不会危及旅客,加上当时已值中午,工作人员安排旅客在飞机上进行午餐。下午2时,工作人员引导旅客下机。工作人员随后把旅客安排在了两家五星级饭店。

2005年11月16日19时左右,广州白云国际机场工作人员在检修刚从北京飞抵的一架客机时发现其右发动机的蒙皮上有两个洞,这两个洞,一个直径为30厘米、一个直径为10厘米左右。工作人员初步判断这两个洞为外物撞击所致,撞击力度不大,撞击后没有危及飞机的飞行安全,机上有200多名旅客,全部安全抵达目的地。由该机执的另一航班被迫取消。初步判断这两个洞是该机停在停机坪时被行驶的车辆冲撞所致,但撞机的车辆目前还没找到。

思考题

1. 什么是机场运行管理?
2. 根据当地实际情况,简述管理体制与运行管理模式的关系。
3. 飞行活动区是由机场内哪些部分组成的?
4. 如何正确评价当前机场飞行活动区的安全状况?
5. 什么是航空地面事故?

6. 什么是民用航空器飞行事故征候?
7. 如何划分航空地面事故等级?
8. 民用机场安全运行主要目标应包括哪些方面?
9. 什么是围界? 围界起什么作用?
10. 如何提高围界的防范能力?
11. 跑道道面的裂缝是什么原因引起的?
12. 为什么跑道道面要保持一定的摩擦系数? 如何保持?
13. 为什么下雪和除冰是飞行安全的一大威胁?
14. 助航灯光设施的主要维护检查要求是什么?
15. 对在机场附近的城市建筑物的高度,民航有哪些规定?
16. 鸟类撞击飞行器的事件日趋严重,原因是什么?
17. 如何防止发生鸟类撞击飞行器事故?
18. 如何整治净空保护中违法行为?
19. 机坪运行管理对象是什么? 管理范畴涉及哪些内容?
20. 为什么要对现行的机坪运行模式实行变革?
21. 如何合理分配机位?
22. 飞机地面活动必须在哪个部门指挥下进行? 有哪些具体要求?
23. 地面指挥人员如何指挥飞机进港滑行、停靠?
24. 飞机出港牵引工作小组由哪些员工组成? 他们应具有什么资格或能力?
25. 在飞机牵引过程中,工作人员应把握哪些重要环节?
26. 飞行区航班作业涉及哪些部门?
27. 地面勤务保障工作有哪些项目?
28. 登机桥操作如何避免安全事故?
29. 车辆在飞机活动区行驶中应遵守什么规定?
30. 车辆接近飞机时如何操作?

CHAPTER

第六章

机场航站区运行管理

航站区包括旅客(行李)地面运输区和货物地面运输区,主要是旅客航站楼和货站。旅客航站楼的主要服务对象是航空旅客及行李,主要职能是保障旅客安全、便捷地完成乘机流程,以及航班落地后能够快速离开机场或者换乘中转航班,这也是旅客航站楼的基本保障职责。机场货站的主要职能是完成进港(离港)货物的地面操作,确保安全和高效是基本要求,同时自动化和智能化也是航空货物处理系统的发展趋势。

第一节 旅客航站楼运行管理

机场承担了航班起飞前和落地后的旅客(行李)、货物和航空器的地面服务保障职能,如图6-1所示。航班生产流程决定航班能否安全、准点地运行,同时也影响旅客的航空旅行整体体验。飞行区航空器的流动按照飞行计划和航班时刻表,是离散的,而旅客航站楼内旅客的到达和离开是连续的、流动的。

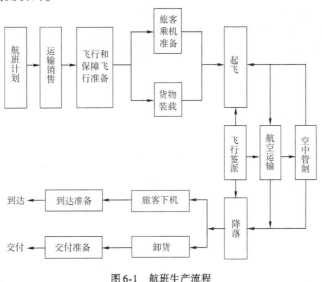

图6-1 航班生产流程

一、旅客和行李的流程

航站楼的旅客都是按照到达和离港有目的地流动的,在设计航站楼时必须很好地安排旅客流通的方向和空间,这样才能充分利用空间,使旅客顺利地到达要去的地方,不致造成拥挤和混乱。

目前通用的安排方式是把出发(离港)和到达(进港)分别安置在上、下两层,上层为出发,下层为到达,如图6-2所示,这样互不干扰又可以互相联系。由于国内旅客和国际旅客所要办理的手续不同,通常把这两部分旅客分别安排在同一航站楼的两个区域,或者分别安排在两个航站楼内。

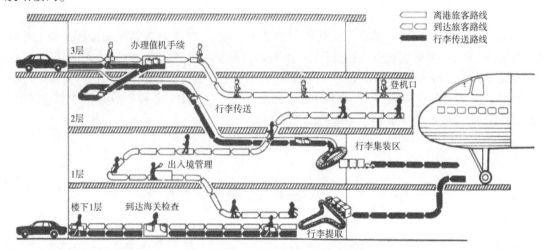

图 6-2 候机楼出发和到达楼层分布图

旅客流程要考虑三个方面因素：

(1)国内旅客手续简单,占用航站楼的时间少,但流量较大,因而国内旅客候机区的候机面积较小而通道比较宽。

(2)国际旅客要办理护照、检疫等手续,行李也较多,在航站楼内停留的时间长,同时还要在免税店购物,因而国际旅客的候机区要相应扩大候机室的面积,而通道面积要求较小。

(3)中转旅客是等候衔接航班的旅客,一般不到航站楼外活动,所以要专门安排他们的流动路线,当国内转国际航班或国际转国内航班的旅客较多时流动路线比较复杂,如果流量较大,机场相关部门就应该适当考虑安排专门的流动线路。

国内旅客乘机的基本流程如下：

(1)办理登机手续。准备上飞机(离港)的旅客,从二层进入航站楼的离港大厅。办理旅客登机手续时,航空公司按照计算机旅客订座系统的信息,把某一航班实际登机的旅客记录下来,确定每个旅客的座位,发给旅客登机牌。同时,接收旅客托运行李,发给旅客行李托运凭证。对于托运的行李,还要进行安全检查。

随着新技术的应用,越来越多的航空公司在机场航站楼放置自助值机设备,旅客可以自助办理值机手续,减少排队等候时间。

(2)安全检查。办完登机手续后,旅客就可以携带手提行李,通过安全检查,进入候机厅等候上飞机。这个区域是对外隔离的,也叫做隔离区。

(3)候机及登机。旅客按指定的登机门上飞机。

(4)到达及提取行李。下飞机(到达)的旅客,从登机桥的另一个通道,很快下到航站楼的一层,进入行李提取大厅。没有托运行李的旅客,就直接出航站楼。有托运行李的旅客,在这里等候提取行李后离开。

国际旅客在安全检查以前还需增加以下几个联检环节：

(1)海关出境检查。若有物品申报,应走红色通道,办理海关手续；如果没有,应走绿色通道。

（2）办理卫生检疫手续。出国一年以上的中国籍旅客，应提供有效的健康证明；如果前往某一疫区的旅客，应提供必要的免疫预防疫苗的接种证明。

（3）边防检查。外国旅客应交验有效护照、证件、出境登记卡，并在有效入境签证上规定期限内离境。中国旅客应交验有效护照、证件、前往国签证及有关部门签发的出国证明。

1. 旅客出发流程

国内出发流程和国际出发流程如图6-3所示。

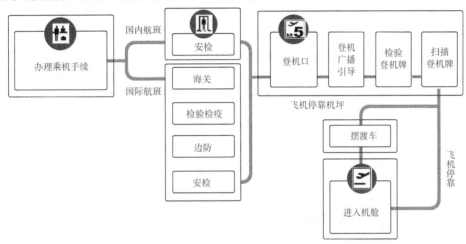

图6-3 国内出发流程和国际出发流程图

（1）国内出发。

旅客地面交通→出发大厅→办理登机手续→托运行李（含托运行李安全检查）→联检区域办理安全检查（个人及手提行李）→国内出发候机厅→检查登机牌→登机（远机位旅客转驳车登机）。

（2）国际出发。

旅客地面交通→出发大厅→卫生检疫和海关检查→办理登机手续→托运行李（含托运行李安全检查）→边防出境护照检查→安全检查（个人及手提行李）→出发候机厅→检查护照及登机牌→登机（远机位旅客转驳车登机）。

2. 旅客到达流程

国内到达流程和国际到达流程如图6-4所示。

（1）国内到达。

旅客下机进入到达通道（远机位旅客下机转驳车进入到达通道）→行李提取大厅提取行李→行李票标签查验→迎客大厅出口→按照指示牌乘相应的交通工具。

（2）国际到达。

旅客下机进入到达通道（远机位旅客下机转驳车进入到达通道）→国际联检区办理相关联检手续→检验检疫→边防入境护照签证检查→行李提取大厅提取行李→海关行李检查→行李票标签查验→迎客大厅出口→按照指示牌乘相应的交通工具。

3. 旅客中转流程

旅客中转流程非常复杂，一般流程如图6-5所示。

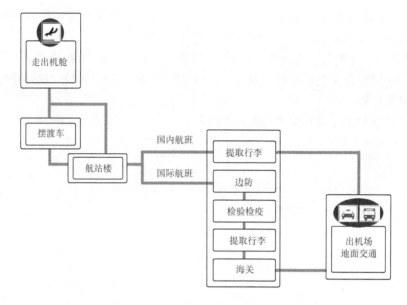

图 6-4 国内到达流程和国际到达流程图

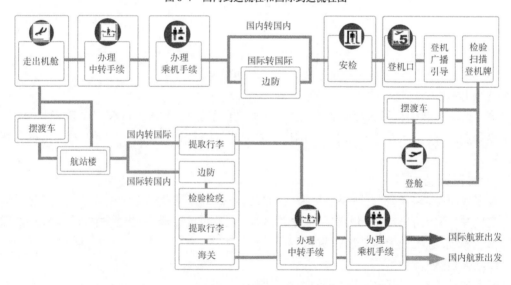

图 6-5 国内、国际旅客中转流程图

中转旅客航班涉及多种情形,如国际转国内、国内转国际、国际转国际、国内转国内,旅客航程又可分为联程和非联程。旅客有无托运行行李,中转流程也有所区分。

(1)国际转国内。

联程旅客(一票到底,托运的行李由航空公司负责转机)的中转流程如下:

旅客下机→办理相关联检手续(检验检疫、边防入境),无须提取托运行李→中转区域办理海关手续及转机手续(包含安检)→国内候机厅候机→登机。

持两张机票旅客(即分别为国际段和国内段机票,且出票的两家航空公司之间无协议)的中转流程如下:

旅客下机→办理相关联检手续(检验检疫、边防入境)→行李提取大厅提取其托运行李→

中转区域办理海关手续及转机手续(包含安检)→国内候机厅候机→登机。

(2)国内转国际。

联程旅客(一票到底,托运的行李由航空公司负责转机)的中转流程如下:

旅客下机→行李提取大厅(无须提取托运行李)→中转区域办理海关、检疫手续及转机手续(包含安检)→专用通道→边检、安检→国际候机厅候机→登机。

持两张机票旅客(即分别为国际段和国内段机票,且出票的两家航空公司之间无协议)的中转流程如下:

旅客下机→行李提取大厅提取托运行李→中转区域办理海关、检疫手续及转机手续(包含安检)→专用通道→边检、安检→国际候机厅候机→登机。

(3)国际转国际。

联程旅客(一票到底,托运的行李由航空公司负责转机)的中转流程如下:

旅客下机→国际抵港通道的签转处办理登机牌→(海关、检验检疫)专用通道至国际出发联检区边检→安检→国际候机长廊候机→登机。

持两张机票旅客(即分别为两个不同国际段的机票,且出票的两家航空公司之间无协议),即旅客需经过完整的国际到达和国际出发流程。

旅客下机→进入国际到达通道→国际联检区办理相关联检手续(检验检疫、边防入境手续)→行李提取大厅提取行李→办理海关及检验检疫手续→迎客大厅出口→进入出发大厅办理值机手续→联检区域办理海关、检验检疫、边防出境及安检手续→国际候机长廊候机→登机。

(4)国内转国内。

联程票旅客(一票到底,托运的行李由航空公司负责转机)的中转流程如下:

旅客下机→有关的航空公司中转柜台办理登机牌→安检→国内候机厅候机→登机。

持两张机票旅客(即分别为两个不同国内段的机票,且出票的两家航空公司之间无协议)的中转流程如下:

旅客下机→国内行李提取厅提取行李→经行李票查验进入迎客大厅出口→旅客进入值机大厅办理值机手续→联检区域办理安检手续→进入国内长廊候机→登机。

4. 经停航班流程

(1)国际—本站—国际。

经停旅客下机→封闭的候机室候机→按登机时间登机离港。

(2)国内—本站—国内。

经停旅客下机→国内候机→与本站国内出发旅客汇合→按登机时间登机离港。

5. 混合航班流程

混合航班是指一架飞机上既有国际航线的旅客又有国内航线的旅客。

(1)国内—本站—国际。

①上一航段至国际的旅客纳入本站国内转国际流程。

②到本站的旅客纳入国内到达流程。

③本站至国际的旅客纳入国际出发流程。

(2)国际—本站—国内。

①国际到本站的旅客纳入国际到达流程。

②国际至下一航段的旅客纳入国际转国内流程。
③本站至下一航段的旅客纳入国内出发流程。
(3)本站—国内—国际。
①本站至国内的旅客纳入国内出发流程。
②本站至国际的旅客在国际办票岛办理登机牌后,汇入国内正常出发旅客流程。
(4)国际—国内—本站。
①国际段的旅客纳入国际到达流程。
②国内段的旅客纳入国内到达流程。

机场典型的旅客流程立体图如图6-6所示,图中未画出足够的旅客等候区,由于延误和高峰时段及其他原因,经常会发生大量旅客积压的情况。因此各个机场航站楼在设计时必须留出较大的空间,以备高峰及延误时旅客候机或疏散时使用。

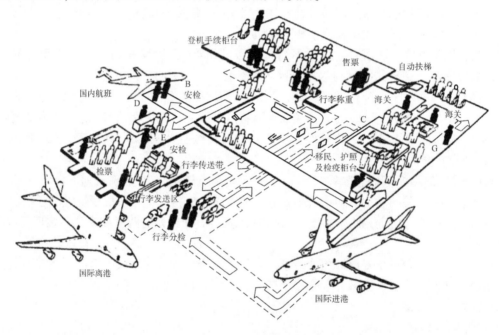

图6-6 旅客流程立体图

6.行李流程

每个机场都必须完成一定量的行李作业任务。无论机场大小,这些作业任务基本相似,差异主要表现在作业的手段和程序上。行李作业通常分为两大类:出发(离港)和到达(进港)。

出发流程如下:携带行李到办票柜台处准备托运→办票,对托运行李贴标签和称重→对托运行李安检→运送行李到达空侧行李厅→行李分类和装载入航空专用集装箱→运送行李到客机所在区域→行李装载入飞机。

到达流程如下:从飞机上卸货→运送行李到空侧行李厅→行李分类→安放到行李提取传送带上→输送到行李提取区→通知旅客提取行李→从行李提取区提取行李。

行李中转主要分为普通行李中转和直挂行李中转(联程行李中转)。普通行李中转需要旅客在中转站自己提取;联程行李中转则无须旅客自己提取,而是由航空公司负责中转。

行李中转流程具体如下：装卸部门卸载行李并装车→运送到达行李(含中转行李)分拣区域→中转分拣员分拣行李(按照后续始发航班)→将分拣出的中转行李合并至后续航班转盘→与后续航班转盘分拣员做好交接→装卸部门分拣区域装载行李并运送到后续航班机位→行李运送到后续航班→后续航班起飞。

行李作为"不会说话的旅客"，需要经过包装、装卸、运输、分拣等"旅程"，才能再次回到主人身边。这位"不会说话的旅客"也有它的需求，即"别让我受伤，别耽误我上飞机"。行李处理系统出机场管理部门建设，机场管理部门也承担起运行管理的重任。为了满足它的这两个需求，机场管理部门应从整合资源、优化程序、落实细节、加强盯防、用好"大数据"等来提高行李保障效率，使"不会说话的旅客"更加满意、贴心。

随着科学技术的应用，全球行李处理不当率在持续下降，据国际航空运输协会(IATA，以下简称"国际航协")报告，2019 年全球航空业客运量高达 45.4 亿人次。尽管航空公司运力承受很大压力，但错运行李率已降至每千名旅客仅 5.6 件行李。这一数字与 2007 年相比，显著提升了 70.3%。

行李运输过程的瓶颈是行李从一架飞机转移到另一架飞机，或从一家航空公司转移至另一家航空公司时。自动化、智能技术，以及国际航协第 753 号决议——要求成员航空公司在旅客整个旅程中的四个主要接触点(即：准备、装载、转运和抵达)追踪行李，帮助和促使航空公司提高行李处理能力和降低错运行李率。自 2007 年以来，航空运输业每年因错运行李所产生的费用已锐减 40.8%，2019 仅为 250 万美元。

全球航空运输业当前面临着前所未有的危机与挑战。持续改进行李运输并降低错运行李成本的创新可帮助航空公司和机场度过难关。绝大多数航空公司和机场已开始使用分析工具来提高行李处理能力。此外，他们还将关注的目光投向行李托运自动化，以及积极响应旅客对行李追踪信息的需求。

二、旅客航站楼运行服务

(一)机场直接为旅客提供的服务

航站楼的某些服务是专门为方便航空旅行者提供的，并且与航空公司的业务没有直接关系，习惯上把这些服务称作机场直接为旅客提供的服务。这些服务可以分为商业性服务和非商业性服务，这两项服务并没有严格的区分，通常将非商业性服务看作是完全必备的服务，一般免费或收取很少的服务费用。而商业性活动是可能赚取利润的服务，这些服务是隶属于机场运输功能之外或者可以不选用的服务，一般属于机场的非航空业务。

1. 非商业性服务

大多数机场直接向旅客提供的非商业性服务包括：问讯和广播服务；航班和常规机场信息、指示标志；行李手推车、行李搬运；行李处理与传送；行李寄存和失物招领；卫生间、育婴室、更衣室；提供座位、饮用水；伤残等特殊旅客服务。

(1)问讯服务。

机场通常会在航站楼大厅内的醒目地带设置多个问讯柜台，柜台中央树立一块高达 3 米多的立体牌子，在上面明显标有一个巨大的问号，无论从什么方位，都可以清晰地看到这个标识，便于旅客寻找询问专业人员，如图 6-7 所示。为旅客提供候机楼内方位、功能设施引导服务;现场航班动态信息查询服务;机场相关交通信息查询服务;航空公司业务查询指南以及餐饮介绍等问讯服务。为了提高服务质量,很多机场推出了"首问责任制",旅客求助的第一位工作人员有责任在能确保准确答复或有效解决问题的前提下提供优质服务,否则必须将旅客指引或引导到能提供有关服务的单位或岗位。

图 6-7　机场问讯服务柜台

新加坡樟宜机场通过机场服务大使(CEA)给旅客提供全方位的帮助和服务。机场把服务大使定位为一个更积极主动的角色,要求 CEA 成为第一个接近并协助需要帮助的旅客的人。这些服务大使可以从旅客的肢体语言或面部表情中识别出真正需要帮助的人。

(2)旅客信息系统。

旅客可以在机场航站楼内自由流动与穿梭,有必要确保每位旅客能够充分了解相关的信息,使旅客能够及时了解旅行的当前状态,例如乘坐自己的交通工具到达机场前的旅客,能准确地找到国内国际出发大厅的进口,在航站楼内旅客了解航站楼内各种设施的信息,就能比较轻易找到电话亭、卫生间、餐厅、安检通道、免税商店和登机口位置。通常机场信息按其功能分为两类,一是方位引导信息,另一类是航班信息。

方向引导信息通常在距离机场较远的路段就已经开始出现,通常机场可以与当地政府协调合作,以便在公路标识系统中能够增加相应的引导标识,并在通往机场的所有道路上设置路标,旅客可以通过路标找到机场,如图 6-8 所示。通常这类路标均带有一个飞机符号,这样可以便于驾驶员快速准确地辨别方向。当旅客接近机场时,相应的航站楼道路标识能够准确地引导旅客到达航站楼的适当位置。最关键的一点是,航站楼道路系统中的标识应该足够大而且醒目,便于获得重要信息,如国内/国际出发大厅和国内/国际到达大厅,以及各大航空公司办理乘机手续的指定区域等,如图 6-9 所示。

图 6-8　航站楼道路标识

图 6-9　航站楼标识

对于有多个航站楼的机场,每个航站楼都必须有相应的道路标识,这些标识可以由机场部门统一设置。

在航站楼内部,出发旅客需要依赖航站楼内的引导标识顺利地办理登机手续、办理行李托运、进行安全检查等;同样,航站楼的一些其他设施也必须明显标识出来,如旅客禁止通行的特殊区域,以及诸如失物招领、卫生间、餐厅之类的公共服务设施。中国民用航空总局早在20世纪90年代已经制定了《民用航空公共信息标志用图形符号》(MH 0005—1997),但不少机场仍采用了当地的习惯性标识。机场也不需要画蛇添足,设立非标准的引导标识,以免引起混乱,同时,在航站楼内配置的标识应当与建筑物内部高度相匹配,做到标志醒目。到达旅客同样需要相应的引导信息,这部分旅客在引导信息的帮助之下到达行李提取区和机场出口,对于国际航班到达旅客还需要正确引导他们进入边检通道和海关检查区域。

航班信息显示系统(图6-10),是指航站楼内,显示离港、到港飞机的航班号、时间、登机口、行李提取转盘等信息的系统装置。不仅旅客关心航班信息,候机楼内各部门的工作人员也需要了解航班信息,以便进行运输服务和生产调度。航班信息显示是机场保障旅客正常流程的重要环节,是机场直接面向旅客提供公众服务的重要手段,同时又是机场与旅客进行沟通的一扇窗口。航班信息显示系统(Flight Information Display System,FIDS)主要功能是以多种主流显示设备为载体,显

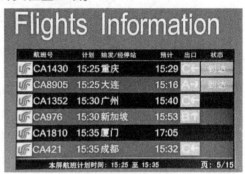

图6-10 航班信息显示系统

示面向公众发布的航班信息、公告信息、服务信息等,为旅客、楼内工作人员和航空公司地面代理提供及时、准确、友好的信息服务。

近年来随着国内民航业的快速发展,航站楼规模也随之扩大,需标识的信息也更加复杂与多样,传统标识标牌的设计也越来越复杂,无形中增加了旅客的寻路难度。尤其是在关键节点的寻路,旅客往往需要对多个方向进行识别。通过专门开发的旅客智能指引APP可更好地解决此问题,旅客可在航站楼内导航,对于寻找登机口、卫生间、商店等设施十分便捷。部分机场的APP还具有协助停车、提示航班信息、提示安检排队时间、餐饮购物、电子登机、AR导航等多项功能,如在美国奥兰多机场、日本成田机场、英国航空、荷兰航空等多个机场和航空公司已有成功的应用案例。

除了传统标识标牌与手机APP外,成田机场T3航站楼内的标识系统设计更进一步,如图6-11所示,将标识系统设计扩大化,与航站楼地面、墙面、吊顶等装饰融合设计,使其成为室内设计的重要组成部分。比如其使用带颜色的人行步道标识前进方向,既给旅客以轻松的寻路环境,又带来良好的步行感受。

航班信息显示系统是服务旅客全流程的重要信息系统之一,每年有大量的旅客的浏览量,其间隐藏的服务提升空间与商机不言而喻。航班信息显示服务可能会在以下几个方面有较大的发展潜力:①借力"互联网+",深入推进商业发展,助力无限商机;②提供定制化服务,持续提升服务品质;③创新显示内容,增添人文关怀;④整合服务内容,实现航显屏多功能化应用。

(3)卫生间。

目前,在一些新建的机场航站楼建筑设计中,卫生间越来越受到重视,如在传统的男、女卫

生间基础上,融入具有无障碍、母婴室、家庭功能的第三卫生间。卫生间数量与布点、男女蹲位比例等也充分结合旅客流程、考虑旅客需求,提高服务品质的同时,也体现了航站楼设计中人性化的一面。

图 6-11　成田机场 T3 航站楼寻路设计

在成田机场卫生间设计中,智能化同样受到重视。由成田机场和 TOTO 共同创办的 Gallery TOTO 是一个充满智能化和艺术感的卫生间长廊,向所有旅客开放,包含 10 个独立分隔的卫生间。卫生间外的墙壁由液晶显示屏组成,为响应东京奥运会,屏幕上时刻播放着各种体育项目。每个独立的卫生间内采用不同的墙纸和设备,空间宽敞清洁,所有马桶都具有智能功能,在卫生间外的旅客可通过墙上的灯光判断卫生间是否正在使用以及使用时间。

在国内机场航站楼卫生间设计充分考虑人性化的当下,为提高旅客体验,也可将智能化融入设计中,如艺术与科技融合的智能显示屏、柔和节能的灯光等。

2. 商业性服务

机场的商业设施主要由机场管理机构直接运作,或者将特许经营权租赁给专业的服务公司。其中旅客航站楼中的商业服务是机场商业规划中的重要组成部分。常见的商业服务包括:汽车停靠;广告;免税店;餐厅;其他商店;汽车租赁;银行;酒店、旅行社预订;休闲娱乐设施。

机场的商业性服务既可以满足多元化的需求,提升旅客在机场的乘机体验,又可以增加机场的收入(包括特许经营费和场地租金的收益)。在商业化程度很高的机场,机场的商业收入可以高达机场总收入的 60%。

香港机场候机楼内购物廊集中了世界级的零售和饮食商场,设有各色各样的优质零售店及餐厅,经营总面积达到了 3.9 万平方米,零售密度为 1.05 平方米/千人次,商店数目超过 200 家(其中餐厅为 40 家),主要分布于出发层、到达层以及中转区域。经营项目涵盖了免税烟酒、免税香水化妆品、书店、便利店、食品、百货、药店等,汇聚世界顶级品牌达到 25 个。

新加坡樟宜机场零售业在世界机场中一直享有盛名。经过不断发展和完善,已经形成了完整的零售中心,商业总面积近 4 万平方米,零售密度约为 1.48 平方米/千人次。经营项目覆盖免税商品、食品百货、休闲娱乐等。

机场零售商业服务兴起于 20 世纪 80 年代,在很多机场得到了蓬勃发展。随着我国航空旅客运输量的快速增长,越来越多的机场开始重视机场非航空业务的发展。候机楼商业经营主要包括餐饮、零售、休闲娱乐等特许经营项目,都属于机场的非航空业务。乘机旅客到达航站楼的主要目标是办理乘机手续,准点地乘航班出行。如何能够让旅客愿意在机场内消费,是航站楼管理者进行商业资源规划和设计时要认真思考的问题。

目前在航站楼内集中式商业布局主要分为3类,如图6-12所示。

(1)自由流线布局:具有较高的灵活性,自动把旅客带入商业区,所有旅客都是潜在的消费者。

(2)商业街式布局:传统的设计理念,汇集所有旅客经过商业区,具有良好的展示效果及聚集效应。

(3)广场式布局:所有商业在旅客视线范围内,常设置在旅客集中、长时间停留的区域。

候机中的旅客大多怀着较为轻松的心情,除了购物、餐饮等需求,此时旅客有较多空闲时间去尝试和体验新鲜的候机服务,如新加坡樟宜机场的屋顶游泳池,旅客可一边游泳一边观看飞机的起降,使人身心完全放松。类似的候机服务还有旧金山机场瑜伽室、苏黎世机场的观景台等。因此,为提高旅客候机体验,传统的功能单一的候机服务可结合建筑方案、地域文化特点,添加适当的活跃元素,如游乐设施、图书角等,以满足不同类型旅客的候机需求。

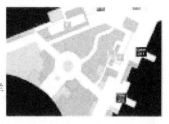
自由流线式:法兰克福T3商业区

商业街式:樟宜机场T3商业区

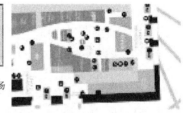
广场式:希思罗机场T5商业区

图6-12 商业布局模式

(二)航空公司旅客服务

在机场旅客航站楼内,与旅客运输地面流程有关的服务通常是由航空公司或其代理机构来完成的。主要包括以下内容:机票的预订和销售;值机;行李交运与提取;航空公司信息服务;登机服务;VIP/CIP服务。

上述仅是航空公司为旅客提供服务的一部分,航空公司希望在特定服务领域内保持强有力的控制地位。有些机场的航站楼甚至由航空公司自行建造或租赁,例如,位于纽约肯尼迪国际机场的由联合航空公司与环球航空公司自行建造的航站楼;上海浦东国际机场第一航站楼大部分场地租赁给东方航空公司、北京首都国际机场第二航站楼租赁给中国国际航空公司。由于航空公司的航线网络涉及目的地数量多、分布广,很多非基地航空公司不能在其运行的机场提供地面服务,承担这一航空运输地面服务主体的角色有可能是基地航空公司、机场相关部门所有的地面服务公司以及第三方地面代理公司。目前得到普遍认同的观念是,航空旅行的基本合同是在旅客和航空公司之间签订的,而机场只是该合同的第三方,这一点非常关键,除非必需的情况,机场不应该太多地涉入上述服务项目中,而应该扮演中性平台角色。

【案例】北京首都国际机场引入第三家地面代理服务商

2017年12月,北京首都国际机场股份公司、海航及北京空港航空地面服务有限公司(BGS)在海航北京基地联合召开第三家地面服务代理商引入阶段成果展示会。这标志着首都机场初步完成第三家地面代理服务商引入相关工作,海航成为首都机场第三家地面服务代理商。目前北京首都国际机场服务公司BGS的服务范围包括：旅客地面运输服务、货物地面运输服务、飞机经停站坪服务、销售代理及其他与航空运输有关的业务。主要服务项目有旅客值机、飞机配载、特殊旅客服务、行李处理、货物控制及货运文件处理、货物装卸和仓储服务、特种车辆服务、机舱内部清洁飞机航线维护服务，代理客票销售、航空公司数量达到60余家。

目前全球较通行的做法是：航站楼内的指定区域可租赁给航空公司，而位于停机坪区域的大部分地面服务工作则由机场专业的服务代理机构或基地航空公司来完成。目前，在一些国际机场还配置了公共用户终端设备，租赁给机场业务较少的航空公司使用。使用公共用户终端系统可以大量地减少机场所需要的值机服务柜台的数量。运送旅客的客梯车和登机桥可以以协议的形式长期租赁给航空公司，并由其管理经营，也可以由机场管理部门或由服务代理机构交付一定的租金后进行管理经营。

自2006年我国首次推出自助值机服务以来，自助值机更是成为越来越多旅客的出行首选。2015年国航又推出了"全自助值机+托运行李"一站式服务产品，这是其在自助服务领域的一个新的里程碑。旅客可以同时完成登机牌和托运行李的办理，所托运的行李直接导入行李传送带进行自动传递，实现了完全自助服务目标，不仅办理手续方便快捷，更缩短了排队等候时间。

采用新的值机和行李托运模式是一举多得的好事，既让旅客乘坐飞机的流程变得更便捷，为旅客节省了出行时间，又为航空公司节省了一笔可观的地服成本，使得机票价格拥有更大的下调空间。从机场管理部门的角度出发，新值机和行李托运模式的最大得益者恐怕是机场。减少大量旅客在值机大厅的拥挤和停留时间，提高值机能力，既可以避免对基础设施产生过大的压力，把旅客向商业区域疏散，达到提高收益的目的，也可以根据机场的流程更好地控制值机柜台所占用的资源，优化资源的共享，并在现有的资源设施基础上引入更多的航空公司客户，提供更优质的服务。在国内许多大中型机场，值机柜台前的旅客等候区占用了航站楼相当大的空间。

(三) 政府管理部门服务

对于绝大多数机场来说，需要在旅客航站楼及附近区域为其他机构提供相应的办公室和工作场所，这些机构可能包括民航管理机构和空中交通管理部门，对于国际机场来说，还需要为政府部门提供办公场所为旅客提供以下服务：海关检查；边防检查（移民部门）；卫生检疫；动植物检疫。

对于绝大多数国家而言，对卫生检疫和动植物检疫所必须的设施并没有特殊的要求，而海关检查和边防检查程序相对比较繁琐，因此需要的场地比较大。由于先进行边防检查，同时考虑到海关检查的相对效率，所以实际上海关检查大厅一般不会占据很大的空间。

政府活动虽然不属于机场直接管理，但却影响机场整体形象和服务质量。例如，旅客平均候检时间、政府工作人员业务水平和服务态度等。这些内容也是ACI（国际机场协会）对各机场测评的项目之一。

(四) 旅客航站楼运行保障服务

在一些相对较小的机场，为了便于相互通信，通常将所有与旅客无关的机场管理职能部门都置于航站楼内部，这些部门包括：机场管理部，采购部，金融服务部，工程部，法律部，人事部，对外公共关系部，航空服务部，设备、房屋维修部（动力部）。

在大型机场，通常习惯上将这些管理功能分别设在不同的建筑物中。对于运输业务比较繁忙的航站楼,为避免产生交通堵塞,有时这些部门会分布在离航站楼较远的位置上。对于多功能机场管理机构,如法国巴黎机场、美国纽约机场和新泽西机场,以及私有的多功能机场管理公司,其管理机构和工作人员均可以设置在远离机场的地方,只保留其与航线管理密切相关的部分机构和人员在机场办公。考虑到机场管理机构在工作时对场地的需求,航站楼规划时,应充分考虑日后机场管理机构对机场设施的运营管理方式。

三、旅客航站楼管理部门及职责

航站楼的管理理念有两种不同的类型:以机场为主和以航空公司为主。

在以机场为主进行航站楼服务的地方,由机场管理相关部门提供的服务人员来完成航站楼内的相关工作。停机坪服务、行李处理与旅客的服务工作全部或者大部分都由机场的工作人员完成。航站楼内的商业服务和特许经营转让,同样也主要由机场管理相关部门实施。在这种模式下需要大量的机场管理人员和很高的设备费用,但同时也节省了航空公司的相关人员和费用。

另一种情况是以航空公司为主进行服务的模式,机场管理相关部门的作用可以近似看作是一个代理机构,只提供航站楼中最基础的设施,大量的内部陈设、所需的全部服务设施以及工作人员都由航空公司或特许经营权所有人提供。在某些美国机场,航空公司还全面参与它们自己的航站楼的建设和财务工作。以航空公司为主的机场设施运作,显著地减少了对机场人员的需求。

全世界大部分主要的机场是以上述两种方式混合的模式运行的。在这种模式下,机场管理相关部门负责完成某些航站楼服务,而航空公司和特许经营的代理公司负责其他设施的运作。在某些机场,为了保持高水平的服务标准,鼓励服务设施之间竞争,因为高水平的服务标准通常是由竞争产生的。

只要在航站楼区域内实施的活动,无论是属于航站楼管理者直接管理或是间接管理,都涉及航站楼管理者的某些责任。根据机场规模的大小和业务重点不同,各机场对航站楼的业务分配和管理组织结构设置也不同。从区域方面划分,航站楼有针对控制区和公共区的管理。图6-13为某机场航站楼控制区管理组织构架。机场部门职能及结构设置往往根据企业文化、管理水平、运行规模和实现目标等条件不断变化调整,不同机场各不相同。从机场航空性业务方面来看,机场一般有以下职能部门。

1. 航站楼运控中心

航站楼运控中心(TOC)是航站楼日常运行监控和管理的核心部门,由监察、指挥协调、业务支持等部分组成。主要职责包括航站楼生产运行监控、设备设施经营秩序、员工服务的监督检查、重大运输任务、重大活动现场保障、突发事件处置、组织预案编写和演练。主要岗位有指挥协调、资源分配和现场督察。另外,在TOC控制厅,还安排航站楼相关合约商席位,以便随时沟通联系。

(1)指挥协调。

指挥协调席位是本部门的一个核心席位,它负责协调和处理航站楼的日常事务,并负责和其他部门的主要通信工作,其主要的工作职责如下:

①负责和其他部门的通信和沟通。

②负责航站区管理部各个模块正常运行的协调工作。
③负责对现场督察和机场大使以及旅客等报告的情况的协调处理。
④负责各个合约商之间的配合和协调工作。
⑤负责审批各种进入航站楼施工和工作的证明。
⑥突发事件的处理和预案的发布执行。

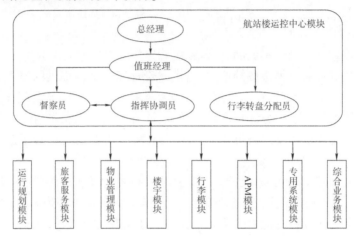

图6-13 某机场航站楼控制区管理组织构架

（2）资源分配。

资源分配席位的主要任务是对航站楼内的行李转盘和值机柜台进行分配，并负责调整相应的航显显示，具体职责如下：

①根据航班计划信息对值机柜台进行分配。
②根据AMOSS（航班信息操作系统）发布的次日航班信息计划制订值机柜台分配计划。
③根据停机坪分配信息进行行李转盘的分配。
④根据航班计划制订次日行李转盘分配计划。
⑤负责值机柜台及行李转盘分配和航显调整。

（3）现场督察。

督察是航站楼运行的检查者，是合约商的监督者，是TOC重要的情报员，并可以处理航站楼的不正常事件，有着极其重要的作用，其职责主要如下：

①维持航站楼内秩序，确保航站楼内的正常运行。
②对重要旅客的专机、包机等进行保障。
③对航站楼内的违规情况进行监察，并报告TOC。
④抽查合约商的合约履行情况，发现问题进行记录并报告TOC，并对发现的问题进行落实。
⑤配合值班经理处理航站楼内的突发事件。
⑥提供问询服务，并受理旅客的投诉。
⑦对楼内设施如能源、设施、设备等的状况进行巡检。

2. 旅客服务模块

旅客服务模块是航站楼向旅客提供服务的具体组织实施单位，如问询、引导、行李车管理、陆侧及交通疏导等。有些旅客服务是通过第三方合约商提供的。

3. 运行规划模块

运行规划模块主要负责分配航站楼内服务资源、运行资源及商业资源,规划旅客、机组及行李流程。

对合约商提出的需求及时做出反馈,并上报领导部门,经设计院专家评审,协调相关部门,将业务外包给专业化公司具体实施,并管理监督其执行结果。

4. 楼宇工程管理部

负责航站楼施工项目管理和航站楼运行设备的管理,如航站楼内房屋装修装饰管理、土建改造及维修管理,航站楼水、暖、电、空调改造管理和航站楼消防系统设维修改造管理。

5. 物业管理

对航站楼进行物业管理,如物业维修、供水、供电、供气、空调、卫生保洁、环境绿化等。

6. 专业系统管理

(1)弱电:综合布线、内部通信、UPS、时钟系统、有线电视、有线/无线网络通信、门禁、广播、航显系统等。

(2)机械系统:电梯、扶梯、步道、旅客廊桥、行李系统。

第二节　货运区运行管理

一、航空货运发展及货运枢纽机场模式

1. 航空货运发展

改革开放40多年来,我国经济稳速增长,在经济全球化大浪潮推动下,货运市场的需求日益增长。2019年中国民航货运周转量达到263亿吨公里,图6-14为2000—2019年期间中国民航航空货运周转量以及年增速。

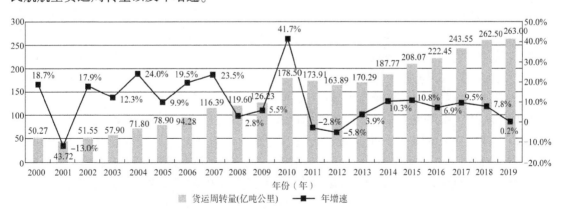

图6-14　2000—2019年中国民航航空货运周转量及年增速

资料来源:杨波,《预备起飞,中国航空货运》《大飞机》,2020.6。

截至2019年底,中国传统的国际航空、南方航空、东方航空控股的中国货运航空仅有38架全货机;中国最大的两家全货机航空公司顺丰航空和中国邮政航空分别有59架、27架全货机。同期,位列世界500强第152位的美国联邦快递公司拥有全货机数量为639架,其中:宽体全货机237架,窄体全货机119架,支线全货机283架。因此,单纯从航空货运的主要生产工具而言,中国传统的航空公司或者是新兴的货运航空公司与世界航空货运强手差距较大。国内航空公司全货机数量见表6-1。

国内航空公司全货机数量表(单位:架)　　　　表6-1

航空公司	窄体货机	宽体货机	合　计
国际航空	4	11	15
南方航空	—	14	14
中国货运航空(东航控股)	—	9	9
顺丰航空	49	10	59
中国邮政航空	27	—	27
圆通航空	12	—	12
友和道通	—	6	6
小计	92	50	142

总体来说,我国航空货运发展起步较晚,市场竞争力较差,仍处于起步阶段。

一是航空货运增长速度相对较低。2019年,全国航空旅客吞吐量13.5亿人次,同比2018年增长6.9%;航空货邮吞吐量1710万吨,同比2018年增长仅为2.1%,货运增长速度远不及客运业务,这表明我国的航空货运发展尚处于起步期。从短期来看,随着全球经济增长放缓、中美贸易摩擦风险增加以及受新冠病毒疫情的影响,我国航空货运还将处于缓慢增长阶段。但从长期来看,全球制造中心向亚洲转移,我国经济正由高速增长阶段向高质量发展阶段转型,未来国家经济的繁荣必将为航空货运带来高速发展的历史机遇。

二是航空货运区域不平衡特征明显。航空货运对货主客户和运输市场的依赖较为明显,受我国东西部经济发展不平衡影响,航空货运发展存在明显的区域差异。2019年,我国航空货运量近50%集中在北京、上海、广州三大机场,国际航空货运更是90%集中在北京、上海、广州、深圳和郑州五个大机场,区域不平衡现象非常明显。这也侧面表明,航空货运与区域经济发展在一定程度上存在着正相关的关系,航空货运可以拓展区域经济腹地,促进当地经济的发展;区域经济发展可以推动航空货运基础建设,扩大运输市场需求,促进经济交流活动,带动航空货运发展。

三是航空货运市场竞争日益激烈。国际货运方面,我国不断扩大对外开放,国民经济迅速崛起,世界各大航空物流公司紧盯中国市场,特别是卢森堡国际货运航空、汉莎货运航空及国际快递巨头UPS、联邦快递等,纷纷占领我国市场,并不断加强基础配套建设,巩固其在我国的竞争地位;国内货运方面,传统航空货运受限于发展理念和配套体系,在城市间打造"门到门"运输网络方面还不够成熟完善,加之随着高速铁路不断提速和高速公路网高度发达,在一定程度上分流了中短程的货运需求。上述因素对我国航空货运的发展带来了很大挑战。

简单来说,航空物流业务链条上主要包括发货人、货运代理、航空公司、收货人四个主体。货运代理揽收多个发货人的货物,并向航空公司订舱;航空公司整合多个货运代理相同时间、相同去向的货物装上一架飞机飞往目的地。航空公司在链条上具有较强主动权,多数航空公司只在少数机场开展班机业务,货运代理必须通过载货汽车等地面交通方式将一定区域内的货物集中到特定机场,然后进行航空运输。航空货运物流链条如图 6-15 所示。

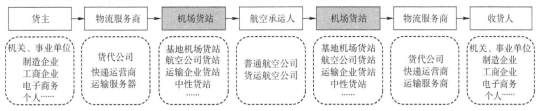

图 6-15 航空货运物流链条

2. 货运枢纽机场建设

(1)依托基地航空公司建设货运枢纽。

多年来,无数的案例证明了基地航空公司对于枢纽机场的重要意义,全球排名前列的货运机场,如中国香港(国泰航空 40%)、孟菲斯(FedEx99%)、仁川(大韩航空 50%),都拥有至少一家强大的基地航空。基地航空公司可以在枢纽机场构建辐射全球的航线网络,并通过高效的地面衔接开展中转业务,从而进一步提升枢纽机场能级。

(2)依托多航空公司建设货运枢纽。

除了主基地航空外,在全球范围内多枢纽运营的航空公司也是机场争夺的重点,例如多地机场积极引入联邦快递(FedEX)、联合包裹(UPS)和敦豪航空货运(DHL)三大集成商,提升自身枢纽性能。但是目前,全球范围内实现多枢纽运作的航空公司寥寥无几,除了三大集成商外,纵使如阿联酋航空(迪拜)、国泰航空(香港)、大韩航空(仁川)等都只以一座机场为枢纽,近年来郑州新郑机场和卢森堡航空的合作成为了一个新的案例,卢森堡航空已经构建了以卢森堡和郑州新郑机场为双枢纽的航线网络。

(3)依托货运代理企业建设货运枢纽。

货运代理企业具有物流路径设计能力,对于货运枢纽机场以地面方式辐射腹地具有重要作用。在货运代理企业设计物流网络时,机场是航空物流中的必经节点,若能将货运代理企业的区域分拨中心与机场相结合,对于整体物流作业效率将因为减少了物流网络层级而得到提高,对于货运代理企业将降低成本,对于枢纽机场而言则稳固了其枢纽地位。

(4)依托货主或货源性企业建设货运枢纽。

货主或货源性企业的进一步壮大可以说是必然趋势,在这样的背景下直接引入货主或货源性企业落户是货运枢纽机场的重要选择。国内外诸多机场积极发展临空经济,一方面依托机场便捷的交通条件作为吸引企业落户的筹码,另一方面已经落户的企业又反作用于机场,以足够的货源支持其开辟更多航线,丰富航线网络。

二、机场货站流程及运行模式

1. 航空货运站的作业流程分析

一个大中型航空货运站一般由空侧停机坪、散货处理区、货代打板区、集装货处理区、办公区、陆侧停车区(分为国内收发区和国际收发区)等组成。陆侧停车区为客户和货代用货车送货或者提货,停车区的车位数量配置根据货运站吞吐量设定,停车区站台需要配置一定数量的升降台,以满足一些特殊高度车辆装卸货需求。一个典型的航空货运站作业流程图,如图 6-16 所示。

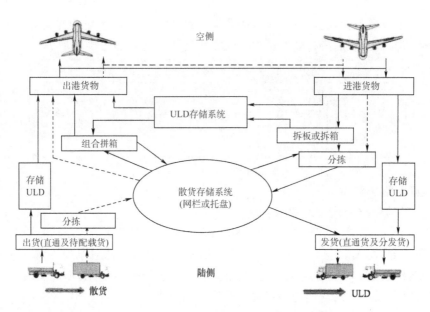

图6-16 航空货运站作业流程图

(1) 航空货物进出港流程。

国内货物和国际货物处理由于涉及海关监管区别,在处理方式上存在一些差异,一般来说在处理区域上都是通过物理分隔的;在出港和到港流程上国内、国际流程也是分开的;图6-17和图6-18分别为航空货物国内出港和国内到港的流程图,除了在海关监管上有所差异,国际出港和到达货物流程基本类似。

出港货物经分理后视具体情况有一部分货物在散货货架储存一段时间,再转入集装货组合区统一处理,大部分货物直接进入集装区,组合后临时存储在集装货架上,等待装机发货。到达货物中的一部分集装货如果是直通货则无须分解,直接分发给客户提走;另外一部分货物则通过组合台分解后转运至散货存储区临时储存或者直接交由客户取走。

(2) 航空货运站的散货系统。

散货系统一般由立体散货储存系统、转运车、工作台、海关验货区及控制系统组成,对出入港的零星散货和散货箱进行处理,对散货进行组合和分拣、上货架储存和取货、转运、出库等操作。通过控制操作台,对转运车进行自动控制,完成货架存货和取货流程,自动化程度较高的货物处理系统还可以通过电脑控制系统直接将货箱自动分送到货站

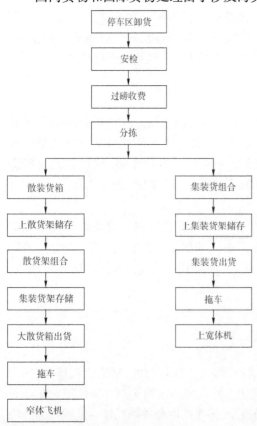

图6-17 出港航空货物流程

内指定停车位。控制系统与货运站中央计算机系统连接,通过实时信息传递,与航班信息结合,实现货运站的计算机中央统筹调度管理。散货系统的基本流程如图6-19所示。

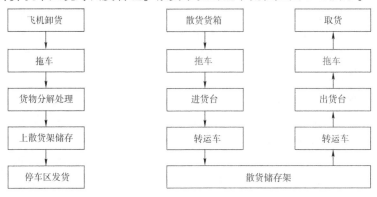

图6-18 到达航空货物处理流程　　图6-19 散货系统处理流程

散货系统的装箱打板工作需要人工干预完成,大型公共货运站会设置专门的打板区,打板完成后通过自动输送设备转运至货站内指定位置。

(3)航空货运站的集装货系统。

集装货系统主要由集装货货架(分高、中、低货架)、升降式转运车(ETV)、升降工作台、输送辊道台、控制系统等组成。集装货系统的处理对象是标准航空集装箱或集装板,可以完成对集装货物进行组合、分解、储存和装运,并直接与空侧的航空集装器(Unit Load Device,ULD)拖车配合完成集装货物的接货、发货作业,与组合系统设备进行衔接,实现 ULD 的站内出入库作业。集装货的分解和组合由人工完成,ULD 入库转运过程由 ETV 和辊道输送台实现。通过中央控制室对货物处理设备进行监控与管理控制。集装货系统的处理流程如图 6-20 所示。

从图 6-19 和图 6-20 可以看出,散货系统主要货物处理工作量在于将准备出港的散货进行分拣、打板,组合拼箱,转运装机,而集装货系统主要的货物处理工作

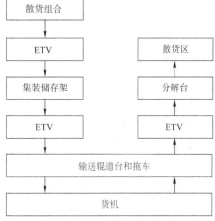

图6-20 集装货系统处理流程

量在于对进港的 ULD 进行分解、分拣,分发货。散货系统处理后的部分货物比如中转货物会经过组合后转到集装货系统区域等待出货,同时集装货系统的部分货物从 ULD 分解后会转移至散货处理系统存储区临时存储,待与其他货物拼箱发货或者等待客户取货。散货处理系统和集装货处理系统在方案设计上,与货运站所接收的主要货物类别有直接关系,当空运货物主要以散货为主时,散货处理系统要具备更强的处理能力;相反,当货运站所接收货物主要以 ULD 集装货为主时,集装货处理系统就需要具有更大的处理能力;一般来说,大型货运站尤其是区域性货运中心侧重集装货处理系统的处理能力,地方性小型货运站侧重散货处理系统的处理能力。集装货处理系统和散货处理系统之间的货物转运途径和设备,也是航空货物处理系统整体规划设计时需要重点考虑的工艺流程,避免因为工艺流程存在瓶颈,而导致系统作业不畅引起的货物堵塞与混乱。

散货处理系统和集装货处理系统均具备一定数量的存储货位,称为库容量。理论上在一定吞吐量下,货运站货物处理效率越高,空侧与陆侧的货物流动速度越快,所需的库容量越小。在对散货处理系统和集装货处理的库容量进行评估设计时,需要考虑高峰货流量、存储时间两大关键因素,同时需要计算通道损失和蜂窝损失系数,通道损失指通道占据的有效货位,蜂窝损失是指货物在货架存储中空货位和存放空板箱货位总会出现几个空缺,是一个动态变化数据。

2. 现代航空货物处理系统的主要特点

(1)处理的对象特征及要求复杂。

航空货物不同于一般货物,航空货物处理系统中需组装和分解的货物千差万别,品种繁多,包括贵重的珠宝、普通的日用品、新鲜的农产品、电子产品、车辆、危险品等。从尺寸和重量看,有时候单件货物很小,比如一个快递邮件信封,有时又很大很重,如一辆超级跑车。作为航空运输载体的集装单元 ULD 的规格种类也非常多,有国际航空运输协会(IATA)ULD Technical Manual 标准中的集装板箱,也有一些 ULD 规格是各航空公司根据运载特定货物而特别设计或者对飞机内舱的特殊订货要求而制定的非标准箱,同时随着航空公司陆续推出新机型,新的 ULD 规格也在变化更新。货物处理系统的作业计划随时会受到机场航班计划和环境变动的影响,需及时进行相应的变更调整,如果整个计划调整不及时或者计划的变动超过系统的负荷能力,都可能造成航空货运站内部物流链的严重堵塞,进而影响外部物流链。

(2)高智能、全自动化的物流运输系统。

目前全球大中型机场都配备有至少半自动化的航空货物处理系统,近年来,随着信息技术的迅猛发展,全自动化的航空货物处理系统的应用日益广泛,需求也日益旺盛。无论是货主还是承运货物的航空公司、负责地面货物处理的货运站,都对货物的实时信息十分关心,进而对航空货物处理系统的信息化和自动化的要求也越来越高。目前我国内地最大的航空货运站是 2008 年建成的上海浦东国际机场西区货运站,同时该航空货运站也是目前国内自动化程度最高、信息化最先进的货运站,完成了特大规模的航空货运站的全自动化的集成设计和工程实施,不仅拥有自动化立体存储系统和 ULD 分解和组合作业设备系统,分布在近 20 万平米的厂区内的 100 多台信息化终端上可以随时查询库区内的货物的实时状态,并对货物的各种处理方式进行控制,是当今国内航空货物处理系统自动化程度最高水平的代表之一,而且该项目完全由国内企业自主设计制造完成。

(3)核心设备复杂、设计和制造难度高。

大型自动化的航空货物处理系统中的核心设备——升降式转运车(ETV),是集机电液及计算机控制的大型机电一体化、智能化的设备,它可完成各种货物的三维输送,能自动识别货物的外形特征并提取货物的相关信息。

例如上海浦东机场货物处理系统中,其中核心设备 ETV 的高度达到 18 米,载重 13.6 吨,运行速度达到 120 米/分钟,不需要人员操作,还可以在异地或本地进行实时的远程监控。目前在全球范围能做全自动 20 英尺 ETV 的厂家集中在欧洲几个老牌企业,国内只有中集天达公司能够独立设计、制造完成。

(4)系统可靠性要求高,货物处理过程高效性。

空运货物最重要的特点就是时效性和速度,航空运输是对时间要求最为敏感的物流方式。

在航空货运站中最重要的部分在于货栈而不是仓库,航空货物不需要长时间存放在仓库中,需要通过高效、快速的处理流程完成货物快速、准确地流通传递,流通速度直接影响了航空货物运输的价值体现。航空货物处理系统设计不合理,系统可靠性低,因为设备故障而导致货物处理中断或者效率低下,都可能带来严重的后果,比如特殊货物诸如鲜花、农产品、急冻海鲜产品之类等容易腐烂、变质的货物,由于时间延误会导致货物质量大幅下降,甚至成为废品。因此航空货物处理系统一般在设计时都会考虑一定的冗余备份,包括关键设备备份和信息备份。

作为拥有世界最大航空货物处理系统,空运货物年吞吐量世界第一的中国香港国际机场,其苛刻的服务指标已成为空港枢纽国际公认标准,没有卓越的管理和高效的货物处理系统是难以做到的。中国香港机场对于货物处理指标见表6-2。

中国香港机场货物处理指标　　　　　　表6-2

服务指标			
	服务项目	所需时间	要求目标达成率
机场非禁区服务	货车轮候时间	30 分钟	96%
	接收出口货物时间	15 分钟	96%
	提取进口货物时间	30 分钟	96%
	交收空置货箱时间	30 分钟	96%
航空货运站内服务	一般货物拆卸时间(货机)	8 小时	96%
	鲜活货物拆卸时间	105~120 分钟	96%
	速运货物拆卸时间	90~120 分钟	96%
	货物处理失误率	<1.5 次/10000 批货次	不适用
	延误放置货箱	<1 个/1000 个航班	不适用

第三节　航站区运行管理发展新趋势

一、新技术对旅客航站楼运营管理的影响

继交通运输部提出加快推进综合交通、智慧交通、绿色交通、平安交通发展后,中国民用航空局提出发展绿色机场、智慧机场、人文机场建设,通过推动航空经济的发展,打造环保型航空行业,构建现代化的航空管理系统。目前互联网技术已经渗透到了我国的各行各业当中,已经成为了国家战略的重要部分。未来的机场将能够协调好飞行区、航站区、货运区、公共区等所有业务区域核心业务运行的高效率和低成本,并能够对当前运行态势进行前瞻性的分析,主动预测态势变化,及时调整运行,减少突发事件的影响,最终体现在为服务对象提供高效、无缝、全程的服务体验。航站楼作为机场的重要组成部分,是新技术应用的重要场所,也是影响旅客出行体验的重要环节之一。2017 年 9 月,冯正霖局长在《加快推进民航基础设施建设工作会议》指出,要以满足旅客出行需求为出发点,加强新技术在航站楼的应用,提高机场航站楼的

规划设计水平,提升人民群众对民航真情服务的获得感。随着物联网、大数据、云计算、人工智能等新一代信息技术在机场航站楼的广泛应用,旅客的出行效率和出行体验也得到了大幅提升,对航站楼的运行管理也产生了重要影响。

1. 新技术在航站楼功能区的应用

(1)全流程实现智能化自助。

在传统旅客流程中,旅客需多次出示身份证件和登机牌,无形中增加了旅客办理时间。而随着科学技术的进步,纸质的旅客身份信息和登机信息正逐步被电子登机、生物识别等技术代替。基于该类技术,可为旅客提供舒适高效的全流程无缝出行体验。国内外机场已将这些技术运用于旅客部分流程或全流程中(图6-21)。

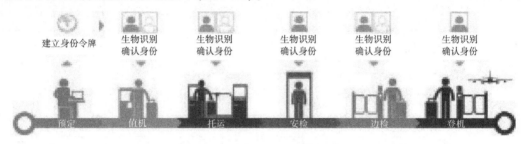

图6-21 基于生物识别的旅客流程

对比传统的纸质登机信息,国内外机场正普遍推进"无纸化"电子登机信息。现在国内越来越多的机场已经实现电子登机,旅客可凭借电子二维码和身份证登机。随着政策的放开,"一证通关"也逐渐在国内机场得以实施,如广州机场T2航站楼、深圳机场和郑州机场等。更进一步,随着生物识别技术在民航业的应用,国际航空运输协会(IATA)提出单一身份识别(OneID)的全流程自助理念。

基于该项技术,旅客不需要多次出示身份证件,仅在第一个流程中验证身份信息,并通过生物识别技术将身份信息与生物信息(人脸、虹膜、指纹等)相关联,后续流程中便可只依靠生物识别技术快速通过,大幅减少流程处理时间和等候时间,为旅客营造舒适的出行体验。目前达美航空在亚特兰大机场已经将生物识别技术应用到旅客全流程中。达美航空基于美国运输安全管理局(TSA)以及海关与边境保护局(CBP)整合的旅客信息数据库,使用人脸识别技术将采集的信息与数据库进行核对,信息一致的旅客便可进行后续流程。此技术的应用,使得旅客的全流程时间缩短约9分钟,卓有成效地提高了流程效率与旅客体验。在国内机场案例中,越来越多的机场开始实现全流程自助。上海虹桥国际机场T1航站楼与北京大兴国际机场也已实现全流程自助,相比亚特兰大机场,旅客在进行安检和登机的人脸识别前仍需提供登机牌或身份证。

生物识别技术在提高旅客流程的舒适性、自主性以及满足旅客出行的多元化需求方面有着显著作用,同时还可以提高运行效率,减少运营人员投入。相比传统设施布局和流程设计,生物识别技术的应用将为航站楼建筑设计带来新的变化,旅客使用自助设施比例的提高将在一定程度上减少航站楼功能设施的数量,改变传统航站楼的功能结构布局,减少流程空间上的建筑面积。

(2)自助值机设备、智能设备广泛应用。

在自助值机比例日益提高、自助技术成熟应用的今天,国内外机场也在研究如何将自助值机与人工值机有效结合,以提高旅客值机效率;以及如何将益于旅客体验的新技术应用于值机中,以扩大自助值机的使用范围。

在有限的值机空间内如何提高旅客值机效率,是航站楼设施布局的重要环节。由于自助技术的成熟应用,值机区功能布局结构出现了新的变化,同样也为提高值机效率提供了新的思路。在国内外机场实践中,值机区功能布局(图6-22)主要包含以下4种模式:

①自助值机布置于值机岛岛头,旅客自助值机后需绕至自助值机后方的托运柜台。北京首都国际机场T2航站楼与广州白云国际机场T2航站楼便是采用此类模式。

②自助值机设施集中布置在值机岛之间,旅客自助值机后需要转身至托运柜台。

③自助设备成组分散布置在岛头靠近航站楼入口一侧,使用自助设施的旅客流线与旅客通道区形成交织。

④自助值机设施位于托运柜台正前方,旅客流线顺畅便捷,但对值机岛之间的间距要求较高。

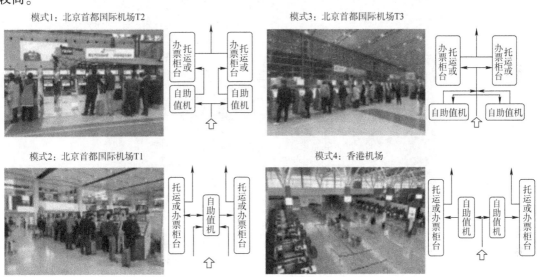

图6-22 自助与人工柜台布局模式

在4种布局模式中,自助值机与托运柜台结合紧密、旅客流程顺畅的布局方式为模式4。新加坡樟宜机场4个航站楼值机布局与模式4类似(图6-23)。新加坡樟宜机场T4航站楼所有值机岛均为自助托运前方布置自助值机,旅客在自助打印登机牌和行李条、贴好行李条后直接托运。值得关注的是,其自助托运柜台可随时转换为人工柜台使用,以便服务不会操作自助设施的旅客。

机场自助值机使用范围的扩大体现在自助方式的多样化与设施覆盖范围的扩大。哥本哈根机场使用的移动式值机设备(图6-24)突破了传统的固定式值机设备,可提高航站楼内空间利用率以及值机灵活性。移动式值机设备可在充满电的情况下使用10个小时,配合固定式设备使用可缓解高峰时的压力,减少值机时间及设施数量;但如何与固定式值机配合使用,需结合航站楼构型及平面进一步研究。城市候机楼的兴起让北京大兴国际机场、香港国际机场、台湾桃园国际机场的值机工作不再局限于航站楼内,而是将值机功能扩大到航站楼之外。台湾桃园国际机场城市值机设备安装在台北地铁站(A1站),旅客在地铁站办理值机和托运手续后,可直接乘坐地铁前往航站楼,而行李在托运现场安检后,通过独立的地铁车厢运送到机场。因此在航站楼建筑设计中可考虑将值机功能向航站楼外延伸,如在 GTC(综合交通中心)、CBD(中央商务区)、高铁站等旅客出行需求较多的区域,以缓解机场高峰时段值机区的拥堵以及减少楼内设施的需求,同时也利于空铁联运和综合交通枢纽的建设。

图 6-23　新加坡樟宜机场 T4 航站楼值机柜台布局

图 6-24　哥本哈根机场移动自助值机设备

日本成田机场在智能机器人的研发和运用方面有着较为丰富的经验。他们已经投入运行的信息提示机器人,由显示器、传感器、摄像机以及动力设施等组成,相较于传统的固定式显示屏幕,它能起到更好的信息提示作用,保障旅客更有效地得到正确指引,避免不必要的流程。其他智能机器人还包括问询机器人(图 6-25)及引导机器人,以及可广泛运用于旅客安检前后区域检测异常旅客的巡逻机器人。对于喜爱智能设备的旅客,有助于提高其出行感受。

(3) 行李追踪"全程化"。

IATA 753 号决议指出,成员航空公司须在行李交运、装机、中转、到达四个关键节点实现对托运行李的有效追踪。目前,基于 RFID 技术的行李全流程追踪系统在国内外机场得到了有效推广。2016 年 8 月,美国达美航空公司在全球 344 家机场范围内率先使用 RFID 系统,将行李有效识别率提升到 99.9%。2017 年,重庆江北国际机场 T3 A 航站楼成为我国第一家使用 RFID 行李系统的航站楼。2019 年 4 月,东航在上海浦东国际机场沪港快线也正式启用了 RFID 行李全程跟踪系统,实现了对行李的"全程化"追踪。

图 6-25　机场问讯引导机器人

电子行李牌(图6-26)的应用,一方面简化了行李托运流程,颠覆了以往拴挂行李条、在登机牌上贴行李旅客联等操作,旅客即使身在家中或路上,也能通过东航 APP 自助办理行李托运手续。另一方面,借助电子行李牌内置 RFID 识别芯片的准确追踪功能,旅客可在东航 APP 随时查询自己托运行李的状态。这一"黑科技"的助力,让行李服务变得更加安全、高效和便捷。

(4)安全检查"快速化"。

目前从国内航站楼运行情况来看,安检是大型航站楼运行的主要瓶颈之一。在早些年的航站楼设计中,安检通道长度一般规划为 13～19 米(包括查验柜台),旅客安检采用金属探测门加人工检查,行李安检由判读员在现场对 X 光机扫描结果进行判读。美国联邦运输安全管理局(Transportation Security Administration, TSA)推荐采用的自动安检通道(ASL)具有自动回框(托盘)、自动分离可疑行李的功能,行李判读员可在远端集中工作,主要使用毫米波安检门进行安检,金属探测门作为备用。ASL 长约 31 米(从验证台到搜身室)、单通道宽约 5 米,可同时供 4～6 位旅客放置行李,安检处理速率可提高 10%～30%。正常旅客在毫米波安检后不需要手检,其人性化的设计提高了旅客体验。

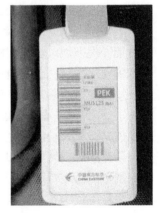

图 6-26　无源型永久电子行李牌

国际航空运输协会(IATA)推荐的智能安检系统中,行李安检采用新一代 CT 技术。与传统 X 光机安检相比,旅客不需要取出电子设备及液体等,可进一步提高安检效率。CT 机与 X 光机尺寸基本一致,有利于航站楼技术升级。CT 安检技术更先进,检查效率更高,每小时最少可处理 350 名旅客,可有效减少旅客排队。

以特拉赫兹波技术、太赫兹技术、毫米波技术为代表的人身安检技术和以多视角 X 光机、CT 扫描仪为代表的随身行李安检技术在全球机场的推广应用,最大程度减少了人工干预,大幅降低了旅客在安检环节的停留时间,使得航站楼安全检查更加精准高效。其中,特拉赫兹波全身透视扫描仪只需要 1～3 秒便完成全身扫描,目前已被英国、日本、美国多家机场广泛采用;CT 安检扫描仪可通过物体密度自动检测爆炸物,目前已在美国机场大范围使用;北京首都国际机场开发的智能安检通道,集成了人脸识别、双视角 X 光机等技术,目前高峰时旅客通过率已达 277 人/小时,若结合毫米波设备预计高峰时旅客通过率可达 400 人/小时。

新加坡樟宜机场、荷兰阿姆斯特丹史基浦机场、伦敦希思罗机场等已采用了上述新型安检设备和技术,大幅提高了通行容量和效率。相比传统安检通道,新型安检通道进深从原来的 13~19 米增加到约 30 米,这将增加建筑设计的纵深要求;另一方面,单位小时通行容量的提高又会减少安检通道的条数,从而缩短了安检环节的横向空间要求。

基于机械技术、自控技术、信息技术、计算机视觉技术和人工智能等技术,智能旅客安检系统具备五大先进功能:一是智能人脸识别实现旅客自助验证,从而可取消传统的安检验证岗位;二是智能人脸识别实现旅客过检信息自动集成,将旅客身份信息、过检照片与行李进行绑定;三是智能识别实现自动分拣安全行李与可疑行李;四是智能识别实现自动节能,根据行李负载分段分时运行;五是智能识别实现自动回传行李托盘。

广州白云国际机场安检结合自身业务、技术优势,联合相关科技企业协同攻关,研发了自助智能安检通道,并于 2019 年春运首次启用,这是国内民航真正意义上的自助智能安检通道。整个通道由自动识别闸机、手机二维码过检系统、人脸识别系统、智能旅检系统、毫米波安全门组成,将人脸识别、人包对应、毫米波安全门及篮筐回传等新技术融合在一个系统内,将各个岗位的智能查验技术融合在一起,在不降低安全标准的基础上真正实现了旅客全流程自助过检。

广州白云国际机场安检还推出了"e 安检"服务,让旅客进入速检时代。旅客可自行注册申请"e 安检"服务,通过手机预约安检服务。办理值机手续后,登机牌将指引旅客到指定的自助智能安检区域过检。实施"e 安检",真正让旅客感受到一张身份证、一部手机以及人脸识别带来的现代感、科技感、自在感的过检体验,真正提升了旅客出行的舒适性、便捷性。

2. 新技术应用对未来航站楼功能区规划设计的影响

(1)航站楼空间"小型化"。

航站楼核心功能是完成航空与铁路、公路等多种交通方式的顺利切换,实现旅客在机场空侧与陆侧的时空转换,因此可将航站楼看作机场旅客流、行李流、信息流的处理器,而航站楼功能区的空间需求则取决于必须在航站楼内处理的业务量以及旅客出行各环节的处理效率。以旅客出行流程为核心的新技术在航站楼的应用,减少了旅客必须在航站楼内处理的业务量,提升了航站楼各流程环节的处理效率,导致航站楼处理相同业务数量所需的功能区空间逐渐减少,因此未来航站楼功能区空间将会呈现"小型化"特点。

第一,新技术的应用减少了旅客在航站楼功能区的停留时间。新技术设备的识别准确率和处理效率要比传统人工操作方式更加精准、更加可靠,旅客停留时间和排队长度也更短,对人工服务的需求也更少,从而降低了旅客对功能区的空间需求。同时,新技术的应用将导致航站楼各功能区通道、设备、人员等保障资源配置的减少,从而进一步减少航站楼功能区的面积需求。第二,新技术的应用降低了旅客对航站楼功能区的物理空间需求。航站楼的本质是旅客在时间和空间的聚集,新技术实现了出行业务办理在时间和空间的分散化,并将部分航站楼功能从线下转移至线上,实现了部分航站楼功能"虚拟化",减少了旅客在航站楼物理空间的聚集,有效减缓了旅客出行的业务办理高峰,降低了旅客对航站楼实体空间的依赖和需求。

(2)航站楼流程"集中化"。

为减少旅客在航站楼流程各个环节重复进行身份认证,为旅客提供更加舒适的出行体验,IATA 于 2018 年 1 月提出了 OneID 计划。根据 OneID 计划,未来旅客出行无须携带任何纸质身份证件,只需提供单一的生物识别标识即可实现在航站楼各个环节顺利通关。目前,伦敦希斯罗机场、阿姆斯特丹史基浦机场、新加坡樟宜机场都在大力实施 OneID 计划,我国各大机场也在全面试点生物识别认证技术,旅客未来只需"一张脸"即可通行。

未来可通过新技术实现旅客出行流程在航站楼登机口的高度集成。首先,通过生物识别技术对旅客身份进行有效确认,并将旅客身份信息上传到机场"航站楼云",便可将信息实时共享到值机、行李托运、安检、一关两检、登机等各个业务环节。其次,旅客通过安检之后,可将行李直接通过登机口完成行李托运,航站楼将无须安装集中的大型行李处理系统。最后,旅客流程的集中化也为民航与公路、轨道交通等其他交通方式的立体换乘提供了有利条件,最大程度减少了旅客在航站楼内的步行距离。

(3)航站楼布局"弹性化"。

航站楼的弹性主要表现为机场保障资源可依据机场业务需求动态调节,实现机场保障资源需求和供给的最佳契合,满足保障需求的同时又不造成资源闲置和浪费。航站楼的建筑设计寿命通常为 50 年,而航站楼各功能区设施设备的设计寿命通常为 5~15 年,航站楼需要不断根据航站楼业务需求的变化对自身布局进行动态调整。未来航站楼的空间设计将以"无柱空间"为主,并通过"模块化"的单元式构造提升内部功能布局的灵活性和适应性。以旅客出行流程为核心的新技术在航站楼的应用推广以及航站楼"模块化"的灵活设计理念为航站楼弹性化功能布局提供了有效支撑。

第一,新技术的应用方便了旅客出行数据的有效获取。航站楼功能区科学合理的规划布局依赖于设计单位对旅客出行规律的精准把握,而旅客出行规律的分析则基于旅客出行大数据的长期沉淀。新技术的广泛应用极大方便了相关单位对旅客出行数据的有效采集。例如,北京大兴国际机场在航站楼旅客流程的关键节点安装了高清双目摄像头对旅客进行定点追踪,通过分析旅客流程热力图以及旅客停留时间,动态调整航站楼保障资源,提升了航站楼的自适应能力。

第二,新技术的应用提升了航站楼布局的弹性化水平。首先,机场结合航班波、旅客流数据分析结果,可提升国内/国际可转换机位的使用效率,并对机坪组合机位配置比例进行动态调节,不断优化航站楼机位资源利用水平。其次,机场通过旅客大数据分析结果,可提高国内/国际旅客对航站楼值机设施、安检设施以及行李提取转盘等旅客服务设施的共享水平,并适时调配旅客服务设施投运数量及配套工作人员数量,提升航站楼旅客服务资源的动态适应能力。例如,新加坡樟宜机场依据航班旅客的消费能力对航班登机口进行动态调配,将近机位留给消费能力更强的航班旅客,并灵活配置机场保障资源,延长旅客在航站楼的停留时间,提升了机场非航收入。

二、机场货运布局和设施的新要求

1. 新常态下我国航空货运业发展趋势分析

我国航空运输"起步晚、发展快",尤其在 2007—2014 年,我国的航空货运出现"井喷式"

增长,货运周转量及货邮吞吐量增长率远高于国际平均水平。伴随着全球经济一体化,中国的经济形势进入发展"新常态",呈现出产业结构亟待调整升级、经济增速放缓、驱动方式持续转变等特征,作为国民经济的有机部分,航空货运行业伴随新常态也出现新的发展趋势。

(1)单一货运转变为一体化综合物流。

航空公司越来越重视航空运输与其他运输方式的结合,从以前两个地点之间的空中运输转变为两个用户之间的完整货物输送,打造完善的运输网络。国际货运方面,航空公司尽量缩短货运的通关时间,提高航空货运的服务品质和效率。由单一货运向一体化服务的综合物流转型是航空货运业的大势所趋。

(2)快递将是最重要的增量市场。

我国的快件市场正在进入加速发展的时期,已成为重要的朝阳产业。2019年我国快递业务量和业务收入分别完成630亿件和7450亿元,同比分别增长24%和23%,成为全球第一快递大国。随着我国产业结构调整与制造业转型升级不断推进,将会带来更多的个性化生产、个性化配送需求,为快递业迎来了新一轮发展机遇,快递具有的质量轻、关联度和价值量高的特点,直接为航空货运注入了新的活力。

(3)总量稳步增长,集中度降低。

国内航空货运在我国经济持续快速增长、产业产品结构不断优化的推动下,将保持快速增长趋势,高速发展的电子商务和服务业转型带来的市场理念不断扩张着货物高速流动的市场需求,保证了在将来较长时期内货运总量的稳步增长。而国际航空货运受世界经济放缓、贸易摩擦加大等不利因素的影响,短期可能增幅趋缓。加上国内产业结构发生转移,全国其他城市机场货运量不断提升,以往四大机场的绝对优势将逐渐被平衡,最终航空货运的市场资源和优势将不再集中在主流的一线城市,转而向二三线城市扩散。

(4)西部大开发导致市场格局变化。

西部大开发战略已经开始显示出其影响力,在税收优惠、投资以及市场需求增长的刺激下,包括惠普、英特尔、富士康、思科等跨国公司纷纷在成都、重庆、西安等中西部城市兴建制造中心,将产业向中西部迁移。因此也带来了货运产业的新一轮市场资源调整和配置,由于新的经济环境下对信息交换和资源配置具有高效、精准和频繁等特点,航空货运作为最快速、最安全的运输方式,将成为这一新的市场趋势的宠儿。

(5)公路铁路发展迅速抢占中短程运输。

截至2018年底,我国公路总里程已达484.65万公里,高速公路达14.26万公里,居世界第一。截至2019年底,全国高铁营业里程达3.5万公里,"十三五"规划建成4万公里高铁线路。公路和铁路设施的完善使得中短途货运更倾向选择陆运,而航空货运由于价格及对货物的高要求性等特点,必然受到相应的市场侵蚀,必须不断调整商业模式来应对这一新的挑战。

2. 快件高效处理的需求对机场货运设施的新要求

(1)对机场货运设施的空间、布局的新要求。

快件处理设施的许多方面在功能上更接近旅客航站楼,而不是货运站,需要在机场布局专门的快件处理设施,如转运中心。出于快件对时效性要求高的特点,要求货物处理设施与停机坪的距离越近越好,货运设施应紧靠货机坪,与客机坪的距离越近越好,以尽可缩短飞机与货运设施的距离,进而减少货物地面运输时间及附加装卸环节。

以我国某枢纽机场为例,其70%的国内航空货物为国内快件,但机场的国际货运设施陈旧,而国内货运设施的功能和流程还是按照国内普货设计的,从而导致国内货物处理不便利,处理速度不能够满足快件的需求;周边道路及环境不适合货运车辆流转,国际货运站不是紧邻空侧,货物安检后需要跨越市政道路进入空侧装机;同时,机场内没有专门的国内快件设施,不能满足大型快递企业(顺丰、圆通)的设施需求;此外,由于机场大部分都是经停客运航班,腹舱载货装机时间短,货物形态的变化使得安检效率、装机效率降低,经常出现拉货现象。

我国另一枢纽机场货运吞吐量受制约的情况也愈发凸显。由于历史原因,机场货运设施的布局比较分散,形成多个各自独立、零散的货运区域,造成诸多不便。航空公司在每个货运区配置人员、转载设备,势必造成管理效率低,设备利用率低等弊端。海关、联检也需要多地设置查验场地、设施、设备,货物查验来回短驳。同时,中转集拼需要货机的停靠和等待,对机位需求也无法满足。此外,对于货运公司来说,机场的货站布局分散,大大增加了航空公司货运的成本,也降低了货运效率。

相较于我国部分机场货运设施布局不合理而限制快件高效处理的情况,欧美等发达国家机场的货运设施能够较好地满足包含快件在内的航空货物的运输处理需求。以美国孟菲斯机场为例,机场的货物中心附近交通便利,货物可以便捷运出。货物中心建筑设施非常完备,可满足货物处理所有要求,包括运入和运出都非常方便的货物存储间、交叉性码头设计、危险品存储间、冷藏间、员工工作间、公共休息室和接待室以及办公区域和管理室等。随着联邦快递的不断发展和孟菲斯机场航空货邮吞吐量的不断增加,机场不断更新和完善地面物流设施设备以及其他硬件设施来满足机场航空货运和联邦快递的运作,跑道、机库、航站区以及多个货物中心,均处于世界领先水平。

(2)对机场货运设施的自动化和信息化水平提出新要求。

相较于普通货物,快件对货运设施的处理效率要求更高。目前,我国航空货运设施自动化程度低,以人工操作为主。为缩短快件的落地处理时间,机场应进一步完善地面货运设施功能,提高装卸、搬运、分拣的机械化和自动化程度。其中,分拣环节是航空快递整体运营中的重要环节,快递发展需要机场建设高效率的自动分拣设施,以实现对货物的快速、准确分拣,提高效率。

目前,上海浦东国际机场是我国货邮吞吐量排名第一的机场,机场内"亚洲一号"的出货分拣区采用了自动化的输送系统和代表目前全球最高水平的分拣系统,分拣处理能力达16000件/小时,分拣准确率高达99.99%,彻底解决了原先人工分拣效率差和分拣准确率低的问题。但整体来看,上海浦东国际机场的货物处理设施基本上是半自动化模式,无论是智能化还是自动化程度都远不及中国香港机场超级货站、孟菲斯机场的FedEx超级货运中心以及路易斯维尔机场的UPS世界港,航空货物时间、效率、成本等各方面均落后于世界货运发达机场。

目前,我国机场在货物进、出港作业过程中均存在操作效率较低、时效性无法保证的情况,究其原因,在于整个地面操作流程信息化程度较低。航空快件要求在运输全过程中实现运输、装卸、配载、分拣、保管、存储等地面作业的高效、一体化,需要利用信息技术,整合各个航空公司和机场的货运系统,实现信息共享和货物跟踪,提高操作效率、优化服务流程,以保持航空快件的速度优势。

2019年11月27日上午,一套以集中判图为核心的货运区智能统一安检系统在北京大兴国际机场货运安检现场正式启用,该系统投入使用后将进一步提高北京大兴国际机场货运安检工作的保障能力,实现货运安检工作的"智能化"。此次启用的货运区智能统一安检系统,是一套全新的安全检查工作系统,该系统包含了货运安检信息集成、条码生成、收运核查、防爆检测、人证比对、智能采集、货物安检、集中判图、开包检查、数据交换、二次单据审核与收运柜台共计12项新技术,在国内属首创。航空货运安检之前一直实行单机操作的工作模式,此次货运智能安检系统的启用对于民航货运安检具有里程碑式的意义,从单机操作到无纸化、网络化、电子化的智能安检,该系统降低了人为操作的误差,进一步提升了航空货运的安全裕度。

【案例】北京大兴国际机场货运区智能统一安检系统

北京大兴国际机场货运区的安检系统采用智能统一安检系统,遵循《民航局关于促进航空物流业发展的指导意见》相关要求,机场按照同一安检主体、同一信息系统、同一管理平台、同一安检模式、同一安检标准建设。贯彻《民航局民用机场安全保卫设施的相关规定》,明确安全责任规范安检秩序,防范安全风险,提高了安检信息化与智能化水平,为北京大兴国际机场货运区航空物流的安全、可靠、高效保驾护航。

北京大兴国际机场货运区智能统一安检系统包括北京大兴国际机场首都机场集团国内货站与国际货站、东航国内货站与国际货站、南航国内货站与国际站等所有货物安检业务的监管、保障和支持部门,货运区智能统一安检系统基于互联网、物联网等信息技术采用先进的安全检查设备通过安检运营一体化、信息传递电子化、远程判图集中化(集中判图室设置于机场国际货运区国际货运站1)、数据采集与安检通道分配智能化等管理和技术手段,实现高效率电子化、精细化、智能化的货物安检。北京大兴国际机场货运区智能统一安检系统第一期建设共布设56个货运安检通道,其中首都机场集团管理13个、东航管理19个(第一期配置10台货物安检设备),南航管理24个。

北京大兴国际机场货运区智能统一安检系统通过信息技术把自动化扫码和测量系统、安检机集中判图系统和电子化货运安检业务整合在一起,把以前独立存在的安检机系统、扫描系统、各航空公司代理人系统、货运系统以及离港航班系统、航班配载平衡系统等多个信息孤岛联通整合起来,把货运安检业务相关的上游、中游和下游业务系统和业务数据全部集中存储和管理起来。

北京大兴国际机场智能统一安检系统整合各个子系统相互协调配合,服从智能统一安检业务优化、调度和管理要求;通过综合运用各种自动化和智能技术,对系统的各子系统和信息数据状态进行管理分析,系统中的自动扫描设备、安检机设备和智能安检信息系统软件系统一体化构成。

北京大兴国际机场智能统一安检系统集信息集成、货物核查、自动扫码、货物X光图像采集、货检过程视频监控、同屏比对、集中判图、代理人信用管理、检人员管理、货检信息综合查询、信息追溯于一体。

(3)国际快件对机场货运通关环境提出新要求。

当前,机场扮演着越来越重要的物流中心角色,作为交通运输的枢纽,机场的通关速度,决定着其在物流网络中的竞争力。相较于普通货物,快件要求更快的清关速度,如24小时通关、简化通关手续、单证手续一站式办理等,需要形成高效的通关网络。目前,我国只有上海浦东、深圳宝安国际机场实现了口岸24小时通关运作。广州白云国际机场海关推出了"互联网+空港e通",通过进行自助进出卡口、自助仓储管理、自助国际中转、货物智能放行、全程电子通关、卡口自动分流6项改革,实现快速通关。此外,还推行"自助国际中转",对由广州白云国际机场中转至国外的货物,实现7×24小时信息化系统自动审核,出境预配舱单、国际转运准单等中转审批单均可实现电子验放,实现国际中转货物从运抵到转运离境的无缝对接,这将进一步加快经广州中转货物的通关速度。郑州新郑国际机场口岸、跨境贸易业务现场实施7×24小时通关服务,简化了通关手续,通关作业无纸化率达到95.32%。除此之外,我国现有航空口岸数量较多,但由于小型国际航空口岸的航班少,"一关检"的办公设施设备及人员编制等设置缺一不可,这使得航空口岸的利用率和通关效率偏低。

总体来看,我国航空口岸工作仍存在一些问题,主要有口岸管理工作机制薄弱、口岸制度体系不完善、电子口岸建设滞后、口岸查验手续繁杂等。我国的航空口岸需要进一步提升"一关两检"的通关效率。从国际看,孟菲斯机场为了使国际快件顺利通关,专门设置了24小时连续运作的清关区域;列日机场的"一关两检"每周7天,全天24小时不间断服务;在安克雷奇机场,联邦快递有整套海关通关系统。

综上所述,伴随快递业的快速发展,航空快件的高效处理对现有机场在时刻资源、货运设施空间布局、自动化及信息化水平、通关环境等方面都提出了新要求。然而,现有机场较低的运行效率、落后的信息技术等,在"质"上难以适应日益增长的航空快件运作需要,进而影响了航空快件的服务水平。

总而言之,伴随我国电子商务的普及深化和网购市场的快速发展,快递业的市场需求越来越大,快递业要想提升服务质量离不开航空货运业的各种保障,同时,我国航空货运的发展也离不开快递业提供大量、持续的货源。因此,机场作为航空货运的重要载体,应依据航空快件的特点,通过采取改善货运设施空间布局、设计高效流转的货运流程、提高通关效率等措施,满足航空快件对机场货运设施的新要求,不断提升快递服务质量。

3. 智慧物流对机场货站的影响

由于发展的时间较短,目前关于智慧物流没有统一或公认的概念,目前有几种比较常见的定义方式,其中,中国物流与采购联合会所提出的概念较为权威。即智慧物流是以物流互联网和物流大数据为依托,通过协同共享创新模式与人工智能先进技术,重塑产业分工,再造产业结构,转变产业发展方式的新生态。在这一定义中,"互联网""大数据""人工智能"是重要的关键词。

作为机场陆侧设施的重要组成部分,机场货站是航空物流最重要的地面操作节点,据统计,货邮在机场货站的处理时间占航空物流运输总时间的80%,机场可以从以下两个方面进行智慧机场货站的规划、建设和管理。

(1)信息管理系统。

有效整合托运书、收货查验、过磅称重、录入货运单、货邮入库、订舱、吨控、运价计算、货邮出库、收款等各操作环节,以及综合报表、票据保管、客户关系、基础数据等信息管理功能。以模块化思路建设机场货站的信息管理系统,实现机场货站与安检、配载、机坪装卸等部门的信息互联互通。以智能减少人工、以信息促进优化,通过完善信息管理系统,实现机场货站的流程再造和提质增效。

(2) 智能分拣与仓储。

在智能分拣与仓储方面,机场货站要依据现实的业务规模和仓储需求来建设符合自身特点的硬件设施,不应过于追求技术的先进性。比较适合的方向有出港的自动分拣机、集装板组板机,进港的自动分拣机、传送带,仓储的立体货架等。同时,要优化安检技术与流程,实现与货运代理人、快递企业之间整板、整箱的收运和交付。

基于无线传感器网络、RFID 和 GPS 的监控系统,应用于机场物流中可以实现对机场货物相关信息的采集以及实时跟踪定位,并实现实时远程控制,从而使得货物的流向可以得到有效监管,很大程度上提高了机场物流的管理水平。

【案例】物联网技术在美国达美航空公司中的应用

美国达美航空公司对行李的追踪和定位成功率可以达到 99.9%,它是美国第一家使用物联网技术进行行李跟踪的航空公司,他们通过这项技术让旅客能够随时知道他们的行李在什么地方。对于货运处理中的物流,通过使用 RFID 电子标签、RFID 阅读器、无线传感器网络和 GPS 基站系统,机场能够建立起一个新的流程,以自动跟踪所有航空货物的流向,保证数百万货物的安全运输及流动(图 6-27、图 6-28)。货物出港时,机场会在接到航空公司的货运信息后,提前安排好货物卸货车位,这是根据货物的名称、类别、航班、航线以及载货汽车号码等信息来安排的,货车到达机场后进入停车场,等待卸货车位。机场控制中心依据货物相关信息、航班及卸货车位排队情况来合理的调度卸货车位,保证货物能被及时装卸。这个过程都通过 RFID 技术来实现,根据读取的货物电子标签的数据信息进行相关工作的安排与调度。另外,通过无线传感器网络技术可以实现实时监控,以保证某些特殊货物能完好地到达目的地。GPS 基站系统还可以为现代物流管理系统提供支持,可大幅度提高原有设备的定位精度,使得管理系统对管理目标的监控和调度更为有效,并保证运行中目标位置的准确定位,为机场的安全和后勤保障车辆及物流系统高效率运作奠定坚实基础。

图 6-27 物联网在航空托运行李的应用

图 6-28 机械臂

还要发挥大数据的作用,理清出港流向、进港收货人等数据信息,以便调整作业模式和营销策略。例如,让进港量较大的代理人优先分拣等,可以大大地降低进港分拣的人力耗费;再如,及时有效的出港数据分析,有利于承运人、货运代理人及时调整运价水平和路线规划。

人工智能技术在智慧物流中也得到了广泛的应用,如未来人工智能可以根据现实环境的种种约束条件,进行充分的优化与学习,从而给出最优解决方案。利用机器学习等技术来识别人、物、设备、车的状态和学习优秀管理人员的指挥经验和决策等,逐步实现辅助决策和自主决策。利用计算机图像识别、卷积神经网络提高订单识别率和准确率,大幅度减少人工干预和出错可能。人工智能等诸多技术的应用使物流业真正实现智慧化。

【案例】联邦快递超级转运中心

联邦快递在孟菲斯机场北部建有一座超级转运中心,转运中心的占地面积约360公顷,并设有白天和夜晚两个分拣系统(图6-29)。两系统日夜交替,每小时最多可处理16万件包裹和27万件文件。在该基础上为了再提高货物处理速度,转运中心配置了世界领先的自动化分拣设施,应用Dowership自动托运系统、EDI电子通关系统等高新技术来处理货物,先进的设施在保证正确率的前提下极大地提高了分拣效率,强大的处理能力促进了孟菲斯机场航空货运的发展。

图6-29　联邦快递超级转运中心

【案例】杭州萧山机场顺丰速运快件运输枢纽基地

2015年7月,顺丰速运中国航空快件运输枢纽基地正式投入运营,占地面积约200亩,集快件中转分拨中心、顺丰航空萧山基地、生产辅助生活基地为一体,并购置引进了包裹分拣机、小件分拣机、物料处理系统、IT系统等设备,生产能力达到年货物吞吐量28.5万吨。顺丰速运中国航空快件运输枢纽具有超大体量的现代化仓储空间内,五套全自动化分拣设备,整仓全穿透立体流水线作业,全数字化的管理系统。

顺丰速运全国航空快件枢纽基地项目购进的全套西门子设备,是目前国内最先进的物流快件分拣设备,价值8亿元。通过智能传感、电子标签,自动分拣等技术,做到了全程无人化和自动化,实现了日均44万票、峰值220万票的运作规模。

目前,整个枢纽每天吞吐量为60万~70万票,高峰期可达90万票,借助机器后能够实现小件时速4.5万件的工作目标,货邮综合处理能力达7.8万件/小时。

中心的操作区占地10万平方米,建有5万平方米仓储场地,安装了24条全新自动化快件分拣流水线,全长达6000米,装货口全部采用自动伸缩机,实现快件分拨2.65亿件/年,节约人力成本超过1200万元/年。此外,中心还配备了360度无死角的监控设施,设置了832个摄像头,对每个在传送带的运转情况清晰记录,确保快件在分拨中心各个环节出现问题后,能够及时、高效地进行筛查。

> **思考题**

1. 旅客航站楼的作用和功能是什么?
2. 旅客航站楼有哪些功能区域?
3. 旅客航站楼内服务设施有哪些?
4. 简述国内航班旅客进出港流程。
5. 简述国际航班旅客进出港流程。
6. 简述机场托运行李的流程。
7. 列举机场直接为旅客提供的商业性服务。
8. 列举在旅客航站楼运营中使用的新技术。
9. 快件高效处理的需求对机场货运设施有哪些新要求?
10. 列举智慧物流在机场货站的应用。

CHAPTER

第七章

机场生产运营绩效

第一节　机场运营业绩的指标体系

任何一个企业,无论是国有企业还是私有企业,都需要衡量和监控其运营效果和业绩。为了机场运营更有效,其业绩的衡量更为重要,这也是由机场的特征决定的。在如今竞争日益激烈的环境下,市场的压力使得企业必须提高效益,而企业最有效的业绩就是获取最大的利润。由于机场的需求缺乏弹性,大多数机场利用它们所处的垄断地位从其用户那里获得较高的收入。在这种情况下,单纯利用利润来衡量机场运营效果并不能代表机场运营的有效性。因此需要建立内容更为广泛的指标及设立合理的标准,帮助机场管理者衡量机场运营效果,确保机场的投入与资源被更有效的利用。

一、建立机场生产统计指标体系的基本原则

机场生产统计就是运用一套完整的统计指标体系来调查、整理和分析机场生产经营活动全过程的数据,为生产决策提供依据。因此,建立机场生产统计指标体系总的原则应该是:建立适应中国特色社会主义市场经济条件下现代企业制度需要、体现机场生产经营全过程(含生产经营条件、过程、成果、财务成本和效益等)的统计指标体系,并随着客观条件的变化而不断改进和完善。具体原则如下:

1. 绝对指标与相对指标相结合

绝对指标(即总量指标)是反映机场生产经营状况的最基本形式,而相对指标则是利用互相联系的指标(含绝对指标)的比率来表明机场生产经营中所固有的数量对比关系。它们从不同角度反映机场生产的发展变化,两者相互补充。只用绝对指标无法判断事物差别的程度,而只用相对指标看不出这种差别的实际内容。只有两者结合,才能形成完整的统计认识。因此,在建立机场生产统计指标体系时,既要考虑如旅客吞吐量、货邮吞吐量等统计指标,也要考虑如客座利用率、载运率等相对指标。

2. 安全与效益相结合

安全是民航永恒的主题,效益是机场生存和发展的基础。讲究效益,必须以保证安全为前提条件;坚持"安全第一",但不是"安全唯一",作为企业,机场还应该讲究效益。为此,建立机场生产统计指标体系时,既要考虑如设备完好率、飞行事故发生率等体现安全生产情况的统计指标,也要设置如资金利润率、劳动生产率等反映经济效益的统计指标。

3. 一般性指标与竞争性指标相结合

一般性指标是表明某机场自身生产经营状况的统计指标,如运输成本、利润等;竞争性指标是反映某机场在运输市场上与其他机场(即竞争对手)之间竞争状况的统计指标,如市场份额、市场排序等。设置竞争性指标有利于机场管理者了解和掌握本企业在整个运输市场上所处的地位和相对发展情况。因此,在建立机场生产统计指标体系时,既要考虑如主营业务收入、主营业务成本及利润等一般性指标,也要考虑如市场占有率、相对市场占有率及年吞吐量位次等竞争性指标。

4. 实物指标与价值指标相结合

实物指标是表明事物使用价值的指标,价值指标则是表明事物价值的指标。实物指标能直接反映劳动成果的数量,具体体现事物的规模和水平;价值指标则可代表一定的社会必要劳动量,具有广泛的综合概括能力。因此,建立机场生产统计指标体系时,既要考虑如吞吐量、起降架次等实物指标,也要考虑如业务收入、增加值等价值指标。

二、机场生产统计指标体系的具体内容

1. 反映机场生产经营条件的统计指标

在机场生产经营过程中,人的劳动始终起决定作用。充分发挥机场职工在生产经营管理中的作用,合理安排和使用劳动力,提高劳动生产率,对机场生产的发展具有重要意义。为此,可建立期末职工人数、平均职工人数、直接生产人员所占比重、职工人数变动程度和职工流动率等统计指标反映机场劳动力数量、构成和变动情况;设置日历工作时间、制度工作时间、制度实际工作时间、实际工作时间和出勤率、出勤时间利用率、制度时间利用率等指标反映机场劳动者劳动时间利用情况。

机场生产设备主要包括供飞机安全起降和滑行的飞行区生产设备及为航空客货运输提供服务的航站区生产设备。需要设置实有设备数、已安装设备数、完好设备数和实际使用设备数及实有设备安装率、已安装设备完好率、完好设备使用率和实有设备使用率等指标,反映机场生产设备的数量及其利用情况。

2. 反映机场生产经营过程的统计指标

机场生产经营过程即运营过程,包括航空器起降、客货进出港、货物装卸及安全生产等方面。

航空器起降情况可以通过"起降架次"指标来反映,具体包括起降架次、高峰日起降架次、高峰小时起降架次三个指标。

起降架次,指报告期内在机场进出港飞机的全部起飞和降落次数,包括定期航班、非定期航班、通用航空和其他所有飞行器的起飞、降落次数。起飞和降落各算1次。

高峰日起降架次,指一个机场报告期(按一年计算)内飞机起降最多一天的起降架次数。对于任何一家机场而言,每天的航班并不是均匀分布的,所以机场各项资源的实际利用率会随着航班分布的不同而有较大的差异。高峰日起降架次反映了机场陆侧和空侧资源的高峰日最大负荷,机场管理者要根据高峰日起降架次的数据来合理规划机场陆侧和空侧各种设施的容量,确保机场在高峰日运行顺畅。

高峰小时起降架次,指报告期内"典型高峰小时起降架次"。"典型高峰小时起降架次"是指将报告期(按一年计算)内机场每个小时的飞机进出港的起降航班架次按数值大小排列(以整点小时计算),第30个高峰值的起降架次就称为典型高峰小时起降架次。

反映客货进出港情况的统计指标主要有旅客、货物流量及流向,出港平均客座利用率和出港平均载运率等。装卸工作是机场生产中不可缺少的环节,缩短装卸工作时间,提高装卸效率,有利于缩短飞机在机场的停留时间,加速飞机周转,增加运力,从而提高运营的经济效益。为此,可建立装卸量、装卸自然吨、操作量、操作系数和装卸作业机械化程度等指标,反映机场装卸工作完成情况和评价装卸管理水平。

机场安全生产是指在保证旅客、劳动者生命安全和健康及生产设备和货物完好的前提下所进行的生产活动。为此，可设置特大航空地面事故、重大航空地面事故、一般航空地面事故、轻伤事故及人数、重伤事故及人数、死亡事故及人数、每十万架次重大以上飞行事故率、事故频率和事故损失及安全生产持续天数等统计指标反映机场安全生产情况。

飞行事故率是指报告期内重大以上飞行事故的发生频率。每 10 万架次重大以上飞行事故率是指飞机平均每 10 万起飞、降落架次发生的重大以上飞行事故频数。计算公式：每 10 万架次重大以上飞行事故率 = 报告期内重大以上飞行事故发生次数 ÷ 报告期内起降架次 × 100000。

上式中飞行事故是指自任何人登上飞机准备飞行直至这类人员下飞机为止的时间内，飞机在运行过程中发生人员伤亡，飞机损坏的事件。飞行事故又分为特别重大事故、重大飞行事故和一般飞行事故三种。

(1) 特别重大事故。凡属下列情况之一的，统计为特别重大事故：人员死亡，死亡人数在 40 人及以上；飞机失踪，机上人员在 40 人及以上。

(2) 重大飞行事故。凡属下列情况之一的，统计为重大飞行事故：人员死亡，死亡人数在 39 人及以下；航空器严重损坏或迫降在无法运出的地方（最大起飞全重在 5.7 吨及以下的航空器除外）；飞机失踪，机上人员在 39 人及以下。

(3) 一般飞行事故。凡属下列情况之一的，统计为一般飞行事故：人员重伤，重伤人数在 10 人及以上；最大起飞重量 5.7 吨（含）以下的飞机严重损坏，或被迫降落在无法运出的地方；最大起飞重量 5.7~50 吨（含）的飞机一般损坏，其修复费用超过事故当时同型或同类可比新飞机价格的 10%（含）者；最大起飞重量 50 吨以上的飞机一般损坏，其修复费用超过事故当时同型或同类可比新飞机价格的 5%（含）者。

上述飞行事故中伤亡人数确认标准如下。

(1) 死亡人数，指凡自飞机发生事故起 30 天内，由于本次事故导致的致命死亡人数。

(2) 重伤人数，指机上人员在飞行事故中受伤，经医师鉴定符合下列情况之一的：

①自受伤日起 7 天内需要住院 48 小时以上。

②造成任何骨折（手指、足趾或鼻部单纯折断除外）。

③引起严重出血的裂口、神经、肌肉或腱的损坏。

④涉及内脏器官受伤。

⑤有二度、三度或超过全身面积 5% 以上的烧伤。

⑥已证实暴露于传染物质或有伤害性辐射。

飞行事故伤亡人数分为：机组伤亡人数，乘务、保卫员伤亡人数，旅客伤亡人数。

安全生产持续天数也是一个常用指标，自 2010 年 8 月 25 日至 2019 年底，中国民航运输航空安全飞行 112 个月，累计安全飞行 8086 万小时。2019 年，运输航空百万架次重大事故率十年滚动值为 0.028（世界平均水平为 0.292）。

3. 反映机场生产经营成果的统计指标

在机场生产经营活动中，无论是货物的装卸、飞机的起降或是候机楼内的旅客服务等，其目的都是为了保证货物和旅客顺利进出港，"吞吐量"指标正是反映机场所完成的客货进出港运量。因此，可设置货物吞吐量和旅客吞吐量两个指标反映机场生产经营成果。

旅客吞吐量是指报告期内进港(机场)和出港的旅客人数,以人次为计量单位。其中:成年人和儿童按 1 人次计算,婴儿不计人次。进港旅客是指旅程中止于本机场的旅客和联程旅客。出港旅客是指由本机场始发的旅客和中转飞机的联程旅客。其中:始发旅客指客票确定的以本机场为起点,始发乘机的旅客。联运旅客指购买联程客票在本机场中转飞机的旅客。过站旅客是指仍要乘坐到达本机场的航班(同一航班号)继续其航程的旅客。过站旅客单独统计,但计算吞吐量时只统计 1 次。

货邮吞吐量是指报告期内货物和邮件的进出港数量,以千克和吨为计算单位。其中货物包括外交信、货和快件。汇总时,以吨为计算单位,保留 1 位小数。进港货邮和出港货邮的统计方法、范围与进港旅客和出港旅客相同。

吞吐量是反映机场生产所完成的实物指标,它表明一定时期的生产成果。但仅有实物指标是不够的,还必须通过增加值指标从价值上反映机场生产经营成果。

机场作为独立的自主经营、自负盈亏的法人实体进入市场,为能明确自身在同类市场上所处的地位及相对发展水平,应建立市场份额(即市场占有率)和相对市场占有率及年吞吐量位次等一系列竞争性指标,以便管理者分析各竞争对手的情况,从而改进竞争策略和手段,采取有效措施提高竞争力。

机场生产是一个连续的过程,因此,在建立反映机场生产经营成本统计指标时,还应该考虑如"同比增长""年均增长"等反映机场业务量增长情况的指标,从时间序列(即动态)方面考察机场生产的发展变化情况。

"同比增长"就是与同期相比增长了多少,同比发展速度主要是为了消除季节变动的影响,用以说明本期发展水平与去年同期发展水平对比而达到的相对发展速度。如本期 2 月比去年 2 月,本期 6 月比去年 6 月等。在实际工作中,经常使用同比发展速度这个指标,如某年、某季、某月与上年同期对比计算的发展速度。

假设本期的产量为 X,去年同期为 Y。同比增长就是 $(X-Y)/Y \times 100\%$。

除此之外,还有环比增长、年均增长率、定基比等统计指标。

例:武汉天河国际机场旅客吞吐量 2019 年为 27150246 人次,2018 年为 24500356 人次,同比增长 10.8%,西安咸阳国际机场货邮吞吐量 2019 年为 381869.6 吨,2018 年为 312637.1 吨,同比增长 22.1%。

4. 反映机场生产经营财务成本的统计指标

机场必须实行严格的经济责任制,正确运用资金、成本和利润等指标,从不同方面加强对企业经济活动的管理,以促进经济效益的提高,从而在日益激烈的市场竞争中处于不败之地。机场生产经营财务成本统计指标包括非流动资产、流动资产、成本和利税等方面的指标。按以往的惯例是将企业资产分为固定资产和流动资产,为适应现代企业制度改革的需要,应将资产合并为非流动资产和流动资产两大类。非流动资产包括固定资产、长期投资、无形资产、递延资产和其他资产,可建立非流动资产价值总量、结构和动态指标及主要用于考察固定资产的"损耗程度""新旧程度"和"更新系数"指标反映机场生产经营活动中非流动资产的数量、构成及利用情况;可设置存货周转率、存货周转天数、流动资金周转次数和天数、流动比率和速动比率等指标反映流动资产的运作情况。

生产成本综合反映了机场生产经营中人、财、物力的使用和消耗情况,是衡量机场生产经营管理水平的一个综合性指标。为此,在机场生产经营财务成本统计指标中应包括主营业务成本、管理费用、财务费用、营业外支出及成本指数等指标。利税是企业在生产经营过程中为社会创造的剩余产品的价值形态和为自身发展创造的积累。因此,主营业务利润、其他业务利润、营业利润、利润总额、净利润和利润率等统计指标可反映机场生产经营所取得的利税状况。

5. 反映机场生产经营经济效益的统计指标

机场经济效益是指机场在生产经营活动中所取得的成果与所消耗劳动或占用资金的比较,即产出量与投入量之比。因此,在考察机场经济效益时,可建立劳动生产率、单位吞吐量成本费用、每万元固定资产提供吞吐量、单位吞吐量占用流动资金、每万元资金提供吞吐量、成本费用利润率和资金利税率等一系列统计指标,以"吞吐量"指标反映机场产出量,从劳动消耗和资金占用两个角度分别加以考察,互相参照,综合考核,以做出全面正确的评价。

机场运营指标体系一览表见表7-1。

机场运营指标体系一览表 表7-1

反映机场运营条件的指标	反映机场生产经营过程的指标	反映机场生产经营成果的指标	机场财务成本指标	机场生产经营经济效益指标
期末职工人数,平均职工人数,职工流动率,出勤率,制度工作时间,实有设备数,设备完好率	起降架次,出港平均客座率,装卸量,操作量,装卸作业机械化系数,事故频率,每十万架次重大以上飞行事故率	旅客、货物吞吐量,市场占有率,相对市场占有率,增长率指标	主营业务成本,管理费用,财务费用,营业外支出,利润总额,净利润	单位吞吐量成本,每万元固定资产提供吞吐量,成本费用利用率,资金利税率

【案例】国外机场业绩衡量指标

英国一个运输研究机构(the Transport Studies Group of the Polytechnic of Central London)从20世纪70年代就开始着手研究并建立了一套衡量机场业绩的方法。他们收集欧洲24个机场详细的运营和财务数据,计算每个指标的标准,主要指标如下。

(1)总成本状况的指标:单位换算旅客的总成本、单位换算旅客运营成本。

(2)劳动生产率的指标:单位职工对应的换算旅客吞吐量、单位职工对应的总收入。

(3)资产利用状况的指标:单位资产成本创利、千元净资产对应的换算旅客吞吐量。

(4)收入状况的指标:单位换算旅客对应的总收入、单位换算旅客的航空收入、航空收入在总收入中的百分比。

(5)商业活动的指标:单位旅客的特许经营收入、单位旅客产生的租赁收入、机场特许经营收入占特许经营者总收入的百分比。

(6)利润指标:单位换算旅客的盈亏、收入支出比。

此外,国际民航组织在 *AIRPORT ECONOMIC SMANUAL* 中也提供了一些衡量机场运营业绩的指标,具体有:单位旅客的收入、单位旅客对应的成本、单位旅客对应的税前利润、单位旅客对应的航空性收入、单位旅客对应的非航空性收入、单位员工完成的旅客吞吐量、单位员工完成的收入、单位员工完成的利润、单位旅客对应的资本性支出、单位员工对应的净资产。

总之,由于机场规模大小、复杂程度以及管理目标各不相同,所建立的指标体系也各不相同。另外,为了衡量机场的服务水平也需要建立相应的指标及标准,这部分信息主要从顾客那里获得,因为服务的主要目的是让旅客对机场满意,通过对旅客的调查设置一些指标。

三、机场运行效率评价

航空运输是速度最快的运输方式,机场是航空旅客、货物的集散地,每一个航空旅客都希望能够快速办理好出发、到达的各项手续,货主也希望托运的货物能够以最快的速度到达最终目的地,尽量减少地面处理的时间,因此,对于机场,尤其是枢纽机场,机场运行效率是衡量机场服务质量的重要指标。从目前国际上对机场运行效率研究的焦点来看,机场运行效率的主要指标包括:

(1)机场空间和拥挤程度(跑道容量、机位数量、候机楼容量)。
(2)延误时间。
(3)客货地面处理速度(航空器过站时间,旅客、货物离场和到达处理时间)。
(4)顺畅方便的处理流程。
(5)各种突发事件反应效率。
(6)各种设备、基础设施存在的缺陷。

1. 机场容量

机场容量决定了机场飞行区在同一时间内可以允许起降的飞机起降架次、停机坪可以停放的不同机型的飞机架次以及航站楼可以容纳和处理的旅客数量等。

(1)飞行区容量。影响机场飞行区容量的要素有跑道规模和可用性、滑行道构型、航空器运行程序以及泊位的数量、大小、位置和分配程序等。
(2)航站楼容量。影响航站楼容量的要素有登机门数量、值机柜台数量、候机楼面积、设计容量等。

2. 客货地面运作效率

分别从旅客、货物以及航空器过站时间三方面来衡量机场客货地面运作效率。

(1)旅客。衡量旅客办理手续效率的指标有旅客平均占用面积、排队时间、步行距离、各种手续办理速度、航班信息显示数量等。
(2)货物。衡量货物地面处理效率的指标有海关手续时间、货物停场时间等。
(3)航空器过站时间。过站时间是指从航空器开机门至航空器关机门之间的时间。最小过站时间是指通常情况下航班过站需要的最少时间。航空公司安排航班计划时,不得少于最小过站时间。

最小过站时间以航空器大小进行划分,见表7-2。

航空器最小过站时间　　　　表7-2

航空器类型	最小过站时间	航空器类型	最小过站时间
60座以下	不少于35分钟	251~300座	不少于65分钟
61~150座	不少于45分钟	301座以上	不少于75分钟
151~250座	不少于55分钟	—	—

3. 各种突发事件反应效率

机场除了要保证每一个航班安全、准点的运行,还需要能够处理各种各样的突发事件和紧急情况,以确保整个民航运输的公共安全,因此,在衡量机场运行效率时,还需要考虑机场对各类突发事件的反应效率,例如消防车反应时间、危险品处理能力、冬季除冰雪能力、鸟害防治等。

4. 飞机平均延误时间(飞行区)

延误时间是指飞机运行实际需要的时间与飞机运行在非拥挤以及不受其他飞机运行影响的条件下所需要的时间差。

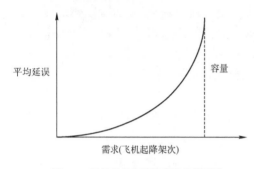

图 7-1　运行需求和平均延误的关系图

无论何时,只要两架或者两架以上飞机试图同时占用跑道、滑行道、门位机位或者其他任何空侧设施时,就会出现延误。当其中一架飞机占用时,另一架飞机必须等待。由于飞机并不是按照均匀的速率到达或者出发,而是随机的,所以即使当需求低于容量时,这些飞机仍可能发生延误。运行需求和平均延误的关系图如图 7-1 所示。由图 7-1 可知延误不是仅仅发生在容量极限时,一些延误在机场远没有达到容量极限之前就已经出现,并且随着需求的增长,延误时间呈指数增长。

第二节　机场服务质量测评

对于机场来说,服务的好坏在竞争中起了重要的作用。可以说,服务就是竞争力,服务就是市场,服务就是效益。因此,需要衡量机场的服务质量,提高机场的服务水平。这主要通过对机场旅客的调查来得到信息。国内外不同机构都建立了机场服务质量评价体系,国内外进行机场服务质量评价的机构有很多,每个机构根据自身优势制定了不同的评价体系,从不同角度对机场进行评价并发布结果。目前,在行业内比较认同的机场服务质量评价体系包括国际机场协会(ACI)的全球机场服务测评(ASQ)、SKYTRAX 的机场星级认证、中国民用机场服务质量评价指标体系(含航旅纵横的中国民航服务评价系统)以及民航旅客服务测评(CAPSE)。

一、主要机场评价体系

1. 全球机场服务测评(ASQ)

国际机场协会(ACI)是全世界所有机场的行业协会,ACI 全球机场旅客满意度测评项目全称为机场服务质量(Airport Service Quality, ASQ),该测评项目旨在调查旅客对于机场服务的感受,同时评选出全球最佳机场。该项测评已得到世界机场的一致认可。ACI 全球机场旅客满意度测评项目按季度开展,测评问卷分为交通往来、办理登机手续、护照/身份证检查、安检、方向指示、机场服务设施、机场环境和入境服务 8 个大类,细分为往来机场的地面交通工具、停车设施是否方便充足、停车场收费是否物有所值、手推行李车是否方便充足、办票排队的等候时间、办票工作人员的效率、办票工作人员是否有礼貌和乐于助人、护照/身份证检查的等候时间、检查人员是否有礼貌和乐于助人、安检人员是否有礼貌和乐于助人、安检是否彻底、安检的等候时间、是否感到安全和安心等 34 项指标。该项目采取自愿申请的方式,参加机场以季度为周期,按照统一的规则,在一定时间内发放内容相同的调查表(每季度 350 份),各自进行调查,调查表统一寄到 ACI 瑞士总部进行统计、分析,ACI 会定期发布季度和年度调查报告。

ACI 旅客满意度测评涵盖了旅客在机场所经历的各个服务环节,涉及的不仅是机场公司下辖的保障岗位,还有航空公司、驻场机构、联检单位等相关部门,特别是对公共服务项目和内容有着相当高的要求。从深层次来说,加入 ACI 服务质量测评,意味着公共资源分配方式的重新调整,以及机场相关部门管理地位的进一步明确。利用好这个契机,以旅客促进委员会、航空公司协调会等形式寻求达成共识,对机场由经营型逐渐向管理型转变,将起到至关重要的推动作用。另外,参与测评的机场旨在通过全球旅客满意度调研,分析旅客需求构成、关注点,通过对需求点的改进来不断满足旅客需求,以此达到持续提升满意度,增加企业核心竞争力,优化企业投资精准度等目的。

2. SKYTRAX 机场星级评定

SKYTRAX 是英国一家在航空领域进行专业评级的机构,主要对航空公司、机场的整体服务水平进行星级评定。评级从优到劣分为五个等级,五星为卓越最高等级,四星为优秀等级,三星为一般等级,二星和一星为服务不理想等级。机场星级结果评定由 SKYTRAX 专家对机场进行全方位现场调研和勘察,按照《机场星级认证审计手册》对机场的旅客服务硬件和软件项目逐项评星,并就最终的服务品质进行星级认证。

3. 中国民用机场服务质量评价指标体系

中国民用机场服务质量评价指标体系自 2013 年开始由中国民航科学技术研究院牵头建立,2017 年 3 月正式成为民航行业标准。评价指标包括旅客满意度、航空公司满意度、专业评审、机场放行正常率以及安全一票否决指标,对各指标设计不同的权重,根据权重进行加权平均,最后得出评价结果。旅客满意度和航空公司满意度由评审组通过问卷的形式取得,专业评审由评审员按照专业评价指标对机场进行现场打分,机场放行正常率以中国民用航空局公布的年度数据为准。按旅客吞吐量每年对不同规模的机场进行评价,每三年一个评审周期。在此基础上,2017 年推出了中国民航服务评价系统,由旅客在航旅纵横 APP 上对机场进行在线评价,每季度发布评价结果,评价结果只涉及全国机场总体情况,不针对具体机场。

4. 民航旅客服务测评(CAPSE)

2012 年,民航资源网与"飞常准"手机客户端合作,利用移动互联网技术,通过乘机旅客主动打分,在确保参与旅客乘机真实性的前提下,以调查问卷的形式,对旅客关心的民航服务问题进行调查,即民航旅客服务测评(CAPSE),调查问题包括机场交通、安检、服务与设施、商贸和不正常航班地面服务,每季度发布评价结果。民航旅客服务测评利用移动互联网技术,通过乘机旅客主动投票,综合分析后得到中国民航服务现状。这种调查方式规避了以往调查中集中发放问卷、集中收集对调查结果造成的偏差,也避免了国外调查和分析与我国国情不符合的地方。这个调查结果来自持续的乘机旅客测评,不是来自专家,也不是来自临时组织的调查分析,可以反映旅客眼中中国民航服务的真实水平。

二、机场服务质量评价体系分析

基于评价机构的自身资源及其关注点的不同,每个评价体系在指标设定、评价内容、评价方式、评价结果的认可度方面都不尽相同,但各指标基本都以旅客出入机场流程为主线,关注流程上的关键节点。分析各评价体系的差异,有助于更好地认识不同评价体系的内涵以及对实际工作的指导作用。

1. ASQ

ASQ 为采用现场分发调查问卷的方式收集旅客对机场的满意度。评价指标共分为 8 个大类 34 个细项。按照评测项目的属性分为硬件设施和软件服务,其中硬件设施指标 12 项,软件服务指标 21 项。可见,ASQ 比较关注机场软件服务方面。根据测评结果可以对机场的表现进行动态跟踪,并可与其他机场进行对标,发现优点,改进短板。ASQ 是行业内最早开展的机场服务评价体系,结果在国际上有一定的影响力,各大机场都较为看重,参与度较高。

在目前的 ACI 机场服务测评中,一个服务单项的得分高低只是说明这个服务单项的水平,并不能完全决定"机场的整体满意程度"的得分情况,因为旅客对各服务单项和"机场的整体满意程度"项分别打分,"机场的整体满意程度"的得分并不是所有单项得分的平均数。因此在实际测评中,某些服务单项得分的涨落并不能决定"机场的整体满意程度"的得分的涨落。例如,某季度"手推车是否方便充足"项目得分上升,但测评中可能出现"机场的整体满意程度"得分下降的情况。所以"怎样了解机场服务中某个单项的得分情况对于'机场的整体满意程度'的得分的作用"或"ACI 测评中 34 个机场服务项目中,哪个项目对'机场的整体满意程度'的影响程度最大"的问题,值得机场工作者思考。例如,上海虹桥国际机场通过量化分析得出"洗手间是否方便充足""洗手间是否清洁""候机处/登机闸口是否舒适""候机楼是否清洁""机场环境"项目,在 ACI 测评的 34 项中更能影响"对机场整体满意程度"的评价。因此,提高此 5 类项目的相关服务水平能更有利于机场整体服务水平的提升。同时,通过对相关系数数值大小的比较,可把 33 个服务单项和"对机场整体满意程度"项目相关系数的大小进行排序,得到表 7-3 所示结果。通过以上相关系数的排序,机场管理者就可能精准地将有限的物力、财力、人力资源投入到与"机场整体满意程度"密切相关的服务项目中去,做到有的放矢,更快、更好地了解旅客的感受并提升机场服务质量。

服务单项与"对机场整体满意程度"项的相关系数(由高到低排列)　　　　表 7-3

项　目	相 关 系 数
机场环境	0.553
候机处/登机闸口是否舒适	0.462
候机楼是否清洁	0.451
洗手间是否方便充足	0.426
洗手间是否清洁	0.426
购物设施	0.376
机场职员是否有礼貌和乐于助人	0.344

续上表

项　　目	相关系数
餐饮设施	0.319
安检人员是否有礼貌和乐于助人	0.312
互联网	0.303
办票人员是否有礼貌和乐于助人	0.300
办票排队的等候时间	0.291
转机是否方便容易	0.289
办票人员的工作效率	0.279
护照/身份证检查的等候时间	0.266
商务/行政人员候机室	0.261
是否感到安全和安心	0.259
停车设施是否方便充足	0.254
银行/取款机/找换店是否方便充足	0.249
餐饮设施收费是否物有所值	0.245
商品价格是否物有所值	0.240
往来机场的地面交通	0.235
检查人员是否有礼貌和乐于助人	0.234
安检是否彻底	0.220
在机场内是否容易找到要去的地方	0.207
行李送抵提取处是否快捷	0.207
航班信息屏幕	0.188
护照/身份证检查	0.185
海关检查	0.184
停车场收费是否物有所值	0.173
候机楼内的步行距离	0.163
手推行李车是否方便充足	0.147
安检的等候时间	0.120

数据来源：《利用统计学的相关分析法从 ACI 测评中找出机场重点服务项目》孙海峰，现已经调整为 34 个服务项目。

2. SKYTRAX 机场星级评定

星级评定是由 SKYTRAX 专家按照《机场星级认证审计手册》对机场进行评审。《机场星级认证审计手册》涉及网站建设、标识指引、航班信息显示、地面交通、停车服务、候机楼清洁、行李提取、购物、餐饮等 52 个类别 472 项评审指标。这些指标覆盖面广，包含了机场设施及服务的各方面,而且绝大多数为硬件指标。此外,指标内容非常细致,例如标识方面,评审指标涉及值机指引、餐饮指引、出发方向指引、安检指引、标识的色彩和分类、标识的国际通用度和识别度等方面。这些细致的评审指标,对机场在硬件设计及服务提升方面有相当的指导意义。在评审过程中参评机场可以通过细致的评审项目获知机场在哪些方面可以改进以及如何进行完善。但是在实际评审中,参与机场反映专家评审的标准往往具有不确定性。与参与ASQ评价的机场相比,参与SKYTRAX星级认证的机场较少。

3. 中国民用机场服务质量评价指标体系

中国民用机场服务质量评价指标体系包括旅客满意度、航空公司满意度、专业评审、机场放行正常率以及安全一票否决指标。旅客满意度指标包括出入机场交通、办理乘机手续、安全检查服务、引导标识、航站楼设施设备与环境、提取行李服务等12个指标31个项目,其中硬件设施指标15项,软件服务指标16项。与ASQ指标相比,绝大多数指标一致,增加了问询服务指标和航班延误服务指标。航空公司满意度主要是调查航空公司对机场提供的安全、运行、服务方面的评价,有8个子项,34个细项。关注航空公司对机场的评价也是该指标体系的一大特色。专业评审指标包括机场旅客安全保障服务、地面交通服务、信息服务、特殊旅客服务、航班正常和延误后服务、旅客意见及投诉、工作人员基本服务规范以及节能环保等25个大项351个子项。与SKYTRAX指标相似,该评价指标覆盖了机场服务的各方面,并增加了特殊旅客、节能环保等方面的指标。但与SKYTRAX指标仅提出应关注什么不同,该评价指标不仅提出应关注什么,而且提出了指标应达到的具体要求。中国民用机场服务质量评价指标体系是中国民航官方认可的评价体系,是一个综合性的评价体系。自2013年开展首次测评以来,在国内民航业的影响力与日俱增,得到广泛的认可。

4. 民航旅客服务测评(CAPSE)

CAPSE于2012年正式成立,是第三方民航服务测评。CAPSE利用移动互联网技术,确保参与旅客的乘机真实性,以调查问卷的形式对旅客关心的民航服务问题进行问卷调查,通过科学分析,最终产生航空公司和机场服务测评报告。

CAPSE机场服务测评指标包括机场交通、机场安检、机场服务与设施、机场商贸和不正常航班地面服务5个大项29个子项,其中硬件设施指标17项,软件服务指标12项。与ASQ指标相比,绝大多数指标一致。此外,对航班延误后机场服务的关注度指标进行了细化,增加了不正常航班的餐饮和休息方面的满意度测评。CAPSE按照出港和进港对指标进行了区分,以便适应其手机APP的调查方式。CAPSE通过手机APP进行调查,极大地增加了调查的样本量,降低了调查成本,数据分析的及时性和准确性得到了极大的提高。由于"飞常准"APP在同类APP中的市场占有率较高,其测评结果在旅客中有一定的信任度,逐渐被国内机场所认可和接受。

三、评价体系的运用建议

1. 客观看待评价结果

以上机场评价体系,尽管评价方法、评价内容侧重不同,但评价结果都能在一定程度上反映机场的现实表现。通过评价找出了机场存在的短板,指出了改进的方向,是促进工作提升的指南。客观地说,各评价体系都有一定的偏差,要做到绝对的公平和客观是不太可能的,评价结果必然受到各种因素的影响。但不管用什么指标进行评测，公认的新加坡、中国香港和韩国仁川机场基本都位于前列。这说明只要做得好，就不用担心评价结果。现在很多机场都将第三方的评价结果作为内部考核的指标，这免不了出现一些人为的影响。应正确看待评价结果，"金杯银杯，不如客户的口碑"，再多的奖项和荣誉都不及旅客和航空公司的认可。

2. 积极运用评价体系

对评价体系的运用体现在两个方面：一是如何将评价要求在机场设计、建设以及维修改造中予以体现；二是在机场实际运行中如何利用评价发现问题并及时改进。

（1）在机场设计、建设、维修改造，业务流程优化以及内部的制度建设中，应考虑引入中国民用机场服务质量评价指标体系和SKYTRAX评价体系相关内容。这两套体系的评价指标项目众多、指标内容细致，很多指标都对机场设施的设计及功能提出了具体的要求，具有很大的参考意义。例如SKYTRAX对网站建设的细化指标就包括网站建设的各个方面；中国民用机场服务质量评价体系对母婴室的设置提出了具体要求，对机场航班延误工作也提出了制度建设方面的具体要求。机场应将评价指标提出的要求提前运用到设计阶段和内部管理，从源头上采取措施。例如在洗手间不出现异味的要求上，香港机场在设计时就予以考虑，采用洗手间单独设立空调的方式，并使得洗手间的温度始终低于其他空间，确保异味不散发。

（2）在机场日常运营中，应重点关注ASQ和CAPSE对旅客满意度的评价，这些评价结果反映了机场的现实表现与旅客期望的符合程度。通过评价，一是可以进行自身的纵向对比，跟踪各类服务指标的动态表现，如果某些指标出现比较大的下降，则要关注指标背后的原因，及时查找问题根源，进行改善。二是与其他机场进行横向对标，找到指标表现优异机场的做法，弥补自己的短板。

3. 建立本机场的评价体系

要切实、深入了解机场的具体情况，深挖背后的深层次原因，就需要针对实际情况制定有针对性的评价体系。例如广东机场集团对下属机场每年都进行独立的满意度评价工作，以便更加客观地了解各机场的服务现状，发现服务亮点和服务短板，提出改进方向和重点，有针对性地提出优化服务的建议和措施，促进管理水平和服务质量进一步提升，改善用户体验和感受。在评价体系的建立过程中，既吸收已有评价体系的优点，又结合实际需要进行创新。如在满意度调查对象上，既包括普通旅客、贵宾旅客、货主、货运代理人，也包括航空公司和驻场商户，还包括机场员工。通过将货主、商户及机场员工这三类人群纳入满意度调查范围，使机场评价更加全面。又如在调查方式上，包括问卷调查、访谈以及观察体验等多种方式，尤其是通过访谈，能够更加全面和准确地了解调查对象对机场的意见和建议。除进行年度的满意度测评外，还分季度和月度对不同规模的机场进行监测，以便动态掌握机场总体运行情况，及时发现异常的波动并采取应对措施。在评价指标设计中，设立了影响力系数和优先改进系数。影响力系数反映了各环节对客户满意度的影响程度，反映了客户最关注的环节以及客户的需求状态，可以找出影响现阶段客户满意度的关键因素。优先改进系数表示一个指标改进程度的优先顺序，优先改进系数越大，表明此环节改进优先程度越高。通过影响力系数和优先改进系数，可以有重点、有次序地处理发现的问题。机场评价是对机场实际工作的检验，评价的最终目的是了解实际状况，采取有效措施进行改进，赢得客户的口碑，最终赢得市场。通过评价体系可以明白什么样的机场是一流的机场，也明白要成为一流的机场，就需要通过不断完善设施设备、优化工作流程、提升服务质量等系统化的措施进行综合施策。

思考题

1. 机场主要生产统计指标有哪些？
2. 评价机场运行效率的指标有哪些？
3. 列举你知道的机场服务评价体系。
4. 你认为机场应如何运用现有的机场服务评价的测评结果？
5. 你认为影响机场竞争力的要素有哪些？

CHAPTER

第八章

机场内部资源利用

第一节　机场内部资源概述

一、民用机场的特点

世界各国对机场的定位不同,美国把机场定位为政府机构管理的公用基础设施,而英国大部分机场都完成了企业化改革。但无论机场性质如何定位,都具有以下特征。

1. 投资巨大,是资金密集型产业

机场投资额巨大,建一个机场,少则几亿元,多则几百亿元。例如,成都天府国际机场投资718亿元,北京大兴国际机场初期投资800亿元。机场投资巨大不仅体现在资金需求上,还体现在机场要占用大量土地资源。

2. 航空业务的发展具有被动性

机场在一定范围内是垄断的,具有自然垄断性。相对垄断的市场使机场的业务具有稳定性,但是,机场的航空业务也由此带有被动的色彩,尽管机场可以通过航线营销、发展中转等手段来增加客流量和飞机起降架次以增加航空业务收入,但从总体上来看,机场航空业务受客观条件的影响很大,如所在地的经济发展水平、地理位置、人口数量、区域战争(中东战争)、天灾人祸(新冠肺炎)等,其发展具有较强的被动性。业内人都把这种被动性形象地称为"靠天吃饭"。

3. 投资回收期长

由于机场投资有一个适度超前的问题,很多机场投资建成后,在相当的时间内,面临机场客流量不足的现实,而这种情况是机场不得不面临的问题。在机场运营初期,机场往往要面临亏损的局面,这就造成机场投资回收期长的特点。

4. 具有丰富的资源

机场作为一种交通设施,拥有许多可供开发的资源;如机场拥有大片的土地,可以发展房地产业和仓储业;机场拥有丰富的客货流,可以发展商业零售、酒店业和物流业;机场是一个地区的进出门户,具有很高的媒体宣传价值,可用来发展广告等业务……这些资源如果加以充分利用,能给机场带来丰厚的收益。

5. 拥有丰富的现金流

虽然机场盈利能力不强,但机场在运营中,会产生大量的现金流,具有现金流丰富的特点。如不加以利用,就容易形成资金沉淀,成为一种隐性的浪费。所以,机场可以利用其丰富的现金流,在充分研究的基础上,投资于其他有潜力、有资源、有竞争优势的业务,以获得更高的投资回报。

二、机场内部资源

1. 飞机起降权资源

飞机起降资源利用直接反映到我们通常说的起降费/服务费收入上。飞机起降权资源是机场最核心的资源,由于地域条件限制,航空公司一般对飞机起降没有选择权;然而由于机场航空延伸服务业务经营水平还不高,目前飞机起降等收入占机场总收入比重较高,也就是说目前机场的起降资源利用率还比较充分。对于有容量问题的机场,航班时刻是非常稀缺的资源,制订航班时刻表也是一个复杂的问题。为了解决当前我国一些大型机场时刻资源紧缺的问题,中国民用航空局在2015年12月发布了《民航局关于印发〈航班时刻资源市场配置改革试点方案〉及做好改革试点相关工作的通知》,通过创新改革,使市场在航班时刻资源配置中起决定性的作用,促进航班时刻配置的公平、效率和竞争。促进航班时刻资源的公开公平配置,保证不同所有制和不同规模的航空公司依法平等使用航班时刻资源,公平参与航空市场竞争,提高航班时刻资源配置效率,优化空中交通秩序,提升民航运行品质。

2. 候机楼物业资源

候机楼物业资源包括候机楼内的所有场所,如贵宾室、各类业务用房、各类柜台(值机、售票、保险以及宾馆等)。这类资源主要客户群体包括航空公司、保险公司、银行以及邮局等驻场单位,资源有较大的稀缺性和垄断性,是机场目前的重要收入来源。

3. 机场商业资源

机场不仅仅是物流中心,更是商业中心,拥有庞大的客流量;机场拥有的较强消费购买力意味着机场的商业资源应该有很高的市场价值。国外机场如英国机场管理局以及法兰克福机场以其出色的商业管理创造出商业性收入占总收入比重超过60%的业绩;目前国内机场对零售商贸业务采用的固定租金加营业额浮动租金的模式实际上就是特许经营权转让费,可以预计国内机场的商业服务资源仍有进一步开发的空间。

4. 机场广告资源

机场是一个地区的进出门户,具有极大的广告媒体价值,当地政府授予机场广告专营权,授予机场进行候机楼内外的广告代理业务,机场拥有机场区域内所有广告资源,可以灵活地通过自营或特许经营的形式盘活资源,获得广告收益。

5. 土地级差资源

机场土地根据使用性质分为三大区,即飞行区、航站区和延伸区,由于安全和发展的需要,在理论上机场占有相当多的政府授权经营的土地,并且拥有对机场资源进行经营规划的特许经营权。实际中,一方面,由于大型机场大都属于上市公司,土地使用必须从代表政府的机场集团手中进行租赁;另一方面,民航改革初期,政企不分,在民航一体化框架下,航空公司、航油公司、维修公司以及机场公司的权益分割不清,导致众多土地被非机场公司(包括航空公司,航油公司以及维修公司等)无偿占有,机场土地被无偿转让,更重要的是,机场部分丧失了对土地的经营管理规划权(目前货站、航油公司、维修公司的经营权益在有些机场中并未得到体现)。由于发展的需要,机场普遍留有大量的航空预留地,未来土地资源的利用将进一步提高,包括机场附近的房地产业务。

6. 地面代理服务资源

地面代理服务包括为基地航空公司以外的航空公司提供的机务维修、飞机牵引、清洁、值机等服务。目前机场许多地面代理业务由航空公司无偿经营,机场部分丧失了经营收费权。很明显,北京首都国际机场的地面服务业协议明确确定了机场对地面服务业务拥有的特许经营权,无论是对地面服务进行参股经营还是对外招标,机场都应该首先获得特许经营权。如此机场对资源的控制才能得到保证。另外,通过特许经营权实施,机场将能够为航空公司提供更加中性化的服务,能够引入运营商的竞争,有利于航空业务的发展。

7. 航空客货运销售代理资源

客货代理是一项高收入、高利润的经营项目,而随着我国枢纽机场航空吞吐量的高速增长,未来客货代理业务的前景将更加广阔。

在上述机场的各项资源中,飞机起降权资源是机场平时强调最多,也是利用率最高的部分,业务量增长将能够带来机场盈利能力上升;候机楼物业资源、机场商业资源和机场广告资源经营相对成熟,但仍然有进一步成长空间;土地级差资源、地面服务资源和航空客货销售代理资源作为新兴资源,未来增长潜力较大。

三、我国机场未来发展方向

随着我国民航业的快速发展,民用机场数量和机场业务量正持续向好发展。但是,我国千万级机场普遍面临的容量饱和或濒临饱和,旅客对民航机场便捷、高效、舒适出行的需求与现实之间的矛盾等问题也正逐渐凸显。因此,机场迫切需要通过提升运营效率、服务水平和经营能力,推动机场高质量发展。2020年1月3日,中国民用航空局正式印发《中国民航四型机场建设行动纲要(2020—2035年)》(以下简称"《纲要》"),为全面建成安全高效、绿色环保、智慧便捷、和谐美好的四型机场,为全方位建设民航强国提供了重要支撑。智慧机场作为"四型机场"建设的关键一环,《纲要》明确提出智慧机场是生产要素全面物联、数据共享、协同高效、智能运行的机场。按照中国民用航空局智慧机场建设的要求,未来机场充满希望。

1. 运行链条更顺畅

对机场而言,运行机制就是"大脑"。传统的航班运行调度大都依靠人工干预来完成,从飞机的起降、停机位安排、滑行、上下客、地面保障,到旅客办理值机、托运、过安检通道、登机、取行李,再到货邮物品装卸机、分拣、装车、交付等,需要耗费大量的人力、物力,整体保障效率受人为因素影响较大。随着智能化技术在机场逐步推广应用,航班运行调度有望实现全流程数据自动采集、智能推算、智能决策,整个运行链条更加顺畅,机场运行的安全性及效率更高,运行品质也将实现质的飞跃。

2. 旅客体验更美好

完美的旅客体验是机场提升服务品质的重要抓手。航站楼作为旅客航空出行的必经场所,自助值机、自助托运行李、自助签转、二维码过检、自助登机、精准导航……"全流程、零介入、无纸化"的服务标准,是智慧航站楼的"标配"。让智慧融入楼内每一个角落,为旅客提供便捷、舒适、个性化的出行新体验,新技术的快速发展正给民航业带来无限的可能。

3. 货物分拣更高效

借助物联网技术,依托 RFID 射频识别、网络通信、信息系统应用等信息化技术及先进管理方法,实现航空货物智能装卸搬运、分拣包装、加工配送,全新的物流仓储、分拣平台在实现货物全流程智能化、可视化保障的基础上,不仅可以缩减人工成本、降低出错率,同时,还可大大提升机场货物的分拣效率及运营管理水平。

4. 非航空间更广阔

非航业务作为机场的辅助产业,其经营管理水平正逐渐成为现代化成熟机场的重要标志。

作为以智慧化、智能化为目标的未来机场,依托"互联网+"技术,建设集众多经营项目于一体的非航业务管理平台,为机场拓宽非航经营渠道提供了重要参考。通过非航管理平台,开拓线上数字化商城、推广特色附加产业规范经营管理流程,可提升机场非航经营收益,助力机场综合竞争力不断攀升。

第二节 智慧化手段提高机场资源利用的效率

机场的业务可以分为航空业务和非航空业务,对于航空业务来说,机场并不拥有航空业务的全部处理流程,但为整个流程的参与各方提供场地和设施,因此,在航空业务领域主要是通过提高资源利用效率,保证服务质量和服务安全来促进业务收入的增长。随着互联网、人工智能、大数据等技术的应用,机场可以用更多智慧化手段和技术来提升运行水平,打造更安全、高效的机场。

一、提高机场生产运行效率

机场运行涉及众多地面服务及航空器保障环节,需要机场、空管、航空公司、航油公司、航空食品、航空清洁、机务维修、地面服务等多单位设施和人员的协同配合。机场协同决策系统(A-CDM)作为智慧化机场的"最强大脑",依托大数据、云计算、移动互联网、物联网等技术手段,可以对各种原始数据和决策数据进行采集、深层次加工,实现对停机位、车辆、人员等地面资源的合理分配及运行差错的预警预报,在提升机场整体运行效率、确保信息精准传递上发挥着至关重要的作用。

1. 破除"信息孤岛"壁垒,全链条强化协同

当前,我国机场、空管、航空公司等民航运行主体因隶属关系不同,各主体形成了适合自身发展的"信息孤岛",运行保障缺乏统一的标准和平台,数据收集、数据分析、智能决策的能力参差不齐,在一定程度上对航班正常性构成了影响,同时也对处置各类突发事件设置了障碍。因此,在中国民用航空局的大力推动下,机场、空管、航空公司等单位正积极破除"信息孤岛"壁垒,共同打造集成系统、地服系统、离港系统、安检信息系统、多点定位、二次雷达、行李系统、泊位系统、地理信息系统(GIS)、监控系统等于一体的 A-CDM 数据共享平台,实现放行排序和保障进程等各环节的信息共享。一线保障部门能够及时通过此系统掌握航班进程、异常情况等重要信息,合理调配人力、物力开展航班保障作业。

2. 优化系统管控模式,实现智能化运行

系统针对航班保障各环节的特点,对航班保障流程进行了合理优化,此举可有效避免人员长时间暴露在易感环境或频繁接触各类设施设备。首先,系统可智能采集 GIS 系统、自动泊位系统、廊桥操作系统、航班调度系统、行李系统、安检系统等航班保障数据,减少人工输入,既有效避免了人工差错,又节约了人工成本;其次,系统可利用采集到的航班保障数据,智能推算各环节保障作业开始时间,并将相关信息直接发送至一线员工手持终端,实现保障流程智能调度;第三,系统通过对历史数据的分析,可智能优化航班保障标准,对异常情况进行预警预报及智能干预，实现保障环节整体智能管控。

二、新技术提高航站楼运行效率

考虑旅客进入航站楼的活动需求，构建旅客服务大数据体系，深度分析并挖掘数据信息，为旅客提供更加个性化、精准化、贴心化的服务是实现智慧化航站楼的重要途径。智慧化航站楼贯穿旅客进入航站楼至登机离港的全流程。

1. 自助值机及行李托运

自助值机系统及自助行李托运系统可有效避免旅客在值机柜台长时间等待服务人员办理登机牌、行李称重等保障作业，取而代之的是旅客可以直接利用手机终端（例如航旅纵横、去哪儿网、凤凰知音等）办理值机手续；通过扫描身份信息利用自助行李托运柜台办理行李交运，整个流程完全由旅客自行操作，在为旅客节约时间的同时还可有效规避不同人员的接触。

2. 室内导航

航站楼室内导航以高精度导航系统为依托，针对进出港旅客的不同需求，为旅客提供楼内值机柜台、安检道口、登机口、卫生间、医疗点、母婴室、休息厅、购物、餐饮等导视服务，在方便旅客快速查找目的地的同时，还可有效避免楼内人员聚集现象。

3. 智能问询机器人

智能问询机器人是一种通过人工智能手段来替代一线工作人员的无人化工作模式。机器人通过高清摄像头、传感器系统、语音交互系统等，为旅客提供乘机咨询、语音交互、定位导航、互动娱乐等多项个性化及智能化服务。智能问询机器人的投入使用不仅可以使一线员工从繁杂的楼内工作中得以解放，同时还节约了大量的人工成本。

4. 智慧安检通道

智慧安检通道集自助验证闸机、人脸识别系统、行李自动传送装置、毫米波人体安检仪、行李复检工作站和自动托盘回收系统等先进安防技术设备于一体，可实现全岗位音频、视频监控。例如深圳机场的智能安检通道高峰期旅客放行效率可达220人/小时，是传统安检系统过检效率的1.5倍，提升了机场的安检处理效率，有效避免了安检通道人员拥挤现象。

机场旅客服务全自助化流程如图8-1所示。

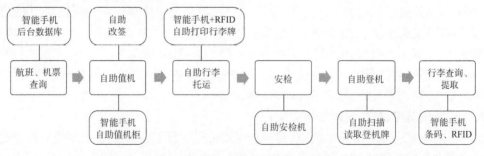

图8-1 机场旅客服务全自助化流程

三、新技术在航空物流中的应用

航空运输作为地方经济的晴雨表，是发展区域经济的重要增长点。随着提升国际货运能力、稳定供应链国家战略部署的提出，航空物流迎来了新的发展机遇，各大机场货邮运输量出现复苏,并正在逐步攀升。为进一步提升机场货邮集散能力,原有物流体系向智慧化转型升级已迫在眉睫。

1. 推广智能分拣、仓储平台

随着货物量的激增,依靠人工搬运、收发货将大大降低货站处理水平,因此,针对物流分拣过程研发多功能、易操作、目视化的分拣仓储辅助管理系统将成为行业热点。依托自动化立体仓库系统、自动分拣设备、分拣机器人的智能分拣,仓储平台将大大提升货物处理效率,有效降低物品分拣出错率。

2. 实时跟踪货物运行轨迹

当前,成熟的机场货运系统大都分布有数据采集器终端系统(PDA)终端系统、射频识别、卡口发放系统、GPS系统等终端传感系统,机场通过此终端系统对货物从陆运到空运的整个运行轨迹进行跟踪,获取货物运输的实时数据,合理分配人力、物力开展保障作业,不仅可以提高进出港货物的集散效率,还可以充分发挥以机场为核心的综合交通运输优势。

四、机场智能化地面交通系统

智慧机场建设是一个系统化的工程,包括航班流、旅客流、行李流、货运流等多个维度。近年来,随着综合交通枢纽建设的加快,加强机场陆侧交通的集散、中转功能的智慧化建设成为一个重要的方向。"智慧交通系统"给传统信号灯增加了一个"智慧大脑",利用大数据平台与可持续优化的算法模型对信号灯配时方案进行实时优化,旨在提高车辆在机场附近路口的通行效率。公路交通信号灯仅仅是机场陆侧交通智慧化一个小小的环节,为了让旅客更加从容地往返于市区与机场,更好地实现空地衔接,真正迈向综合交通枢纽,还应该搭建综合交通一体化信息管理平台,对机场的高铁、地铁、公路交通(出租车)、停车场等各类交通信息与航班信息进行整合分析处理,构建综合交通一体化信息管理平台,实现机场陆侧交通的智慧化。

智慧化的机场陆侧交通有助于缩短旅客的无效等待时间,提高出行体验感。例如,出发旅客如果能准确掌握到达机场的时间,就能避免过早到达机场等待;抵达旅客如果能准确掌握各种交通方式所需的时间,就能做出更科学的出行决定。

在国内,深圳机场很早便开展了智慧交通综合管理,通过借助与交管系统联网,共享交通大数据,将相关交通信息实时发布于布置在进出机场及航站楼区域的交通诱导屏上,让旅客避免拥堵与走错路;通过车位诱导、反向寻车系统缩短旅客停车、取车时间,为私家车旅客提供更加贴心的服务;通过智能交通管理平台,实时发布交通信息与到港航班信息,为旅客及各类交通工具运营方提供有效信息指引,减少旅客及各类交通工具运营方的盲目等待时间。

智慧化的陆侧交通建设有助于各单位高效应对大面积航班延误等特殊情况。当滞留旅客过多时,智能分析系统能够制订出合理的人员疏散方案,通过多开行地铁、加派出租车等方式及时疏散旅客,减轻机场负荷。智慧化带来便捷化。在进行智慧化建设时,各机场应将陆侧交通流纳入其中,为旅客抵离机场创造更轻松、愉悦的出行体验。

【案例】北京大兴国际机场的"智慧"

2019年9月25日,举世瞩目的北京大兴国际机场正式投入运营。新机场带来的新期待不只是空中疏堵这么简单,而是使我国智慧机场建设运营实现了由"追赶者"向"并跑者"和

"领跑者"的华丽转变。

第五代通信网络(5G) + 人工智能(AI)智慧出行

北京大兴国际机场投入运营后不久,东方航空、北京联通、华为三家企业率先发布基于5G的智慧出行集成服务系统。这是5G千兆网在民航领域应用孵化的样板试点,综合运用5G + AI技术为旅客带来智慧出行的新体验。2019年8月,北京联通和华为携手采用基于室内数字系统的5GLampSit完成了北京大兴国际机场航站楼5G网络全覆盖,实测速率超过1.2Gbit/s。基于5G网络的千兆带宽能力,北京大兴国际机场的旅客可以流畅享用高清视频在线播放或快速下载、云VR-虚拟现实技术、云游戏等高速移动宽带-MBB业务体验。在北京大兴国际机场,5G技术的应用可以帮助旅客"一张脸走遍机场"。乘坐东航航班的旅客无须再像以往那样出示身份证、二维码,只需人脸识别,就可完成从购票、值机、托运到安检、登机等各个出行流程。客舱乘务员还可通过机舱口人脸识别系统进行旅客复验、旅客清点确认、座位引导等环节的工作,提升服务精准度。通过便携式人脸识别装置,地服人员也可以快速自动识别旅客,智能推送旅客登机信息。借助北京联通和华为打造的5G全覆盖网络,东航APP为旅客智能推送覆盖旅客的行前、行中、行后、航班变动等各个场景的全流程服务信息,除了常规的出票提醒、值机提醒、登机提醒、催促登机提醒、登机口变更、行李提取转盘等服务信息外,还新增了到登机口预计用时提醒,无人陪伴儿童登机、交接通知等。

此外,上述三家企业还合作开发了5G行李跟踪解决方案,可以实现"一颗芯行李管控",让行李运输全程可视化,旅客可以随时查询托运行李状态。旅客可以通过APP完成自助值机、选择行李托运,将电子行李牌贴近手机进行数据感应,几秒钟就能完成航班号、行李目的地等信息录入。随后,旅客前往专柜激活,即可完成行李交付,真正实现全程"无纸化"。安检旅客的随身行李也会与旅客精准匹配,避免拿错。因为行李筐底部设有"芯片",投筐位上有阅读器,行李筐放上传输带系统就自动激活。同时,传送带一旁的摄像头动态抓拍人脸,再把行李信息和旅客绑定。一旦某件行李查验有问题,会被分拣到单独的区域,不耽误其他旅客通行时间,安检过程更加快捷。在行李服务方面,北京大兴国际机场也达到了世界领先水平。首次采用了RFID定位摄屏跟踪,可以精准监控旅客行李到达哪里,是否通过安检、是否跟上飞机、是否通过海关等环节。旅客还可使用无源电子行李牌实时获取和查看行李的位置信息。高效的传输系统确保旅客无须等待即可提取行李,首件进港行李可在13分钟内到达。该集成服务系统在北京大兴国际机场试点运行后,未来很快将会推广至北京、上海两地的4个机场,并逐步在全国各大机场布局,帮助各大机场提升智慧水平。

更智慧的机场管理

北京大兴国际机场的信息中心和指挥中心大楼既是一座功能齐备、设施先进的新一代数据中心,又是机场运行指挥中心,是支撑智慧机场的核心。该中心是北京大兴国际机场范围内所有弱点信息系统核心设备的运行场地,也是三大电信运营商、铁塔公司、有线电视运营商在机场区域内的核心机房,是全场通信链路的核心节点,具备承接集团各成员单位、各航空公司及其他驻场单位信息系统托管服务的能力。依托大数据中心,北京大兴国际机场基于云计算、人工智能技术构建了一套全面的机场信息系统。这套系统连接了机场内外的全部功能模块,它能够高效地支撑机场所有核心业务运行,主动预测运行趋势,自动高效地提供无缝的旅客服务。透过信息系统,结合互联网技术,能够为机场的模式创新提供支持和保障。同时,由于信息系统实现了实时数据共享,因此机场可以以此推动相关各方精诚协作,建立完整的多式联运体系,与周边机场联动发展,引领区域经济发展。信息系统还能提供足够的通信能力和协同合作能力,支持智慧城市的建设目标。

此外,北京大兴国际机场的数据中心借助北斗导航定位技术,对其室内外工作人员及行李车辆进行高精度定位。机场在首期建设中应用了超宽带(UWB)高精度室内定位系统,这在国内还是首例。作为一种新兴的室内定位技术,UWB能够利用定位标签向定位基站发射脉冲信号来进行精确的室内定位。新技术的启用,将使得北京大兴国际机场未来能够对室内的人员和车辆进行可视化监控和管理,以及为每个旅客提供量身定制的导航和服务。在行李运输方面,北京大兴国际机场的每辆行李车上将配备一个北斗导航定位设备,从行李托运开始就将实现行李踪迹的实时共享和精准定位。这样一来,在新机场几万平方米的分拣大厅,能准确掌握400多辆行李车在运转时的实时定位,从而帮助这些车辆更有序、更高效地运行。

第三节 提高机场资源利用的效益

一、机场经营管理概述

民用机场属于区域和城市的交通基础设施,具备社会公共品的特征;同时民用机场提供人员和物资流通服务,具备商业经营性质。根据国际机场协会(ACI)统计,2017年全球机场整体收入172亿美元,其中航空业务收入占比55.8%,非航业务收入占比39.9%,其他运营收入占比4.3%。全球平均每个旅客的服务成本为13.69美元,收入贡献为17.03美元,其中航空收入贡献为9.95美元,非航收入贡献为7.08美元。全球整体商业机场行业净利润率为20.8%,整体资本回报率高达7.4%。根据民航局公布的中国民航统计年报显示,2018年中国235家机场整体实现营业收入1104.2亿元,实现利润总额173.2亿元,利润率为15.69%。在整个航空产业价值链中,机场经营盈利能力还是比较优异的,甚至高于整体航空公司的盈利水平,但是就不同规模机场个体而言,则存在天壤之别。

根据美国联邦航空局(FAA)对美国全国450余家机场经营业绩统计结果显示,美国30家大型枢纽基本都是运营盈利的,美国31家中型枢纽基本都可以做到运营盈亏平衡,79家小型枢纽和美国310家非枢纽小机场平均处于运营亏损状态。我国绝大多数的小机场同样处于长期经营亏损的状态。这是产业经营的规模效应。由于中小机场业务量规模较小导致运营亏损是全球普遍存在的经济学规律,同样因为机场的公共品属性以及其具备的外部性价值,解决中小机场因为规模因素的持续经营问题,政府和地方对机场进行补贴是最主要的财政手段。财政拨款和财政补贴不仅仅帮助中小机场减亏而维持永续经营,同样对于大型机场补贴也非常普遍。大型机场的政府补贴往往聚焦于新技术应用升级以及机场新业务的扩张与建设等。

机场属于交通基础设施,其持续运营需要庞大的长期固定资产(跑道、航站楼等)支撑。在机场的运营成本中具有一种庞大的不容回避的资本开支,即折旧减值,约占运营成本的1/3。

美国整体机场折旧减值占运营成本的33.76%;大型枢纽占32.25%,中型枢纽占34.75%,小型枢纽占39.17%,非枢纽小机场占37.58%。这种现象也是全球机场的普遍现象。高额的折旧负担则催生了现代资产及资本结构优化的机场建设运营公私合作(PPP)及BOT等特许经营模式。北京大兴国际机场在建设过程中,大胆创新配套投资建设的PPP模式,将25万平方米的停车楼和13万平方米的综合服务楼特许经营公开招商,通过未来收益的分成模式,既减少了建设投资资金投入又取得了衍生收益的利益保障。香港机场2017—2018财年仅仅因为其新配套商业航天城的土地经营权出让就取得20亿港元以上的收益。

我国民用机场经营发展首先要着眼于机场业务量发展,这是机场经营的源泉。我国机场业务成长必须满足大型国际航空枢纽机场全面联通全球的国际化发展要求,必须满足全国区域发展的平衡要求,提高航空大众化服务覆盖率。我国民航机场业务发展必须补足基础设施的两大短板:一是中小机场数量规模不足和区域覆盖不平衡,以及中小机场的经营困境;二是区域大中型枢纽机场的容量保障能力和全面服务水平不匹配。应通过技术创新提高机场基础设施的空间和时间运营效率,全面真情服务,提升客户服务满意度。大力挖掘机场基础设施公共服务价值的潜力,实现其经济价值最大化,发挥区域内协同发展的优势,充分发挥地方政府投资主导作用,促进社会资本投资的积极性,实施科学、精准的补贴政策,激励机场业务持续健康增长。

二、机场的收入和成本

机场作为一个企业组织,其主营业务收入被分化为航空业务收入和非航空业务收入两部分,而且两部分基本旗鼓相当,这是机场经营的最大特征。作为综合交通枢纽的机场一方面完成航空服务取得收益,另一方面通过机场土地资源实现人员和物资流通过程的服务增值价值,进而形成机场的复合经营模式。

机场收费改革是深化民航改革的重要环节,近几年,中国民用航空局先后印发了《关于进一步深化民航改革工作的意见》(民航发〔2016〕40号)以及《中国民用航空局关于推进民航运输价格和收费机制改革的实施意见》(民航发〔2015〕132号)。机场收费制度改革具有以下作用:第一,初步确立机场收费管理体制和收费形成机制的必要途径,有利于发挥市场配置资源的基础性作用;第二,机场是具有社会公益性的基础设施,是航空运输系统的重要组成部分,机场收费改革有利于理顺机场管理机构与航空公司之间的利益关系,促进民航协调发展;第三,机场收费改革有利于吸收、借鉴国际民航业的先进制度和管理模式,逐步与国际接轨;第四,机场收费改革有利于逐步解决国内外航空公司收费标准差别待遇问题,使我国航空公司更好地适应民航业天空开放和世界经济全球化发展环境的必然要求;第五,机场收费改革进一步明确政府管理职责,有利于政府加强监管,规范市场秩序。

为贯彻落实上述两个文件的精神,按照保证安全、提高效率、鼓励竞争、促进通航的要求,发挥市场在资源配置中的决定性作用和更好发挥政府作用,进一步提高民用机场综合保障能力和服务质量,2017年1月中国民用航空局印发了《关于印发民用机场收费标准调整方案的通知》,综合考虑了国内机场的成本变动状况、资源稀缺程度和用户承受能力等因素,按照"成本回收、公开透明、非歧视性、用户协商"的原则,调整机场收费标准,不断完善机场收费形成机制。目标是进一步调整机场分类和管理方式,理顺收费结构,合理确定收费标准,扩大实行市场调节价的非航空性业务重要收费项目范围,加强机场收费监管,逐步建立与民航体制相适应的机场收费管理体制和定价机制。该方案自2017年4月1日起实施。

(一) 机场的收入

1. 机场分类目录

按照民用机场业务量将全国机场划分为三类,即一类1级机场、一类2级机场、二类机场、三类机场四个级别,实施分类收费,见表8-1。

机场分类目录   表8-1

机场类别	机场
一类1级	北京首都国际机场、上海浦东国际机场、广州白云国际机场
一类2级	深圳宝安国际机场、成都双流国际机场、上海虹桥国际机场
二类	昆明长水国际机场、重庆江北国际机场、西安咸阳国际机场、杭州萧山国际机场、厦门高崎国际机场、南京禄口国际机场、郑州新郑国际机场、武汉天河国际机场、青岛流亭国际机场、乌鲁木齐地窝堡国际机场、长沙黄花国际机场、海口美兰国际机场、三亚凤凰国际机场、天津滨海国际机场、大连周水子国际机场、哈尔滨太平国际机场、贵阳龙洞堡国际机场、沈阳桃仙国际机场、福州长乐国际机场、南宁吴圩国际机场
三类	除上述一、二类机场以外的机场

一类机场是指单个机场换算旅客吞吐量占全国机场换算旅客吞吐量的4%(含)以上的机场。其中,国际及港澳地区航线换算旅客吞吐量占其机场全部换算旅客吞吐量的25%(含)以上的机场为一类1级机场,其他为一类2级机场。

二类机场是指单个机场换算旅客吞吐量占全国机场换算旅客吞吐量的1%(含)~4%的机场。

三类机场是指单个机场换算旅客吞吐量占全国机场换算旅客吞吐量的1%以下的机场。

2. 机场收费项目

按照《关于印发民用机场收费改革方案的通知》(民航发〔2007〕158号)和《关于印发民用机场收费改革实施方案的通知》(民航发〔2007〕159号)两个文件的定义,在我国,航空性业务仅指与飞机、旅客及货物服务直接关联的基础性业务,包括起降服务、停场服务、客桥服务、旅客服务及安检服务五种。其余类似地面服务或是延伸的商业、物流服务等,都属于非航空性业务。非航空性业务又分为非航空性业务重要收费项目(包括头等舱、公务舱休息室出租,办公室出租,售补票柜台出租,值机柜台出租,地面服务收费五项内容)和非航空性业务其他收费项目。其中,航空性业务收费项目、非航空性业务重要收费项目的收费标准实行政府指导价,由中国民用航空局会同国家发展和改革委员会综合考虑机场管理机构或服务提供方提供设施及服务的合理成本、用户的承受能力等因素核定基准价。基准价一般不作上浮,下浮幅度由机场管理机构或服务提供方与用户在政府规定的浮动幅度内,根据提供设施和服务水平的差异程度协商确定具体标准。非航空性业务其他收费,原则上以市场调节价为主,市场竞争不充分的收费项目的收费标准,依据《中华人民共和国价格法》按照定价目录管理,见表8-2。

收费项目划分　　　　　　　　　　　　　　　　　　　　　表8-2

分类		收费项目
航空性业务		起降费、停场费、客桥费、旅客服务费及安检费
非航空性业务	非航空性业务重要收费项目	头等舱、公务舱休息室出租,办公室出租,售补票柜台出租,值机柜台出租,地面服务收费
	非航空性业务其他收费项目	除以上项目外的其他所有收费项目

（1）航空性业务收费。航空性业务收费包括起降费、停场费、客桥费、旅客服务费及安检费。具体收费项目见表8-3。

航空性业务收费项目　　　　　　　　　　　　　　　　　　表8-3

项目	内涵
起降费	机场管理机构为保障航空器安全起降,为航空器提供跑道、滑行道、助航灯光、飞行区安全保障(围栏、保安、应急救援、消防和防汛)、驱鸟及除草,航空器活动区地道面维护及保障(含跑道、机坪的清扫及除胶等)设施和服务所收取的费用
停场费	机场管理机构为航空器提供停放机位及安全警卫、监护、泊位引导系统等设施及服务所收取的费用
客桥费	机场管理机构为航空公司提供旅客登机桥及服务所收取的费用
旅客服务费	机场管理机构为旅客提供航站楼内综合设施及服务、航站楼前道路保障等相关设施及服务所收取的费用。包括航班信息显示系统、电视监控系统、航站楼内道路交通(轨道、公共汽车)、电梯、楼内保洁绿化、问询、失物招领、行李处理、航班进离港动态信息显示、电视显示、广播、照明、空调、冷暖气、供水系统;电子钟及其控制、自动门、自动步道、消防设施、紧急出口等设备设施;饮水、手推车等设施及服务
安检费	机场管理机构为旅客与行李安全检查提供的设备及服务,以及机场管理机构或航空公司为货物和邮件安全检查提供的设备及服务所收取的费用

（2）非航空性业务收费。航空公司航班的地面服务收费标准基准价按照《民用机场收费改革实施方案》执行。非航空性业务收费项目包括头等舱、公务舱休息室出租,办公室出租,售补票柜台出租,值机柜台出租,地面服务收费等,见表8-4。

非航空性业务重要收费项目　　　　　　　　　　　　　　表8-4

项目	内涵
头等舱、公务舱休息室出租	机场管理机构向航空公司或地面服务提供方出租头等舱、公务舱休息室,用于向头等舱、公务舱乘客或常规旅客提供候机服务所收取的费用
办公室出租	机场管理机构向航空公司或地面服务提供方出租办公室,用于工作人员日常办公使用所收取的费用
售补票柜台出租	机场管理机构项航空公司或机票业务经营方出租售补票柜台,用于办理售票、补票、改签等机票业务所收取的费用
值机柜台出租	机场管理机构向航空公司或地面服务提供方出租值机柜台,用于办理旅客交运行李、换取登机牌等登机手续所收取的费用
地面服务收费	机场管理机构或地面服务提供方向航空公司提供包括一般代理服务、配载和通信、集装设备管理、旅客与行李服务、货物和邮件服务、客梯、装卸和地面运输服务、飞机服务、维修服务等服务所收取的费用

①非航空性业务重要收费项目的收费标准基准价。非航空性业务重要收费项目(不包括国际及港澳航班的地面服务收费)的收费标准按《民用机场收费改革实施方案》执行,基准价一般不作上浮,下浮幅度由机场管理机构或服务提供方根据其提供设施和服务水平的差异程度与用户协商确定。

②非航空性业务其他收费项目。除了非航空性业务重要收费项目之外,其他收费项目都归在非航空性业务其他收费项目之内。

(二)机场的成本

机场是资本密集型的投资项目,但由于机场的体制差异,投资渠道、方式及资本金比例不同,机场管理部门介入的业务面不同,导致不同国家和地区的机场成本构成大不相同,甚至在同一国家,由于体制的差异带来成本构成的很大差异。

根据机场的投资及运营特点,我们可以把机场运营总成本分为资本性成本和机场运行成本两部分。

资本性成本主要是财务费用和机场提取的折旧费用,财务费用一般是指发行债券的利息费用或贷款的利息,本金还款任务通常由政府部门承担。机场的投资体制及国家的财政金融政策决定了这一成本的高低。计提折旧:跑道、停机坪和房屋建筑计提年限为30~40年,地勤服务的辅助车辆为6~12年,机械设备为10~14年。

机场运行成本是机场在运行过程中发生的费用,包括人工成本、摊销成本、燃料动力成本、经营成本、办公经费、税金支出、其他业务支出、其他支出等。

机场运行成本的特点如下:

(1)一次性投入成本较大、资金回报周期长,即资金周转慢、资金回报率低,承担了社会职能和发展地方经济的作用,是社会公益性行业,也是以非盈利为主要目的的行业。

(2)维修成本较大。由于机场地域广,价值高,技术含量大,跑道、停机坪设施安全系数要求严格,所以维护费用在机场生产性开支中占较大的比例。

(3)机场成本中人工成本相对较高,这主要是由于我国机场业兼有经营职能、管理职能、服务职能、企业职能与政府职能,使得管理成本和人工成本居高不下。

(4)机场企业远离市区。一些历史原因造成机场内小社会现象比较严重,机场承担了大量的社会化功能,也增加了大量的成本投入。

三、提高非航空收入,发展机场流量经济

在非航空业务领域,机场也是一个场地提供者,但不同的是,机场拥有非航空业务的控制权,除了表8-4中列出的非航空业务重要项目,机场还可以通过更好的商业规划和多种灵活的特许经营等方式来拓展机场非航空业务范围,提高机场非航空收入。

1. 非航空性业务

目前机场主要的非航空性业务主要包括:

(1)地面交通集散地。一般多为停车场收入,近几年来物流园区也开始贡献更多的价值。

(2)候机楼商业资源。大多是采用招标的方式选定的候机楼内的商店、餐厅、酒吧以及机场内的酒店、汽车租赁、航空配餐、行李分拣公司、货运代理等的租金。

(3)办公用房租赁。包括商铺以及为航空公司和其他办公单位提供的办公室、会议室和

商务活动所使用的办公用房。

(4)贵宾厅。在机场除了有航空公司为头等舱和商务舱的客人提供服务的贵宾厅外,部分机场也会为所有旅客提供有偿服务的贵宾厅。

(5)广告。广告收入在我国机场非航空性收入中占有相当大的比例。

(6)信息技术(IT)资源。大部分的机场内企业都可能需要租用专门IT公司开发的系统进行管理。

2. 非航空收入来源

(1)租金。出租场地直接给机场用户,包括:航空公司、地面代理服务商、货主、旅游代理、公用交通运营者、酒店、餐饮公司、制造公司等;出租值机设施、行李传送带、其他设备;还有政府机构(移民、健康检查)也要支付所占场地的费用。租金是商业收入中的重要来源之一。在欧洲机场,总收入中平均8%~10%来自租金,美国机场租金占总收入的1/4。

(2)特许经营费。从经营商店、免税店、非免税店、餐厅、休闲服务、广告、飞机相关的服务、旅客、行李或货物处理中收取的收入。

(3)机场自己经营的商业活动收入。

(4)机场从机场外经营活动的收入。

3. 机场流量经济模式

流量经济是指一个区域以相应的平台和条件吸引区外的物资、资金、人才、技术、信息等资源要素向区内集聚,通过各种资源要素的重组整合来促进和带动相关产业的发展,并将形成和扩大的经济能量、能极向周边地区乃至更远的地区辐射。流量经济主要依靠人才流、信息流、资金流值。

机场流量来之于航空主业。其中包括航空器流量、货物流量和旅客流量。未来随着大数据云计算及移动互联网的广泛应用,机场集聚的信息流也能够产生非常大的价值。利用专业化的经营和方法,使这些流量能够产生商业价值,给机场带来更多的收入和利润。通过航空主业不遗余力地追求流量规模,通过非航业务千方百计挖掘流量价值。

机场商业模式的核心就是航空主业不断提升流量,努力延长流量的资源停留时间,非航主业转化提升流量价值。所以未来机场的服务方向一定是增强旅客的自愿停留时间。当一个旅客总是赶在航班出发办理手续前最后一分钟抵达机场,航班落地之后,就立刻乘坐地面交通工具离开机场时,他实际上不会给机场带来任何收入上的增长。反之,当旅客在候机楼停留的时间足够长,一定会产生消费。货物停留的时间足够长,就会产生仓储物流甚至加工需求的可能性。争取更多航空公司进驻机场,为航空公司提供更多地面服务,获得流量价值。未来,机场将成为城市组成的一部分,象阿姆斯特丹国际机场一样,机场将成为市民、旅客消费娱乐的枢纽中心,促进价值流增加。2019年我国机场进出港旅客人数为13.5亿人次,人均机场停留时间为100分钟,其中70%以上旅客家庭年收入超过20万元。这些旅客主要集中在排名前30的大机场。排名前30的大机场占了我国机场客流量的90%。简单的说就是基数大,持续稳定,高价值,目标人群定位精准。面对如此庞大优质人流的商业价值开发,很多机场还有很大的上升空间。当前机场商业无法实现流量价值充分挖掘的原因主要有以下几个方面:一是机场商业面积占比较小。机场管理方普遍认为,机场是一个公共交通设施,商业设施属于配套部分,主次之间的界限较为明显。从数据上看,全国机场商业面积占航站楼总面积的平均占比约为8%。二是机场商业提供的商品服务的丰富程度较低。机场设施规划要首先满足航班运行相关服务的要求。所以商业设施位置不一定是优质的位置。在有限的面积下,商品服务的种类就没有那么丰富。机场常见的业态是当地特产、服装、书店、餐饮等丰富度低。零售方面商品单一、价格不合理等现象,导致旅客选择非常有限,购买欲望低。餐饮方面一方面品质和服务与价格严重不匹配,旅客感知差,另一方面餐饮品类少,难以满足旅客的多样性需求。三是旅客资源的停留时间非常短。主观上旅客仅仅把机场当作一个出行途中的节点,没有把机场当做一个能够吸引他们主动提前前往的景点。这时候旅客在机场基本没有消费意愿,只有在迫不得已的情形下才会产生消费需求。客观上大型机场离市区越来越远,旅客前往机场所要花费的时间越来越长。对于航程距离在1200公里以内,飞行时间小于2小时的航线,旅客往返于机场和城市的地面交通平均时间也接近2小时,与空中飞行时间相当。同时随着机场航站楼规模越来越大,旅客消耗在办理手续上的时间也越来越长。这些因素都会降低旅客在航站楼停留消费的意愿。

机场未来可以从以下几个方面来展开工作:一是增加机场流量规模;二是提高旅客办理乘机手续的效率,减少旅客非自由时间;三是合理规划机场,通过商业、服务和媒体的融合,打造主题机场,增加旅客自愿停留时间;四是充分利用互联网技术和思维,实现线上线下的融合。对于枢纽机场,在运营过程中主要的问题集中在提升现有的硬件设施的运行效率,以及尽可能地在保证现有机场正常运行的情况下,进行机场的一些改建、扩建、扩容的工作,来满足不断增长的流量的需求。同时要提高机场的连接性,实现和地面交通的无缝连接,以及确保旅客在航站楼内快速办理手续,减少排队的要求。对于客流量较少的支线机场,提升流量的关键在于紧密结合地方经济,吸引更多的航空公司开设更多的航线以及航班班次。着力发展航空主业,只有航空主业得到了高质量的发展,才有可能进行非航空业务的拓展,带来更多的经济效益和商业利润。

四、国内外机场经营现状及趋势

1. 美国机场

美国机场的日常运营以坚持公益性为主,对机场的定位是公益性的公共基础设施,机场收费受到相关监管,而且机场盈利只能用于改善自身设施和提高服务水平。美国机场大概可以分为4类,由高到低为国家机场、区域机场、地方机场和基础机场。美国大部分机场都是由地方政府进行管理和运营,公益性质明显。机场的建设通常由各级政府发放债券来集资并统一规划。机场收入主要来自航空起降费和政府补贴、相关税费等,亏空也由当地政府补贴。美国机场的服务水平并不高,Skytrax评选的全球机场100强,表现最好的丹佛机场也只排名29,最大客流量的亚特兰大机场排名只有50。美国机场普遍遭到了旅客嫌弃,《经济学人》对美国机场的评价称,这些机场不配作为进入美国的大门,太过"寒碜"。在美国的大型机场,机场的航空业务一般会与航空公司签订租赁协议,采取剩余成本法或者成本补偿法进行定价。机场成本先由非航空业务收入进行弥补,不足的部分由航空公司承担,这就是剩余成本法。而成本补偿法只需要航空公司每年支付机场一定的费用。美国机场对有些地面服务项目和商业项目会实施特许经营,但是在运作上有所差异。关于地面服务,机场会在航空公司和地面服务上签订协议后,再对服务商的资质、服务标准、人员培训、薪酬服务进行管理。而商业项目,机场会对受许人资质、人员培训、安全管理等方面提出要求,并对商家价格、服务质量进行监管。而特许经营费的确定一般采取年最低保证金和营业额比例提成相结合的方法。

以亚特兰大机场为例,作为世界上连续20年吞吐量最大的机场,2017年旅客吞吐量达到1.04亿人次。机场的航空业务主要是由航空公司支付起降费,航站楼租赁等费用。航空业务收费标准按照剩余成本法和登记旅客数(Cost per enplaned passenger,CPE)进行计算。2017年机场非航空收入是6.45美元/CPE,每位旅客带来的收入是9.56美元/CPE。非航空收入占比67.4%,但这并不意味着亚特兰大机场的商业经营水平非常高,很可能要归功于机场的公益性,对航空业务的低收费,起降费标准仅为0.29美元/CPE。亚特兰大的机场旅客人均收入9.56美元/CPE在世界大型机场中相对水平较低,因为机场非航空商业项目种类较少,服务水平评价不高。机场非航空商业项目种类较少,服务水平评价不高。机场除航空侧业务外,主要自己经营停车、汽车租赁、楼栋土地租赁、特色商店、航空物流和投资业务,而餐饮零售业主要采取特许经营模式。图8-2为机场的收入结构。

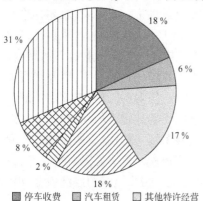

图8-2 亚特兰大机场2017财政年度机场收入结构

此外,美国机场多有创新特色,美国的纽瓦克机场在严格管制的背景下,脱离机场传统商店,鼓励支持当地小型企业在机场开设商店,利用快闪店等新兴趋势更好地利用机场狭小空间,提升高峰期收入。达拉斯机场航站楼旁的君悦酒店是许多美国企业的虚拟总部。斯德摩尔机场的教堂每年都会举行数百场婚礼。

2. 欧洲机场

欧洲机场的私有化程度较高,特许经营模式和价格管制政策比较成熟。多数大中型机场已经退出地面服务领域,由专业化公司提供相关业务。

英国希斯罗机场旨在成为西欧最好的机场,2017年旅客吞吐量达到7800万人次,营业收入为28.84亿英镑,人均收入36.97英镑。希思罗机场的收入划分包括航空业务(59.5%,未完全区分航空业务和非航空业务,包括航站楼的商业经营)、零售(22.9%)和其他(17.6%)。英国机场集团对机场业务采取三种运营方式:自己经营管理,特许经营,提供设备他人负责。自己经营的主要是安检、问询、航班显示等航空主业;特许经营主要是地面服务、餐饮零售、停车场等非航空业务;另外就是与空管、公安、边防等部门合作,提供设备。希思罗机场退出了地面服务领域,只相当于一个平台,每一项业务都有多家公司竞争经营,目前希斯罗机场地面服务的公司有13家,都是机场不持股的公司。目前希斯罗机场只是每年向地面服务公司收取一次固定费用。英国对大型机场实施政策上的指导,对小型机场则实施豁免政策,按照机场收入界定管制政策,一般以照营业收入100万英镑为界线。英国最先实行多数机场私有化及制定价格上限管制,价格上限的形式也是英国民航局设定机场收费条件的主要形式。

法国戴高乐机场是欧洲重要的航空枢纽,2017年旅客吞吐量为6947万人次,排名欧洲第二。其以"本土化、亲民"的经营思路吸引旅客,法国本土品牌、法国悠久的文化历史,以及法国奢侈品大国的特性,都为机场的而商业收入做出了卓越贡献。机场还创新数字化机场体验,吸引旅客,刺激消费。机场集团有机场销售公司和巴黎免税店两个子公司,分别负责机场的商业布置和商场经营管理。戴高乐机场还设立了价格调查员,时而进行市场调查,稳定机场商品的价格。

欧洲机场在机场服务改善上都卓有成效,比如包括哥本哈根在内的丹麦机场将机场运营焦点扩展到客户体验上,借助于流量管理系统,丹麦机场有效降低了旅客等待时间,提高了旅客满意度。爱尔兰的都柏林机场通过技术手段实现灵活的收费方式,进而吸引航空公司增开航线,创造新业务,增加航班和旅客数量。德国法兰克福机场拥有世界上最大的机场诊所,每年服务超过 3.6 万名旅客。

3. 亚洲机场

(1)新加坡樟宜机场。

新加坡樟宜机场是亚洲重要的航空枢纽,连接全球 60 多个国家和地区,有超过 120 家航空公司为超过 400 个城市提供服务,2017 年旅客运量 6220 万人次,截止到 2019 年已经连续 10 年获得 SKYTRAX 评选的全球最佳机场,连续 25 年被《商旅杂志》评为"世界最佳机场"。樟宜机场十分重视旅客体验,口号是"樟宜体验",樟宜机场的航空业务流程十分迅捷,旅客登记等待手续时间不超过 10 分钟,最后一件行李到达传送带不超过 29 分钟,旅客从下飞机到上出租车不超过 35 分钟。从而让旅客留出更多的时间享受其多层次、多元化的商业服务。樟宜机场旨在打造"购物和美食的理想机场",以花园式购物体验出名,早期便提出了"樟宜机场是世界最顶端的机场,以高效的效率和卓越的服务素质著称"。满足旅客在购物旅行、休闲娱乐多方面的需求,重视人性化、差异化服务。机场打造了 7 座主题花园,还有 LV 全球首家机场复式旗舰店,以及全球最大的动态雕塑之一"时之语"。樟宜机场是新加坡民航局下属的唯一机场,在建立之初就将非航空业务和打造国际枢纽的航空目标放在同样的战略高度,"港城一体化战略"给樟宜机场带来持续高额的非航空业务收入。2009 年新加坡樟宜机场集团(CAG)的成立标志着机场的企业化道路。

樟宜机场不仅仅是亚洲枢纽机场,更是新加坡零售额最大的城市购物中心,除了旅客,还有大量的新加坡市民在机场消费。2017 年机场零售额超过 25 亿新元(约 122 亿元人民币)。2017 财年,樟宜机场收入为 23 亿新元,其中非航空收入占比 61%,而零售等特许经营收入为 11.8 亿新元,占比 51%。樟宜机场规定机场同类产品不能高于市区的价格,酒、香水和化妆品等商品不能高于亚洲其他机场,否则双倍返还差价,还有 30 天内无条件退货的服务。樟宜机场依靠电子评价等系统获取顾客反馈,再利用数据分析等技术将顾客信息和机场多样化的服务实时联动,对商品进行评价分类,重构布局。

樟宜机场的特许经营收费主要是最低保证金和销售提成结合的方式。根据赵敏(2011年)的研究,樟宜机场的机场专营权对地面服务公司收取 10% 的收入分成,不同的商务项目提成比例不同,按照销售额提成,烟、酒和化妆品类的比例是 50%,餐饮的比例是 20%~30%,花店是 10%,电器店是 -10%~8%,电脑店则是 6%。

(2)韩国仁川机场。

韩国仁川机场的服务水平也是全球首屈一指,曾经连续 10 次获得国际机场协会(ACI)机场质量评估(ASQ)的最佳机场。集团致力于将机场打造成休闲、娱乐、购物的天堂,有酒店、桑拿、电影院、儿童区、美容、画廊等多元化的设施,包括鸟瞰飞机起降的收费展望台"Airstar

Terrace",还有滑冰场、高尔夫球俱乐部等。仁川机场注重提供本地化特色产品和服务,重视文化建设,修建了传统文化体验中心、文化博物馆等文化设施。集团正在开发机场复合型城市。除了旅客还吸引大量非旅客的社会消费者,每年获得超过 50 亿韩元的机场非航空商业收入。

仁川机场在非航空业务经营方面主要有特许经营模式和 BOT 专营模式。还会租赁公共空间举办各种主题音乐会。仁川机场免税店拥有 500 多个品牌,几乎囊括了世界上的奢侈品品牌。机场在品牌的选择上都是选择最好的品牌或者运营商来吸引终端客户,并且采取统一的品牌管理,韩国三大免税品牌乐天、新罗、韩国发展局都再整合成"AIRSTAR AVENUE",这也是世界上首个机场免税店整合品牌。

(3)日本机场。

日本机场可以划分为大型国际机场、干线机场、小型民用机场、军民合用机场四类。大型国际机场主要由中央政府、日本内阁运输省管理。大部分干线机场也是如此,但少部分干线机场由地方政府进行管理,而小型民用机场都是由地方政府负责。军民合用机场则是由军方负责。日本机场偏向于美国机场的公益性定位,但同时日本在机场的商业化运营上也较为成功,例如东京羽田国际机场就由"新东京国际空港集团"负责日常运作管理,关西机场也引入了许多民间财团的投资。日本机场服务水平非常高,以整洁、高效的服务流程闻名世界。日本有四家机场排在 2018 年世界最佳机场前 15 名,其中东京羽田机场排名第 3。新东京国际空港集团除提供航空服务外,还负责机场设施的管理租赁、航站楼相关商业场所的管理运营,以及商品零售、餐饮、停车场等业务,还负责一些建筑程项目的规划设计。集团成立了东京机场餐馆株式会社和国际协商株式会社负责饮食店运营和便餐、食品销售。株式会社羽田机场事业部负责机场店铺运营。2017—2018 财政年度集团的商业收入达到 895 亿日元,客流量达到 8541 万人次,旅客平均收入 1047 日元。其中零售业收入占比为 61%,达到 542 亿日元。

4. 内地三大机场与香港机场经营对比

中国民用机场业务量在全球范围内已经举足轻重,包括北京、上海、广州三大机场的大型机场在亚太更是耀眼明星。但是经营业绩上,虽然北京、上海、广州三大机场盈利能力较强,利润率远高于国航、东航和南航三大航空公司,但是即使在亚太区域内,三大机场的盈利能力和水平依然低于香港机场等亚太机场。

香港机场的旅客吞吐量大约是三大机场整体的 1/3;货邮吞吐量大约是三大机场整体的 2/3;起降架次全面低于三大机场,大约是三大机场整体的 27%。但是香港机场的 2017 财年营业收入接近三大机场 2017 年财年营业收入整体的 80%,香港机场单一机场的运营利润和净利润分别是三大机场整体运营利润和净利润的 104.8% 和 125.1%,香港机场盈利能力更是"秒杀"三大机场的整体总和。

内地三大机场的资产规模远低于香港机场,其实三大机场都是集团和股份公司双层结构,盈利能力比较强的资产一般在上市股份公司中,其他盈利能力较差的资产一般剥离在集团公司,中国民航机场经营发展必须盘活机场资产,在特许经营以及商业地产经营中模式不断演化升级,创新发展。

第四节 机场特许经营权

机场的收入来源分为两个部分:航空性收入和非航空性收入。在非航空性收入中,绝大部分又来源于候机楼商业特许经营收入。

一、机场特许经营权定义

机场特许经营权是指机场管理部门将自己拥有的土地使用权、机场航空运输业务保障服务平台资源、商业资源(统称为机场资源)所有权和处置权以特许经营权的方式优化,以许可证的形式准许符合标准的承运人(航空公司)和运营商使用,承运人和运营商使用机场资源,按照一定的规则,开展航空合作运输业商业活动及相关派生业务,并向机场支付相应的费用。

根据机场经营方所承担的角色不同,可以将机场特许经营权分为以下两个层次来定义。

第一层次概念:机场特许经营管理权。指政府与机场经营方之间所形成的特许经营权,强调的是政府与机场经营方之间的行政权授予关系,政府以特许经营权方式转让整个机场的经营管理权。因此,简单来说,机场特许经营管理权是一种典型的政府特许经营权。

第二层次概念:机场项目特许经营权。指在机场经营方在第一层次概念上,即机场经营方已获得整个机场的经营管理权力的基础上,机场经营方将部分权利授予其他投资者的特许经营权。强调的是机场经营方与投资者之间的民事商业法律关系,其中,机场经营方作为特许人,授权的客体是机场这一特定范围内的生产经营权利。因此,简单来说,这一层次的机场项目特许经营权与商业特许经营权相类似,如图8-3所示。

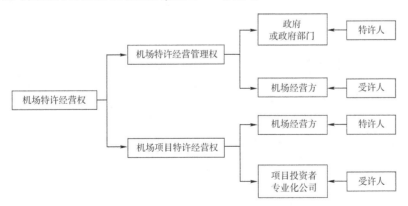

图8-3 机场特许经营权层次概念图

机场特许经营权从内涵上分析,是一种兼具政府特许经营和商业特许经营特质的特殊的特许经营权。从世界机场的经营情况看,虽然机场的产权构成、运营模式、市场环境和建设方式等各有差异,也难有一个能被各方所共同认可的最佳发展途径,但是机场行业的发展趋势,尤其是最近几年的发展趋势表明,机场特许经营模式已成为国内外大中型机场广泛采用的管理和运营模式,实践也证明特许经营能够有效提高机场的商业价值,为机场带来可观的经济收入。

二、所有权结构决定特许经营权的性质

从全球机场所有权结构来看,可以分为国有化和私有化两大类,其中国有化模式以美国机场为代表,日本、我国台湾地区也采用类似的投资和管理模式,机场的所有权属于政府,民用机场定位为公共基础设施。正是基于机场国有的所有权结构,美国机场的特许经营权具有典型的政府特许经营权特征,在实际运营中可以广泛采用PPP、BOT和TOT等政府特许经营模式,机场管理机构自身则不从事机场具体经营业务。私有化模式则以英国机场为代表,如欧洲等国机场普遍采用类似的投资和管理模式,机场的所有权属于私人企业,机场的建设和运营都由私人企业负责,机场管理机构实行企业化和商业化的管理运营方式,因而机场具体业务是否开展特许经营,则由机场管理机构根据其自身经营能力、相关行业的专业能力和核心竞争力等因素自行判断与选择,具有典型的商业特许经营权特征。

【案例】中国香港机场特许经营权概况

中国香港机场对项目特许经营权的应用十分广泛,基本上涵盖了机场的所有业务内容。从具体项目内容上看,主要可以分为两类:一类是与机场运行直接相关的项目特许,主要包括飞机维修、航食配餐、物流货站、机坪地服与航油服务等辅助设施项目,香港机场称为"专营权"。由于这一类特许经营项目普遍具有建设投资大、经营周期长和民航专业性要求高等特点,为此,香港机场管理局主要采用BOT(建设—运营—转让)模式来实施特许经营权,即:机场采用公开招标方式选择1~3家不等的专营商(目的是维持市场竞争,避免被独家垄断而导致的效率低下情况),并授予专营商10~30年不等的特许经营期,而机场与专营商采用固定租金加营业收入提成、按单位业务量计费、租金与特许权收入取高或固定特许权收费等方式分享运营收入。

另一类是与机场运行不直接相关的项目特许经营权,主要包括航站楼商业零售、广告、机场内酒店与餐饮、办公楼等商业项目,香港机场称为"特许经营权",目的是与前一类相互区分。由于这一类项目的主要特点是市场参与主体众多、盈利水平高、社会化程度高、民航专业化程度低,因而香港机场管理局通过公开招投标方式确定运营商,通常运营时间为3~5年,一般采用固定租金加营业收入提成收取特许经营费(表8-5)。

香港机场项目特许经营概况　　　　　表8-5

业务类型	专业化公司	备注
航站楼内地面服务	怡中航空服务公司	包括值机、特殊旅客服务、登机口服务等
	新翔服务公司	
	香港机场地勤服务公司	
	国泰航空	
	美国联合航空	
	中华航空	

续上表

业务类型	专业化公司	备注
机坪地服	怡中航空服务公司	包括行李分拣、货物装卸、登机桥操作、客梯车操作等
	新翔服务公司	
	香港机场地勤服务公司	
飞机维修、检查	香港飞机工程公司	专营权
	中国飞机服务公司	
	泛亚太平洋航空服务公司	
航空配餐	国泰航空饮食服务公司	专营权
	德国汉莎航空膳食服务公司	
	佳美航空膳食公司	
航油服务	香港航煤公司	专营权
	中国航油香港供油公司	
	环美加油航务公司	
货运、物流	亚洲空运中心公司	专营权
	香港空运货站公司	
	敦豪空运公司	
	国泰航空服务公司	
	香港邮政	
	机场空运中心公司	
	商贸港物流中心	
贵宾服务	环亚机场贵宾室	商业特许经营
	美国联通贵宾室	

【案例】新加坡樟宜机场特许经营权概况

樟宜机场最初由新加坡民航局负责经营管理,2009年进行企业化改革,重组拆分以后,新成立的樟宜机场集团(CAG)负责机场运营,安全监管等事项则由民航局分管。作为机场行业的运营典范,新加坡樟宜机场同样采用特许经营管理模式,并且几乎将所有的地面服务业务及航站楼商业运作都通过实施特许经营而移交给专业化公司运作,机场集团(CAG)自身则不从事任何具体项目的经营,只是将经营重点放在管理运营和服务质量上,取得了良好的经济效益和管理成就。与香港机场类似,新加坡樟宜机场的项目特许经营权也基本涵盖了机场的所有业务,按照业务范围不同,主要分为商业特许经营权和特许专营权。

商业特许经营权主要包括机场候机楼内的业务,包括商业零售、餐饮服务和休闲服务业务(广告业、外号兑换、租车等)。特许经营费主要由固定租金和营业收入提成组成,其中营业收入提成的比例则是根据经营商品的类型以及销售情况来确定。通过这一特许经营收费方式,樟宜机场与租户等受许方结成"利益共同体",一方面降低了租户收回租金成本的经营压力,不必一味追求高价低质的生存方式,可以提供更为优质的商品与服务,吸引更多的客户;另一方面樟宜机场因为特许经营权所带来的丰厚收入,得以有利润空间去降低对航空公司所收取的航空性业务收费,从而增强了自身的竞争力。

特许专营权主要包括地勤业务、飞机专业维护业务、航空加油业务等地面服务类业务。特许专营费一般包括固定土地租金、营业收入提成等,具体提成比例根据地面服务业务性质确定。如地勤业务,樟宜机场按营业收入的10%收取特许经营费,且每隔三年进行商业谈判,双方重新协商确定提成比例或收费方式;飞机维护业务,通过特许经营方式,授权新航工程有限公司和新加坡航宇工程公司经营,并按土地面积收取固定资金,并按营业收入的10%作为特许经营收入。同时,为保持市场充分竞争,避免垄断造成的经营效率低下,每一项地面服务业务都授权2~3家专业化公司运营。同时,通过制定详细的服务标准,具体标准涉及安全、效率和服务质量等机场地面运行的各个方面,以及加强监督考核力度,确保机场地面服务的高效、正常和优质运作。

从我国实际情况来看,我国机场兼有美国模式和英国模式两者的特点,与新加坡、中国香港机场的模式更为接近。主要表现为:一是我国将民用机场定性为公共基础设施,且我国大部分机场的所有权或控股权属于政府;二是我国机场属地化改革之后,机场管理机构大多为自负盈亏的独立法人公司,且普遍采用企业化运作,因而我国机场特许经营权兼有政府特许和商业特许的双重特征。机场特许经营权具有两层次概念的观点,具体见表8-6。

不同机场特许经营权特点 表8-6

内　　容	美国模式	英国模式	中国模式
机场所有权	中央或地方政府	私人企业	国家所有或控股
机场管理机构性质	政府机关	独立法人公司	独立法人公司
投资建设方	中央或地方政府	股东或机场自身	政府或机场自身
经营管理体制	仅负责管理,不经营	管理及经营	管理及经营
特许经营权性质	政府特许	商业特许	政府、商业特许兼有

三、机场特许经营权项目分类

参照国际民航组织航空运输委员会1986年编辑的《机场经济手册》和国际民航组织理事会发布的《理事会致各缔约国关于机场和航路航空导航设施收费的声明(9082号文件)》中,对机场业务结构的划分和对"特许经营"业务的建议,结合我国机场管理体制和现有业务构成状况,将机场项目特许经营权进一步划分为商业特许权和专营权两个部分。主要划分依据为投资成本、特许期限、民航专业化程度、收益水平高低等,具体见表8-7。

机场两类特许经营权特点 表8-7

内　　容	商业特许权	专　营　权
投资成本	小	大
特许期限	3~5年	10~30年
民航专业化程度	低	高
收益水平	高	适中
主要经营场所	航站楼内	机坪及附属设施
特许权价值实现模式	保底+提成	固定比例收益
实施方式	公开招标或招商	谈判协商

1. 商业特许权

商业特许权主要包括航站楼内的商业零售、广告、餐饮、酒店、办公物业租赁、租车、旅客服务等业务的经营权。此类特许权是由机场经营方完成基础设施的建设,且行业准入门槛较低,具有众多的潜在投资人,因而机场经营方往往通过公开招标或招商形式实施特许权转让。特许权价值的表现形式主要为"保底租金+营业收入比例提成"或"固定租金"的模式。

2. 专营权

专营权主要包括机坪地勤业务、飞机维修业务、航食配餐、航油业务、物流货站等业务的经营权。此类特许权因为所涉及行业具有较高程度的专业性,且往往涉及大量的基础设施投资,潜在投资人较少,因而机场经营方往往通过单独协商、竞争性谈判等方式实施特许权转让。特许权价值的表现形式主要为"按单位生产量或营业收入比例提成"的模式。

四、国内机场按经营现状分段实施

我国机场有着不同于国外机场的特点,如大多数机场在下放前都脱胎于旧的民航管理体制,因而,机场与民航管理局、航空公司、油料公司相互之间的责、权、利关系存在不够清晰的地方;国有资产在机场领域占绝对控制地位;多数机场的建设由机场、航空公司、航管、油料分别投资特定项目,这在客观上造成机场特许经营权的相对不完整性,但是,机场管理部门作为整个机场业主的定位不应受到任何影响。

以上特点决定我国机场在实施机场特许经营权时,需要根据自身情况分阶段推进。

对机场管理部门自身无争议的资源权利,可首先推进,如机场非航空性业务其他项目:候机楼商业、机场广告等。

对有小争议的资源权利,可先行协调后再予实施,如基地航空公司在基地机场的旅客过夜用房,按照国家规定,只能接待航空公司自身的内部人员,如需对外营业,必须首先获得机场管理部门的许可。

对有较大争议的资源权利,结合民航体制改革步伐加以积极推进,如机场飞行区的航油供应管网由机场管理部门收购(该管网本应属于机场特有基础设施,如机场不能收购,就保留对其实施特许经营管理的权利)、天然形成的基地航空公司在基地机场的特许经营等问题。

由机场管理部门筹资、开发建设的新机场,必须按一切机场资源归机场的原则进行管理,土地使用权完全归机场管理部门所有,机场管理部门拥有完整的机场经营权,对机场进行整体规划,各驻场单位,包括航空公司、油料公司、飞机维修公司等则向机场管理部门租赁土地、自行建设或租赁房屋,用于满足公司自身的需求。

五、机场特许经营应遵循的原则

1. 机场特许专营权的准入原则

为确保机场航空业务的健康开展,对机场特许专营权的准入对象应有严格的限制和规定。对于航空企业经营许可证范围内的业务应仅限于具有相关资质和能力的航空企业(包括航空公司、机场及其他航空企业)来经营,非航空企业不应被赋予此项经营权。

对于与机场土地、物权相关联的业务,机场的经营权是相对的,它不应排斥以该机场为基地的航空公司从事相同业务的权利。基地航空公司是经过中国民用航空局批准的,它们以购买和租赁等方式获得相应的土地等物权的使用权,因此不需要取得许可从事在机场范围内的与本公司航空主营相关的业务。

2. 机场特许经营权的开放原则

机场业是具有非常明显的自然垄断性质的行业,机场应实施管理职能与经营职能的分离,淡化经营性职能,强化管理性职能,真正做到由经营型向管理型的转变,遵循机场经营权开放的原则。若不能做到这一点,机场继续利用自身的垄断地位,则不可能通过特许经营权的发放引进真正的市场竞争机制。

应改进机场服务体系与运营指导思想,形成开放的、适度竞争的格局。机场的最终服务对象是航空公司和旅客,从根本上说,航空公司也是机场的客户,机场的生产运营应围绕在如何配合航空公司为旅客提供乘机便利、满足旅客的多样化需求等问题上。作为机场管理方,应集中精力从事计划、设计、融资、建设、运营和维护工作。在大力提倡服务和合作理念的前提下,围绕航空业务为航空公司的日常运营工作提供必备的资源与各项软、硬件保障。

3. 政府监督原则

机场公司基本属国有资产,产权关系尚未得到根本解决,机场的最终所有者是国家而不是任何个人或企业。国家作为国有资产的最终所有者,应该对机场开展非主营业务中所涉及的重大资产行为予以考核监督。特别要注意的是,长期以来,我国公共行政管理中严重存在重实体、轻程序的现象,往往在事后才去解决,而不是将问题的隐患在事先予以消除,这样大大加重了行政成本与市场交易成本。在具体实践中,政府的监督,关键不在于对于某一具体企业的行为的管制,而在于事先制定公平、公开的"市场进入规则",在这一规则下,由特许经营权许可者与被许可者在不受干预的环境中进行协商谈判,决定特许经营的方式与细节。

机场在收取特许经营费之后,容易对特许经营受许人的经营缺乏管理,这样就容易造成特许经营者利用机场相对具有垄断性的资源,提高服务价格,损害消费者利益。对于这种情况,民航管理部门、当地政府管理机构在事前要多方征求意见,设计可操作的方案,立足于预防;事后要进行价格监督,保障机场非航空性业务的市场秩序。

六、实施步骤和要求

1. 确定机场特许经营权范围

凡是使用到机场资源,需要机场进行统一管理,并且有可能形成竞争环境的经营项目都可以作为特许经营项目,主要包括机场地面服务代理、航空燃油、商业、银行、出租车、汽车租赁、机场广告、公共汽车、旅客班车、免税店、宾馆等一系列经营项目。而其他一些诸如货站、配餐等由各航空公司或其他经营者自己投资经营的项目,机场则没有特许经营的权力。

对航空公司来说,经营航空、旅客、货物运输业务,必然要在机场区域内对自己的飞机、旅客、货物进行保障,开展各种航空服务业务,这是航空公司运输服务价值链上的一个环节。因此,航空公司在自身的服务价值链上开展各项航空服务业务是不以盈利为目的的,不在机场特许经营范围内。

2. 机场特许经营的招投标

机场特许经营权的法律性质属于民事权利的转让,在转让方式上应采取公开招标的方式,招标要按照《中华人民共和国招标投标法》规定的程序进行。机场特许经营权由机场资源的法定代表实施授予,法定代表一般为机场管理部门。机场管理部门对运营商的选取通过市场化的招标方式来进行,整个招标过程完全公开透明。

机场实施特许经营的一个基本前提是,机场管理部门不参与任何直接经营活动,与具体业务经营单位彻底脱钩,不存在任何股权或直接利益关系。

机场管理部门通过公开招标,按业务选择具体的经营单位。首先由承运人和运营商向机场管理部门提出申请,机场管理部门根据经营准入标准及规则对申请人的资质进行审核,对于符合经营准入标准及规则的申请人,机场管理部门与其签订特许经营合同并发放许可证,申请人即获得了某项机场业务的特许经营权。受许人必须按限定的业务范围在规定期限内从事特许经营活动,并向特许人交纳特许经营费。

3. 谈判及合同订立

在机场特许经营合同签订之前,双方的洽商、谈判尤为重要。一旦选定运营商后,机场特许经营的授予方和受许方将会就具体经营事宜进行谈判。在谈判中,涉及以后的合作方向、利润分配、权益保护、管理权限、合作时长、合同签订、合约解除等众多问题。尤其在机场专营权项目的谈判上,因涉及工程较大,历时将较长。

航空发达国家和地区的机场特许经营是依靠正式合同来维系的。这就要求双方强调法制,依法对特许经营合同加以规范。在订立各种特许经营合同前,会对各种管理模式进行深入研究,并指出如何管理、如何立法。在合同订立上,机场管理部门拥有主动权,机场的特许经营合同的条款基本上是由特许人制定的,运营商必须服从特许经营合同的约定,同时可以在谈判中强调对一些合同条款的要求。

4. 机场特许经营的管控

机场特许经营的管控包括两个方面:一是价格;二是质量。

(1) 价格管控模式。

对商品和服务的价格管控是机场特许经营管理的重要内容之一,其主要模式包括以下几种。

①在机场特许经营的管理中,对于某些业务,机场管理部门会实行价格控制,采取由机场管理部门定价,或机场管理部门与运营商共同制定价格等方式来实现机场的价格管理。

②在机场特许经营的管理中,通过引入竞争机制来实现价格管控的手段很常见。对于某项业务,机场管理部门选择两个以上运营商同时提供服务,并采取措施鼓励竞争,以防止价格垄断。

③机场管理部门还可以通过成立旅客投诉机构来处理旅客与运营商之间的矛盾,也便于对运营商的服务质量及价格进行监管。

(2) 质量管控模式。

综观航空发达国家和地区的机场对特许经营运营商的服务管理,一般是通过机场管理部门在运营商招募和经营管理中制定统一的服务标准,由机场管理部门充当服务设计者来实现的。

同时,航空发达国家和地区的机场都会成立旅客投诉机构,以处理旅客与运营商的矛盾,也便于对运营商的服务质量进行监督。

5. 机场特许经营的收费

特许经营收费是机场收入的重要组成部分，国际民航组织在机场收费体系中认为：机场应当在机场设施内尽可能地开发非航空性商业活动，以取得特许经营收入和租金。

但是，机场特许经营收费的目的不是仅仅为机场管理部门带来高额收入。根据《机场经济手册》所述：在试图通过提高特许经营费来增加机场收入时，建议要谨慎行事，以避免特许权受让人的零售价过高。因此，特许经营并非机场公司为获取不合理的高额收入所增设的收费项目，其数额仍需要根据市场规律合理地确定。降低特许经营费有利于提高机场的竞争能力并吸引更多的航空公司。因此，国际机场有降低特许经营费的趋向。

在机场特许经营收费中，普遍流行收益共享机制。特许经营费的收取通常采取最低保障费额与按营业收入的一定比例计费相结合的形式，目的是使机场管理部门与特许经营商在一定程度上实现风险共担、收益共享，共同做大、做强机场的市场。

思考题

1. 民用机场的特点有哪些？
2. 民用机场的内部资源有哪些？
3. 谈一谈如何提高机场航空业务的运行效率。
4. 机场的收入有哪些？
5. 机场的非航空业务有哪些？
6. 谈一谈你对机场流量经济模式的理解。
7. 什么是机场特许经营权？谈一谈机场特许经营权在机场非航空业务中如何应用。

CHAPTER

第九章

民用机场服务质量管理

第一节　民用机场服务质量

2015年,习近平总书记对民航工作做出重要批示:"民航业是重要的战略产业,要始终坚持安全第一,严格行业管理,强化科技支撑,着力提升运输质量和国际竞争力,更好服务国家发展战略,更好满足广大人民群众需求。"这既是对多年来中国民航努力实施大众化战略的肯定和鼓舞,也对中国民航要进一步提升服务质量提出了殷切期望和巨大鞭策。我们要以习近平总书记对民航工作重要指示批示作为基本原则,始终把真情服务作为底线要求,始终把航班正常率作为服务品质的重要标志,始终把提高服务质量作为更好满足广大人民群众需求的出发点和落脚点。

一、概述

服务是指为他人做事,并使他人从中受益的一种有偿或无偿的活动。其不以实物形式而以提供劳动的形式满足他人某种特殊需要。

国际标准化组织把服务定义为:为满足顾客的需要,供方和顾客之间接触的活动以及供方内部活动所产生的结果。

1. 机场服务的含义

(1) 服务是一种商品。

民航作为第三产业、服务性行业,其本质属性、最终产品就是服务。民航运输与其他运输方式一样,它并不生产具有实物形态的物质产品,而是提供一种使旅客和货物在一定时间内发生空间位移的服务。提供这种服务的过程就是民航运输生产产品的过程,也就是顾客的消费过程。在旅客到达终点站并提取了行李或货主提取了货物之后,这种服务(或生产或产品的消费)过程也就随之结束。因此,航空运输产品是无形的,既不能储存,也不能转让,是一个过程。这个过程是指从顾客咨询、订座、购票开始,到最终到达目的机场并离开机场的全过程。

在市场经济的条件下,服务是产品,也是商品。机场的服务与旅客的关系也是一种商品交换的关系。服务的市场价格是由所有向旅客提供的服务产品的环境、场所、工具、资金以及劳动力价格所决定的,这些构成了服务产品的成本。通过服务取得合理的利润,是企业采取这一行为的动力,也是市场经济条件下企业核心竞争力的重要因素。

然而,服务又不是简单的商品。机场的服务还是社会道德的承载者。服务是一种为他人提供方便的行为,不管它的性质是不是商品,都在一定程度上反映了社会道德积极和谐的方面。因此,用"给多少钱干多少活"的观点对待服务工作是不对的,也做不好服务工作。机场服务的核心是真情服务,是社会道德。而服务产品的商品性质,则是真情服务与社会道德在市场条件下的载体。它所提供的范围并不是真情服务与社会道德的全部范围。在可能和需要的情况下,真情服务与社会道德所规范的行为,可以远超出服务产品的范围。这种真情服务,不仅要表现在提供服务的个体上,更要表现在提供服务的整体上。从这个意义上说,真情服务是做好机场服务工作的原动力。

(2)机场服务是一种体验。

飞行是一种航空产品,更是一种服务体验。机场作为航空旅行中重要的体验环节,机场候机楼的服务体验也至关重要。在此,由衷地希望在旅客出行极为便利、航空票价更为低廉的今天,机场的服务也能摒弃程序化、烦琐化的旧模式,更为人性化、独立化,找出自身的亮点,树立自身的形象和品牌。现在世界级机场都用自身的服务亮出招牌,包装自己、展示自己、营销自己,让旅客在计划行程时永远把你作为其中的一站,真正打造"机场之家"的感觉,用更快速、简便、舒适的服务,让自己为国人、世界所称赞!

(3)服务趋向多元化、个性化。

随着国内航空消费结构的不断改变,随着国家对外开放的不断扩大,我国航空市场的消费需求也日趋多元化,个性化需求快速增长。而服务本身,则开始贯穿于企业创造价值的全部过程。服务的本质是体验,而体验的最佳答案是愉悦。不同年龄、不同国籍的旅客,消费习惯各异,消费需求五花八门,对服务的要求也越来越高。作为一个大型国际航空枢纽,只有及时转变服务理念,不断创新服务内容和手段,在细节上下足功夫,才能给旅客留下难忘的旅途体验,才能提高旅客的满意度、忠诚度。

2. 航空运输服务质量

(1)定义。

机场服务是整个民航运输服务链中的一个环节。民航运输服务质量包含了机场服务质量的内容。民航运输服务质量是指"提供民航运输产品(服务)满足顾客需求能力的特征和特性的总体反映。"

由于民航运输产品的生产和消费的特殊性,其产品质量的衡量标准和指标与其他有形物质产品不同。属于服务产品的质量,一般指提供能够满足顾客需求所具备的服务内容、服务态度、服务技能、服务效果、服务的周到和及时程度以及价格等特性。衡量这类产品的质量,不仅取决于提供的服务本身具备的要求和特性,而且由于这类产品质量的标准是一些不可以完全量化的指标,因此很大程度上还取决于大多数顾客的满意程度。

(2)特性。

民航运输生产的产品质量是"以安全为中心的优质服务"。具体来说,民航运输产品的质量具备以下几个特性。

①安全性(Safety)。民航运输是一种特殊的运输方式,它借助于飞机这种现代交通工具,将旅客和货物在一定时间内从空中快速运送到目的地。整个运送过程必须保障旅客安全、货物无损。这是民航运输产品的第一个重要质量要求。衡量这一质量的优劣通常采用每百万飞行小时发生重大事故的次数(旅客安全运输率)、安全飞行率和货运损失赔偿率等几个指标。具体计算方法如下:

每百万飞行小时发生重大事故的次数 = (年重大事故的次数/年百万飞行小时) × 100%

安全飞行率 = [周期内安全飞行(起落)架次/周期内实际飞(起落)架次] × 100%

货运损失赔偿率 = (周期内货运赔偿金额/周期内货运总收入) × 100%

②正常率(Punctuality)。航空运输最主要的特点就是速度快。因此,旅客运输正点始发和货物按期运达是民航运输产品质量的另一个重要指标。对于旅客运输来说,就是正点始发和正点到达、中转等候时间以及飞机调配的及时程度等。影响民航旅客运输正点率的因素很

多,本书主要考核始发正点率指标:

报告期航班正点率 = (报告期正常始发航班数/报告期始发航班总数) × 100%

报告期平均延误时间 = 报告期延误时间总和/报告期延误航班次数

对于货物运输来说,影响正点率的因素有货物的地面运输、发运、中转等。通常采用货物的按期运达率指标考核:

报告期运达超期率 = (报告期超期货物吨数/报告期运输货物总吨数) × 100%

③舒适性(Performance),民航旅客运输的舒适性,主要反映在两方面:一是环境的舒适性,包括地面的购票环境、机场候机环境以及空中的乘坐环境等;二是服务,如态度、便利、周到、及时等。

由于一般无法使用量化指标来直接衡量旅客运输舒适性的程度,航空运输企业通常通过旅客或顾客的投诉情况来反映。

投诉率 = [服务质量投诉件数/吞吐量(万人)] × 100%

对于民航货物运输,主要质量指标就是货物或行李运输的完好率,如货物在仓储、装卸和运输过程中完好无损,以及货物交运和提取时的服务态度、便利程度等。货物运输可以通过货物吨位损差率来考核。

货损率 = [货物损坏吨(件)数/货物运输总吨(件)数] × 100%

货差率 = [货物差错吨(件)数/货物运输总吨(件)数] × 100%

④便捷性(Convenience)。便捷性是指旅客购票、进港、登机、中转、离港和货物交运、提取时的方便程度。

⑤经济性(Economy)。民航运输产品的质量还反映在运输价格上,即物美价廉。上述前四项用于考核产品是否"物美",而经济性则考核"价廉"程度。与其他产品一样,价格低才有市场竞争性。在生产过程中,必须充分合理利用资源,运量多、速度快、质量好、费用省才能降低生产成本,提高经济效益。

民航服务应满足旅客对安全、正常、舒适、便捷、经济等方面的需求。从需求角度来看,马斯洛需求理论包含了五个层次:生理需求(衣食住行)、安全需求、社会需求、尊重需求、自我价值实现需求。如果再进行归类划分,可以将正常需求与安全需求划为服务的理性需求,它属于传统的产品范畴,是产品的基本属性;舒适、便捷、经济可划为服务的感性需求,更多地属于精神情感层面的范畴。

根据马斯洛需求理论,我们可将民航服务分成两大类服务:一是基础服务;二是创新服务。基础服务包括安全和正常,是满足旅客的理性需求,解决旅客出行的基本需求。创新服务包括便捷和舒适,是满足旅客的感性需求,优化旅客出行体验。

二、机场服务质量概况

1. 我国航空运输服务质量管理进程

从周恩来总理最早提出的"保证安全第一,改善服务工作,争取飞行正常"的重要指示至今,历届中央领导都对民航工作给予高度重视,对民航安全和民航服务给予殷切期望。习近平总书记在对民航工作的重要批示中明确指出,民航业要"更好地满足广大人民群众需求"。中国民用航空局"十三五"提出要坚持"飞行安全、廉政安全、真情服务"三条底线,努力做好各项工作。真情服务是民航作为服务行业的本质要求,是全心全意为人民服务宗旨的根本体现,是坚持飞行安全、廉政安全的出发点和终极目标。这既是在民航发展新阶段落实"人民航空为人民"的需要,更是民航全行业各单位"全心全意为人民服务"的具体体现。民航只有不遗余力地补齐"服务品质"这块短板,才能实现社会满意、人民满意的民航行业发展目标,才能更好地服务国家发展战略,更好地满足广大人民群众的需求。

中国民用航空局高度重视服务工作,从 2016 年局党组提出真情服务的工作底线以来,2016 年民航局在全行业开展了民航服务质量提升的专项行动,2017 年开展了民航服务质量规范的专项行动,2018 年开展了民航服务质量建设专项行动。民航提升服务质量是抓手,也体现了中国民用航空局党组对全行业服务的重视。通过查找民航服务的痛点问题,补齐民航服务的短板。每年一个工作主题,每年一次提升行动,每年民航的服务工作都上了一个新的台阶。

在 2018 年全国民航工作会上,中国民用航空局党组又根据十九大精神做出了推动民航高质量发展、开启民航强国建设新征程的战略谋划。在这个基础之上,民航服务质量的重要性更凸显出来。民航业本身就是交通运输服务行业,高质量发展的核心体现就是服务质量,服务质量成为推动民航强国建设、助力民航高质量发展的核心动力。

2. 民航服务与世界仍有较大差距

尽管如此,我们也要看到民航服务的许多不足。随着经济社会的发展,旅客对航空运输的需求呈现出多元化、差异化的特点,民航还不能完全满足不同地域不同旅客的多种航空需求;民航的航班正常保障能力有待进一步增强,航班延误后的服务保障和快速处置能力还不尽如人意,距离旅客、公众和社会的要求还有较大的差距。我们要头脑清醒,认识明确,对服务工作绝不能掉以轻心,更不可盲目乐观。要深刻领会中央领导同志的重要批示精神,切实严格管理,对症下药,进一步提升行业服务质量水平。

尽管"航空式服务"一直是高水平服务的代名词,民航服务也一直是各行各业学习的榜样和标杆,但还是应该清醒地认识到,自身在服务方面仍存在"短板"。如航班正常问题、票务问题和行李运输问题等一直是社会诟病的焦点。从消费者事务中心受理旅客投诉情况看,近年来这三个方面的投诉量占全部投诉的 90% 左右。还有餐食问题,旅客对此抱怨也比较多。下述三个不同机构对机场的评选结果显示了我国民航与国际水平的差距。

(1) 2019 年中国机场服务测评报告。

CAPSE 2019 年共测评 57 家机场,其中包含 37 家中国内地机场,20 家国际及中国港澳台机场。CAPSE 机场服务测评包括综合得分 1 项,一级指标 6 项,二级指标 37 项。中一级指标分别是机场交通、机场安检、机场服务与设施、机场商贸、行李服务和航班不正常保障服务六大类。中部分测评数据见表 9-1 和表 9-2。

2019 年中国内地机场综合得分前 5 位　　　　表 9-1

排　名	机　场	综 合 评 分
1	上海虹桥国际机场	4.03 分
2	厦门高崎国际机场	4.00 分
3	深圳宝安国际机场	3.99 分
4	上海浦东国际机场	3.98 分
5	广州白云国际机场	3.98 分

2019 年国际及中国港澳台机场综合得分前 5 位　　　表 9-2

排　　名	机　　场	综合评分
1	新加坡樟宜机场	4.22 分
2	东京羽田国际机场	4.20 分
3	东京成田国际机场	4.16 分
4	大阪关西国际机场	4.14 分
5	台湾桃园国际机场	4.07 分

（2）2020 年世界著名航空咨询机构 Skytrax 最佳机场评选。

英国知名航空公司及机场质量标准测评机构 Skytrax 发布"2020 年全球最佳机场奖"(The World's Best Airport of 2020)，新加坡击败东京和首尔等竞争对手，再次蝉联桂冠，这也是新加坡樟宜机场连续第八年被评为"全球最佳机场"。亚洲机场在 2020 年的榜单上占据主导地位，前 10 位机场中有 8 个机场在亚洲。东京羽田国际机场名列第二，韩国仁川国际机场位列第四，香港国际机场名列第六，见表 9-3。

2020 年 Skytrax 全球十大最佳机场　　　表 9-3

排　　名	机　　场	所　在　地
1	新加坡樟宜机场	新加坡
2	东京羽田国际机场	日本
3	哈马德机场	卡塔尔
4	韩国仁川国际机场	韩国
5	慕尼黑国际机场	德国
6	香港国际机场	中国香港
7	东京成田国际机场	日本
8	中部国际机场	日本
9	阿姆斯特丹史基浦机场	荷兰
10	大阪关西国际机场	日本

此次评选于 2019 年 8 月至 2020 年 2 月间进行，基于对全球 500 多个机场发放的 1300 多万份旅客调查问卷的结果，根据关于机场服务和产品的 39 项关键表现指数，从登记、进站、转机、购物、安全和入境一直覆盖到出站，评估旅客满意度。

2020 年，前 50 位中，香港国际机场排名第 6 位，比 2019 年下滑一位；台湾桃园国际机场排名第 18 位，上海虹桥国际机场第 22 位，广州白云国际机场第 30 位，海口美兰国际机场第 38 位，西安咸阳国际机场第 47 位。第 50～100 位中，深圳宝安国际机场排名第 66 位，成都双流国际机场第 72 位，北京首都国际机场第 80 位，长沙黄花国际机场排名第 86 位。

（3）国际机场协会（ACI）公布的 2019 年机场服务品质调查结果。

自 2006 年起，国际机场协会（ACI）开始进行全球机场服务质量（ASQ）评比。ACI 全球机场旅客满意度测评项目按季度开展，测评问卷分为交通往来、办理登机手续、护照/身份证检查、安检、方向指示、机场服务/设施、机场环境和入境服务 8 个大类，并细分为往来机场的地面交通工具、停车设施是否方便充足、停车场收费是否物有所值、手推行李车是否方便充足、办票排队的等候时间、办票人员的工作效率、办票人员是否有礼貌和乐于助人、护照/身份证检查的等候时间、检查人员是否有礼貌和乐于助人、安检人员是否有礼貌和乐于助人、安检是否彻底、安检的等候时间、是否感到安全和安心等34项指标。

该项目采取自愿申请的方式,参加机场以季度为周期,按照统一的规则,在一定时间内发放内容相同的调查表(每季度350份),各自进行调查,调查表统一寄到ACI瑞士总部进行统计、分析,ACI定期发布季度和年度调查报告。

国际机场协会(ACI)的旅客满意度测评不仅成为衡量全球机场业服务质量最权威的指标,还成为各参评机场提高服务质量的有效手段。2019年ASQ获奖名单是ACI在91个国家采用47种语言提供64万份个人调查,通过34个关键指标衡量旅客的满意度,采用三级质量审核流程,结合线上和现场审计得出的,以确保获得高质量的调查和评价结果。

国际机场协会(ACI)于2020年3月公布了2019年度全球机场服务质量奖(ASQ)的获奖名单,共有84个机场获得140项大奖,有史以来获奖机场数量最多。其中,多次获奖的印第安纳波利斯国际机场、中国北京首都国际机场、新加坡樟宜机场、多伦多皮尔逊国际机场、罗马菲乌米奇诺国际机场、孟买切特拉帕蒂希瓦吉国际机场、德里英迪拉甘地国际机场、中国上海浦东国际机场和谢列梅捷沃国际机场今年依旧榜上有名,2019年共有44多亿旅客通过ASQ的机场出行。其中4000万人次以上机场中,亚太地区的最佳机场有印度的切特拉帕蒂西瓦吉国际机场和甘地国际机场、中国上海浦东国际机场、新加坡樟宜机场;欧洲地区的最佳机场有意大利罗马菲乌米奇诺国际机场、俄罗斯谢列梅捷沃夫国际机场;北美地区的最佳机场有美国达拉斯/沃思堡国际机场、加拿大多伦多皮尔逊国际机场。

三、提升民航服务质量的指导意见

在总结把握近几年民航服务工作提升的工作基础上,2018年1月一个重要的政策性文件《关于进一步提升民航服务质量的指导意见》正式发布。

民航强国建设的本质是推动高质量发展。服务质量是民航高质量发展的集中体现,提升服务质量是民航高质量发展的必然要求。近年来,民航秉承"真情服务"理念,持续改善服务质量,不断提升服务水平。但是随着人民生活水平的提高,人民群众对民航服务种类、服务范围、服务能力和服务水平的要求也越来越高,民航服务供给不平衡、不充分问题逐渐凸显。特别是航班正常及延误处置、行李运输、票务服务、餐饮服务等方面存在诸多短板,民航服务的传统优势和品牌影响力正在减弱。

1. 提升民航服务质量的指导思想

为深入贯彻党的十九大精神,进一步提升民航服务质量,推动民航高质量发展,更好地满足人民群众日益增长的航空运输需求,我国大力践行当代民航精神,聚焦人民群众需求和关切点,抓重点、补短板、促创新,不断提升服务质量,增强人民群众对民航服务的满意度和获得感,为民航强国建设提供有力支撑和坚强保障。

2. 提升民航服务质量的基本原则

(1)坚持高质量发展方向。

要正确处理安全与服务的关系,正确处理发展与服务的关系,始终把服务质量、航班正常等因素作为衡量民航发展质量的关键指标,使行业沿高质量发展轨道前行。

(2) 坚持以人民为中心。

民航服务的根本目的是满足人民群众的航空运输需求。要把广大人民群众的满意度和获得感作为评价民航服务的主要标准。

(3) 坚持运行单位为主体。

航空公司、机场、空管、服务保障企业等运行单位是提升民航服务质量的主体。要充分激发各运行单位提升服务质量的内在动力，不断加强民航服务的系统性建设，共同打造优质高效、衔接顺畅的民航服务供应链。

(4) 坚持改革创新为动力。

改革创新是提升民航服务质量的动力源。要从人民群众最关注、行业发展最迫切的问题入手，以新技术、新理念、新业态带动各种创新要素向服务供给端集聚，推进民航服务质量快速提升。

3. 提升民航服务质量的主要目标

第一阶段，提质增效阶段。重点解决人民群众不断增长的航空运输服务需求和民航服务能力不足之间的矛盾。到2020年，初步建成系统完善的航班正常保障体系，航班正常水平稳步提升，全行业航班正常率达到80%以上，机场始发航班正常率达到85%以上；民航服务主体的服务质量管控能力和创新能力显著加强；旅客投诉率、行李运输差错率明显下降，旅客满意度明显提升；具有系统完善的民航服务质量法规标准及监管体系；服务基础设施建设力度不断加大；全行业服务从业人员服务意识和综合素质显著提升。

第二阶段，超越跨越阶段。到2035年，民航服务要全方位满足人民日益增长的航空服务需求，涌现出一批服务质量国际领先、能够代表中国服务品牌的民航企业，中国民航服务进入世界民航服务先进行列。

第三阶段，国际领先阶段。至21世纪中叶，形成高效、便捷、舒适、绿色、和谐的民航服务供给体系，中国民航的服务产品、服务标准、服务理念得到国际普遍认可，中国民航服务水平全面进入国际前列。

第二节 真情服务

真情服务，重在真，意在情。所谓"真"，就是保持求真务实的工作态度；所谓"情"，就是以人民的利益为出发点。"用真情"是民航服务的底线。

一、真情服务的本质要求

民航真情服务的内涵是：用民航服务的真情，创造旅客优悦体验的实感。同时，其外延丰富，具体是：民航工作应在立足"安全第一"的同时，用真情把优悦服务传递给民航旅客和民航员工，积极践行"人民航空为人民"的行业宗旨，努力将民航打造成交通运输业真情服务标杆和旗帜。从文化角度看，真情服务反映的是民航人大力弘扬中华民族传统美德，为人真诚、待人用心、做事实在、讲究情感、遵守规则、注重协作的工作状态，以及自觉奉献、敢打硬仗、关键时刻挺身而出的优秀品格。从行业角度看,真情服务作为民航工作的内在要求,既强调了民航作为服务性行业的共性,又凸显了真情在民航优质服务中的核心作用。

1. 真情服务宗旨是"人民航空为人民"

民航服务品质直接关系到民生,影响到民心。建机场"为了谁",归根结底,是为了广大人民群众出行方便、快捷,因此我们要牢固树立"发展为了人民"的理念。中国民航是交通运输行业的重要组成部分,它服务于人民大众最基础的生活所需,属于"衣食住行"中必不可少的"行"的范畴。民航也是一座城市、一个地区和一个国家对外联络和交流的重要窗口,人们通过一个地方的民航发展、民航形象和民航服务能够初步判断当地的经济社会发展水平和人文素养,所以民航又是服务社会和人民群众的、具有鲜明服务特征的窗口行业。民航服务品质直接关系到民生,影响到民心。

机场的基本功能就是服务旅客,服务社会大众。民航机场要继续落实中央精神,不忘初心、牢记使命,大力倡导和践行"人民航空为人民"的真情服务理念。机场要结合自身情况,秉承"真心、热心、用心"的服务原则,为广大人民群众提供优质的航空服务,把党的全心全意为人民服务的根本宗旨真正落到实处。

2. 真情服务是促进民航业发展的本质要求

当前我们在国际、国内两个市场上面临的压力非常巨大。应对国际、国内竞争,最主要的是提高民航竞争力,而民航服务水平正是民航竞争力的根本体现。只有开展真情服务,不断提高服务品质,才能有效应对纷繁复杂的竞争,才能逐步实现由民航大国向民航强国迈进。

真情服务就是着眼于民航应当担当的政治责任,着眼于民航行业的本质要求,着眼于民航行业的持续健康发展,具有现实而长远的重大意义,当前和今后一段时期,民航业仍处于快速发展的战略机遇期,但同时民航服务供给与人民群众需求还有较大矛盾,服务品质不高已经成为行业发展的短板。在这种形势下,真情服务的提出具有十分重大的意义。

3. 真情服务就是要满足广大人民群众需求

民航作为第三产业、服务型行业,其本质属性、最终产品就是提供航空运输服务。向社会提供安全、优质和高效的航空运输服务,是机场存在的本质要求和内在价值;为广大旅客提供满意度高的服务,是全行业践行"全心全意为人民服务"宗旨意识的具体体现。机场讲真情服务,就是把真心放在旅客身上,设身处地为旅客着想,为他们提供细致周到的服务。

真情服务要把满足广大旅客和航空公司的需求作为工作的落脚点。机场通过优化资源配置、提高服务功能与管理水平,保障广大旅客与航空公司享受基本服务;通过协调各方、沟通信息、组织管理和提高运行效率,保障各项工作到位。机场要把广大旅客和航空公司是否满意作为衡量机场服务水平的基本标准。

先进的理念是真情服务的灵魂。首先,理念是意识层面的东西,是经过深入思考,具有系统性、全面和深刻性的意识;其次,理念也是一种观念,一种精神,它不仅仅是对现实问题的思考,更重要的是面向未来,对将来有所展望,要具有一定的预见性和前瞻性。所以,理念是一种对未来深入思考、系统谋划、科学预见的理性思维,而不仅仅是一种思想或一种意识。真情服务要求树立先进理念,不断加强共同价值追求,强化服务意识,用真诚的态度和贴心的温度诠释真情服务精髓,赢得广大旅客对机场服务的口碑。

二、先进服务理念引领真情服务

1. 坚守真情服务底线的理念

无论在发展中遇到什么问题,需要解决什么问题,民航都要坚持"飞行安全、廉政安全、真情服务"三个底线,努力做好各项工作,更好服务国家发展战略,更好满足广大人民群众需求。坚持真情服务底线,以旅客利益为出发点,始终把旅客满意作为服务标准,是民航工作不懈的追求。什么是底线,底线就是不可逾越的红线。

中国民用航空局党组提出要"坚持真情服务底线",要想得到旅客的认可,就必须尽力满足旅客的不同要求,切实改进服务工作,提升旅客服务体验。"真情服务"不是一句空泛的口号,必须要落到实处,经得起严格的检验。

坚持真情服务底线,要求我们必须内化于心,外化于行。真情服务,体现在一个"真"字上。虚情假意往往让人排斥,只有真心付出,真诚以待,才能收获真心的感谢与回报。要想提升旅客满意度,获得旅客的好评,我们必须真心付出。在服务态度和细节上,要发自内心地为旅客服务,让旅客感受到民航服务的真心诚意。没有感情,再灿烂的微笑也难免虚假;没有感情,再高的服务技巧也难免冷漠。只有将"真情服务"内化于心,才能外化于行。真情是驱使机场主动服务的原动力。

坚持真情服务底线,要求我们必须换位思考,将心比心。换位思考就是站在对方的角度来考虑问题,把对方的事当成自己的事。在服务过程中,应站在旅客的角度想问题,仔细考虑自己作为旅客出行时需要民航提供哪些周到而便捷的服务,这样工作才会更加积极主动。

2. 坚持平等服务的理念

平等服务即向所有旅客、航空公司提供平等的基本服务。机场高效运转需要建立系统完整、协调联动的服务体系,把服务好航空公司及各驻场单位作为己任,共同打造资源共享、风险共担、合作共赢的发展共同体。机场应通过优化资源配置,完善服务功能,提高管理水平,着力保障广大旅客与航空公司普遍均等地享受机场的基本服务;通过协调各方,主动沟通,加强机制建设,提升机场运行效率,全力做好各种复杂情况下的航班服务和保障工作。

平等服务从来不排斥特色服务。要直面旅客,一切以旅客为根本出发点,把旅客当成自己的亲人来服务。发挥民航"精尊细美"的服务特色,坚持六勤(脑勤、嘴勤、腿勤、手勤、眼勤、耳勤)、五心(真心、诚心、热心、细心、耐心)、四美(心灵美、语言美、行为美、形象美)、三不怕(不怕脏、不怕累、不怕烦)的服务标准。无论是白天或晚上、高端或普通、正常或不正常、领导交代或不交代,服务品质要完全一样,对所有旅客要一视同仁。这才是平等服务的最高境界。

平等服务从来不排斥特殊关照服务。在民航服务工作中,工作人员应有重点地关照特殊旅客,即由于其身体和精神状况需要被特殊照料的旅客,如婴儿、儿童、孕妇、残障旅客和老年旅客等。针对残疾人必须保证他们享受正常人一样的平等服务,针对行动不便的老人、怀抱婴儿的旅客、残障人士和孕妇等特殊旅客,提供免费轮椅、无障碍车位、免费行李搬运、进出港免费陪送等特殊服务。

3. 崇尚人文关怀服务的理念

强化机场服务的人文关怀。让广大旅客感受到航空出行的便利和温馨是机场工作人员的心愿。机场应致力于建设一支诚信、友善、专业的服务团队,为旅客提供安全、便捷、顺畅的机场服务。根据地域特点、风俗习惯、气候变化,以及各类旅客群体,特别是根据老、幼、病、孕、伤残旅客的不同需求,优化出行流程,细化服务项目,做到把方便留给旅客,把困难留给自己,让广大旅客享有舒心、放心、安心的出行体验。

"老吾老以及人之老,幼吾幼以及人之幼",机场应秉承"以诚为本,以客为尊"的服务文化理念,把旅客当亲人,当无人陪伴儿童的好阿姨,做老年旅客的好儿女,当病残旅客的好护理,打造"微笑、优雅、专业、自信"的服务职业形象,用实际行动为旅客提供真情服务。

人文关怀强调的是尊重生命、敬畏生命。北京首都国际机场曾经发生过的"急救门"事件,使我们懂得生命高于一切。面对不同困难等级的事件时,在场救助人员的态度也要从"用心服务"升级到"全力以赴"。在遭遇突发事件、危及生命的时刻,任何原因都不能成为我们不尽全力抢救的借口。2015年10月人体器官转运绿色通道受阻事件,促使我们再次向社会承诺打通人体器官转运绿色通道是民航义不容辞的责任。民航是速度最快的交通运输方式,在保障时效性高的运输中不可替代。人体器官捐献与移植是一场生命与时间的赛跑,对运输时效要求极高,航空运输是最佳方式。2016年2月25日,中国民用航空局印发的《关于进一步做好特殊航空运输服务工作的通知》指出,人体捐献器官航空运输是民航业履行社会责任的重要体现。民航各单位要充分认识人体捐献器官航空运输的重要性,在保证航空安全的前提下,提供便捷、顺畅、高效的运输服务。

【案例】24小时当72小时用,他把不可能变成可能

在南航河南分公司,有这么一位员工,他把不可能变成可能,用"不抛弃、不放弃"的服务理念,积极协调,地空联动4小时,终于让海南旅客顺利返乡进行救治。他就是小蔡。

"您好,我们是海南人,到河南出差,其中一位同事意外小腿骨折了,急需乘坐今天南航17时10分起飞的CZ3995航班回海南治疗,请帮忙申请一个担架,行吗?只要能走,花多少钱都行。"当日12时50分,已加班1小时20分钟的蔡守琦准备去吃午餐时,忽然接到一位旅客的求助电话。原来是4位海南旅客到河南出差,其中一位意外小腿骨折,急需手术,考虑到术后要静养一段时间,于是,在医院简单处理后决定回海南进行手术治疗。

小蔡对旅客说:"南航规定,担架旅客须提前72小时申请,现在离航班起飞只有4小时20分钟,时间紧迫,我只能尽力争取。"此刻已是13时20分,在无法按照正常程序申请的情况下,小蔡直接拨通签派室值班电话,并向值班同事说明详细情况,得到的答复是时间来不及,无法保障。无奈小蔡只好拨通旅客电话说明情况,当客人得到无法承运的答复时,用深沉哀求的语气说:"蔡先生,您给帮帮忙吧,这事是今天刚发生的,72小时前谁能预料到呢。现在伤员急需做接骨手术,晚了就有可能留下后遗症,我代表伤员全家向您致谢了,请您再想想办法吧。"小蔡听后感同身受,挂掉旅客电话后就直接拨通了当日值班经理的电话。电话接通后,小蔡没问对方是谁,就自报家门并把事情的来龙去脉讲得清清楚楚。值班经理听到此事后高度重视,立刻协调相关部门,要求特事特办。

14时00分,小蔡得到可以承运的答复。此时,小蔡又开始担心旅客赶不上飞机,他赶忙给旅客打电话,并要求每半小时和他们通一次电话,动态掌握旅客是否能赶上航班。

14时30分,小蔡在为旅客出票的同时,与地面服务保障部联系,协调机场保障程序。考虑到舱门有点窄,小蔡随即又拨通了机场急救中心的电话,为客人要了一辆救护车待命,准备载客人进停机坪,用食品车送客人进舱。为了能让旅客顺利乘机,小蔡反复推演各个环节,每隔半个小时就拨通旅客的电话,了解其行车路线和方位。

16时00分,小蔡又拨通了旅客的电话,当了解到旅客刚从洛郑高速转入机场通道时,他心里很紧张。虽然执行航班延误了,但因为还有好多手续要补办,生怕某一环节出错导致旅客不能顺利登机。16时45分,旅客一行4人终于赶到了机场,地保部临时保障组早已待命多时,接到旅客后,及时为旅客办理了所需的各项手续。17时20分,延误的CZ3995终于落地,机务人员迅速为伤员安装了担架。18时20分,伤员终于在地面人员的共同努力下被抬进了客舱里。

19时00分,小蔡总算可以安心下班回家了。21时28分,手机短信铃声响起,当小蔡看到是旅客带着南航人的祝福,平安落地后的感谢短信时,他悬着的沉甸甸的心终于可以放下了。

三、创新是真情服务的生命力

创新是服务的生命力。十几年来,机场服务"一直被模仿,从未被超越"。其他单位效仿机场的服务内容,但却始终难以达到机场服务的水平。机场与机场之间,既会相互学习服务内容,也会相互较量服务水平。你家推出了新的服务举措,我家"拿来"再加以改进,并且各家机场都充分调动员工的积极性,在服务举措上不断推陈出新。不同机场的服务看似同质化,仔细观察又会发现各有特色,各有千秋。在这种不断效仿与创新的过程中,全国机场的服务水平整体上了一个新台阶,进入了良性循环的通道。而对机场来说,服务工作已经是一项需要不断创新、不断超越的工作。那么如何创新?以下提供几条建议供参考。

1. 从航空运输上下游连接点上拓展服务产品

机场是航空运输的节点,旅客旅行从机场开始,到机场结束,这种旧思路已被综合交通的布局所打破,机场是综合交通的枢纽,航空运输仅仅是旅客整个交通组成中的一部分。开拓创新思路从大交通层面上拓展市场。从2007年开始,重庆江北国际机场成为国内第一家"吃螃蟹"的机场——将长途汽车站引进机场。在此后的5年时间里,重庆江北国际机场又相继将轨道交通、水运航线和铁路引进到机场,实现了空铁、空水、空轨以及空陆联运。仅航空和汽车联运一项,重庆江北国际机场就开通了重庆至周边区县的长途客运班线路40条,每天发车200余班。旅客通过快捷的地面交通体系进入重庆江北国际机场,给周边旅客带来了极大的便利。重庆江北国际机场的这一项服务,很快引起了全国各地机场的效仿。这种效仿的结果是,全国省会城市周边的旅客出行更加方便了。

这样方便旅客的服务举措在各地机场层出不穷。2010年12月北京推出"畅行地空"产品后,上海、广州、成都三地机场随后也同时推广了该项空中飞行与地面运输相结合的革新服务。此后,上海长途西站的部分班次汽车以虚拟航班的形式进入国航订座系统,旅客在预订机票的同时,也能买到上海至苏州、无锡、宁波的汽车票。国航首推的此项服务在真正意义上实现了一票通达,实现了空地联运,同时也为国航的航线枢纽网络建设注入了新的活力。

2. 用智能化技术代替现有的服务手段

长期以来,北京首都国际机场致力于打造具有影响力的"中国服务"品牌,秉承"愉悦服务、愉悦体验"的服务理念,紧紧抓住"互联网+机场"的发展趋势,努力开发贴心、便利的服务产品,搭建旅客互动平台,为机场商业、机场广告、机场餐饮、便利类服务等提供新的服务渠道。机场陆续推出了预订休息室、预订特殊旅客陪伴、预订电瓶车接送服务等线上预订线下服务,让原有线下服务更广泛地同旅客接触;此外,北京首都国际机场还搭建了客户关系平台,通过互联网实现了客户实时交互,并运用大数据策略,着力研发旅客在接受安检、等待出租车等环节上排队等候时间展示功能,满足旅客个性化服务需求。

东京羽田国际机场为了提高礼宾服务水平,还为一线服务人员配备了 30 台 iPad,以便为旅客提供个性化服务。iPad 的搜索系统可以为旅客提供精确的信息服务。一线工作人员可以通过数据分析,协助找寻在航站楼里走失的儿童。所有服务人员无论身处何地都可以浏览信息。一旦发生紧急情况,有关信息也会同时发送到所有平板电脑上。

3. 从差异化、个性化上深挖服务潜力

个性化体验是旅客对于机场的新要求。每位旅客都是不同的,对服务的需求也是不一样的。我们要把每一位消费者看作独特的个人,进而满足他们的个性化需要。现在要求机场运营方更深入地了解消费者的需求和期望,并且更进一步来提供有针对性的产品和服务。

在提供更好的服务体验方面,越来越多的机场正在变得富有想象力,强调服务的重要性,开发独特的产品和服务,使旅客的旅途更加轻松和愉快。

实际上,在很多专家和旅客看来,机场应该从以下三个方面来提升旅客体验:服务流程科学合理、服务设施安全可靠、服务环境舒适宜人。

例如,荷兰阿姆斯特丹国际机场就展示了如何让体验和机场运营一起发挥作用,通过在安保方面的创新减少旅客压力和环境的压迫感。新的设计支持消费者提前准备安检,加快排队速度,还包括一个旅客休整区,让旅客能够更加方便地整理通过安检的行李。

4. 推陈出新,提高服务质量

十几年来,机场在服务产品上不断推陈出新,建立新标准,推动服务质量更上一层楼。安检作为机场展示服务的重要窗口,也应该让旅客感受到民航较高的服务水平。一方面,安检需要更加规范的安检程序,更加统一的标准,以确保旅客的安全;另一方面,毋庸置疑,确保机场和旅客的飞行安全是安检给旅客提供的最好服务,没有安全就谈不上服务。但民航应该站在真情服务的高度上看待这一问题,人性化的安检真情服务也是非常重要的。推陈出新,调整修订后的新《民用航空安全检查规则》于 2017 年 1 月 1 日开始执行,对残疾人安检、对安有心脏起搏器等特殊旅客的安检都有了更加人性化的规定,如"携带贵重物品以及残疾的旅客可以要求非公开安检""残疾旅客可要求非公开安检"等。这些新变化为旅客提供了更多的通行便利,也彰显了民航安检服务程序的人性化。更重要的是,这些规定更容易让旅客接受,有利于安检工作的正常开展。

2016 年全国五一劳动奖章获得者沈莉用 20 多年温馨的服务,展示着民航人的真情风采,塑造着民航人的服务形象,传递着温馨、幸福的正能量,更闪烁着独有的民航服务劳动者的光辉。沈莉在工作中根据旅客的需求,以"推陈出新,化繁为简"为理念,推出既能提高工作效率又能节省旅客宝贵时间的"登机口改签服务"。登机口改签就是旅客进入隔离区以后,如果来早了,也恰好有更早同目的地的航班还未起飞,便可以改签到更早的航班,这样旅客争取了更多时间,航班资源也得到了合理调配。

四、民航员工是真情服务的主体

1. 打造一支高素质的民航员工队伍

民航服务质量提升的最终目标是：在确保旅客安全运输的前提下，推进旅客乘机出行体验的全面提升。旅客出行体验提升的关键源自为旅客提供各项服务的民航员工高超的业务能力和优越的职业表现。业务能力可以满足旅客出行的基本要求，而职业表现可以创造旅客出行的优越体验。优越职业表现源于员工的主人翁责任感和爱岗敬业精神。以人为本，给民航员工创造一个愉悦的外部和内部工作环境，是提升其职业表现的主要动力源。民航服务主体的特征已经改变，这群年轻人更加追求个性，更加重视认同和肯定。我们要从民航员工的视角去思考服务质量提升的路径，首先应帮助员工深刻地理解真情服务的重要性、紧迫性，使机场的最终目标转化为每一位员工自觉实践的工作目标；进一步提升民航服务质量，不能再依仗"冷冰冰"的处罚或扣钱，服务标准和考核方式应转向坚持以人为本，要有奖惩分明的激励机制；要尽可能地为员工解除后顾之忧，如工作生活中各种困难矛盾的处理、职业生涯的设计等；要加强员工之间思想和情感上的沟通，重视并努力创造公平、和谐的机场内部工作学习及成长环境。至高的服务标准也需要一个个普通人来将其呈现在服务对象面前，使其切实转为服务对象的完美消费体验。综上所述，人是关键，打造一支高素质的民航员工队伍，是坚持真情服务底线的人才基础。

2. 为机场员工优质服务

服务是一项将心比心的工作，没有满意的员工就没有满意的旅客。我们要广泛建立职工服务机构，配套相关设施和措施，做到"领导为员工服务、机关为一线服务、全员为旅客服务"，树立浓厚的内部服务文化。

机场的领导者，在一定意义上也是服务者。在提高服务质量的整个工作链条中，领导为员工服务是重要的一环。新加坡、中国香港、韩国仁川等国家和地区先进机场的服务质量之所以做得好，能够持久，就是因为领导层能够善待员工，在关心员工的过程中培养他们对企业的归属感和自豪感，使员工以积极主动的工作态度和乐观向上的精神面貌投入工作。因此，当机场的员工面向旅客和航空公司辛勤地提供优质服务的同时，机场领导既要考虑提高效率，又要考虑可持续发展与队伍的稳定，想方设法做好为员工队伍，特别是一线员工的服务，帮助他们排忧解难，为他们的生产生活提供各种方便，增强企业的向心力和凝聚力，使员工真正感受到企业大家庭的温暖，把做好服务工作当成自己的事，身心愉快地投入工作，真心地为提高企业的服务质量贡献自己的才华与力量。

3. 标准化管理是培养员工成才的最佳捷径

员工服务理念、规范服务质量的培养是一个由表及里、长短期结合的艰巨过程。在服务提升的初期阶段，应从提升外在服务形象入手，面对旅客抱怨和服务短板，以解决问题为导向来推动服务提升，全面细化机场所有服务岗位规范，建立标准，随后建立长效机制固化成果，形成完整的服务管理制度体系和服务标准体系。

航空公司规范精准的服务管理，一直是机场学习的榜样。1997年，厦航颁发《营运总册》，首创了国内民航业的手册管理模式，得到了中国民用航空局的高度认可，后来也成为各航空公司的基础管理模式。如今，厦航各级各类规范化管理手册共有83种，约1300万字，形成了公司全面管理的基础体系。2011年,厦航率先在业内发布《服务标准汇编》,共2万多字,涵盖"空、地"全流程760余条标准,详细规定了每个流程、每项服务的标准,甚至连水果都有"厦航切法",所有水果的形状、尺寸、摆放都"依册操作"。2014年,厦航推出100条空中微服务、78条精细的地面服务标准等,使"精心之处见真情,细微之处有感动"。在长期的规范化管理下,厦航建立了"真诚服务、微笑服务、一体式服务"等十大服务体系。例如,规范服务体系要求乘务员在机舱中要"3米之内有微笑,1米之内送问候,与旅客交流超过3句采用蹲式服务"等。2015年,厦航又投入上百万元建设行业领先的服务质量管理系统,运用科技手段,推进"顾客调查—趋势预判—服务预警—实时监控—动态改进"闭环管理,建立了"自我发现、自我评价、自我改进、自我完善"的全流程服务质量管理体系。

通过全员培训、日常检查、及时奖惩、绩效考核等标准化管理工作,促进员工养成良好的职业习惯,秉持"客户至上"的理念,以专业的形象、专业的技能和专业的态度,用心对待每一位客户,培养出一大批真情服务、值得骄傲的优秀员工。

第三节　机场服务质量管理体系和监督机制

一、民航服务标准体系

我国要对标民航服务管理先进国家,填补漏洞和空白,提高立法及修法的及时性,细化法律法规规定,以完善服务质量管理规章标准体系为抓手,推进民航服务质量管理体系建设。在《关于进一步提升民航服务质量的指导意见》中提出六大主要任务,首要任务就是完善民航服务质量标准体系。要制订未来三到五年的民航服务标准体系规划。评估、修订现有民航服务标准,根据行业服务质量提升需求,分阶段、有重点地制定新的行业标准。用3年时间建成比较完善的民航服务行业标准体系,逐步实现民航服务质量管理的标准化和规范化,推动部分行业标准成为国家标准。

改革开放以来,随着民航事业快速发展,航空运输产品日益丰富。为保护民航消费者权益,中国民用航空局历来比较重视航空运输服务质量工作,初步形成了民航服务质量行业监管体系。规章标准基本涵盖当前民航运输服务各个方面,截至2016年,涉及民航服务方面的法律1部、法规2部、规章4部、标准50个、规范性文件8个。

1996年中国民用航空总局根据《航空法》和《质量管理和质量体系要素　第二部分:服务指南》(ISO 9004-2),制定了《公共航空运输服务质量标准》(GB/T 16177—1996),2007年3月7日重新修订。《公共航空运输服务质量》(GB/T 16177—2007)和《公共航空运输服务质量评定》(GB/T 18360—2001)作为我国民航运输产品质量评估的国家标准,自2007年9月1日同时正式实施,它们为全面提高航空运输服务质量提供了法律依据。2006年10月16日,中国民用航空总局颁布了《民用机场服务质量》(MH/T 5104—2006),2013年3月13日重新修订,更名为《民用运输机场服务质量》(MH/T 5104—2013),自2013年6月1日起正式实施。《民用运输机场服务质量》(MH/T 5104—2013)作为行业推荐性标准颁布实施,填补了我国民用机场没有统一的服务质量标准的空白。2016年12月12日对《公共航空运输服务消费者投诉管理办法》进行了重新修订,正式下文贯彻执行。同时还制定了《残疾人航空运输管理办法》《人体捐献器官航空运输管理办法》《航班正常管理规定》《民航航班正常统计办法》等规章。这都是为了贯彻中国民用航空局党组"真情服务底线"要求,以实际行动践行"发展为了人民"理念,进一步规范和加强航空运输服务管理工作,切实将维护消费者合法权益落到实处,进一步切实维护航空消费者的合法权益而推出的重要措施。

在民航企业层面,机场管理机构、航空运输企业以及其他驻场单位等能够比较客观地处理安全和服务的关系,尊崇"安全是根,服务是魂"的经营理念,对服务质量管理工作相当重视,普遍建立了比较完善的服务质量管理系统,如国航建立了服务管理系统(CSM),东航建立了旅客满意度评价系统,南航建立了服务产品管理体系,海航建立了旅客之声(VOC),北京首都国际机场按照安全管理体系(SMS)的理念,建立了以客户为中心的服务管理体系(CSMS)。这些体系都包含了以下内容:一是比较完善的服务规范体系,包括服务管理总则、分则、管理规程、操作和服务规范手册等,如厦航的服务管理手册多达83种,被称为开展服务工作的"小宪法"。二是比较健全的服务管理架构,公司层面负责服务战略规划和规章标准的制定;服务质量管理部门负责质量指标分解及监控、旅客意见管理;服务质量监督员负责一线服务质量督查。三是比较严格的服务绩效考核,旅客满意度、行李差错率、航班正常性、旅客投诉率是主要服务考核指标。其中,海南航空公司建立了"服务底线清单"和"旅客超预期清单",加大服务责任考核力度。四是比较全面的服务管理维度,绝大部分航空企业都形成了由旅客、内部和第三方构成的服务质量满意度评价体系。

2016年3月25日,我国214个民用运输机场向社会共同发布了《中国机场服务宣言》。向社会公开承诺,公布各项服务规范。服务规范包括机场值机流程、安全检查流程、行李托运以及提取流程、检验检疫流程。在服务规范中明确各项流程,有助于提高运输机场运营效率。除了机场服务程序的内容外,服务规范还明确各项服务应当达到的服务质量。例如,设立投诉热线,迅速处理旅客、货主遇到的困难;提高办理值机手续效率;保证不超过安全检查最低时间要求;保证航站楼的清洁舒适、标识清晰;提供及时准确的航班信息;为特殊旅客提供轮椅、担架等特殊服务;维护机场内正常秩序;保证机场内商业服务明码标价等。同时,服务规范还对驻场各单位从业人员提出具体的服务要求,明确良好服务态度的要求、处理问题的时间要求以及相应的服务标准。

服务规范既是对机场管理机构、航空运输企业以及其他驻场单位自身的要求,也是对旅客和货主的承诺。对于公布的服务规范,机场管理机构、航空运输企业及其他驻场单位应当严格遵照执行,自觉接受社会各界的监督。对于各驻场单位从业人员违反服务规范的行为,旅客和货主有权根据本条例向民航管理部门或者机场管理机构投诉,民航管理部门或者机场管理机构收到旅客货主的投诉,应当及时予以协调,敦促有关驻场单位解决旅客和货主遇到的问题。

二、民航机场服务特性及对管理的挑战

1. 民航机场服务特性

民航运输属于交通运输行业,位移是交通运输行业的核心产品,但是对于民航运输来说,仅把位移作为核心产品并不准确,相对其他交通运输方式来说,方便快捷的位移是消费者购买

民航服务产品最基本的需求,是民航服务的核心产品,有调查显示,旅客选择民航运输方式的最主要原因是快捷,其次才是舒适和安全。民航服务的实际产品指航空地服务质量、客舱环境、餐食和品牌等,外延产品则是航空咨询、消费者投诉处理等。

机场服务包括三方面:一是对航空公司的服务,航空公司不论大小强弱,都是机场的贵宾,都是平等的,要一视同仁,对所有航空公司服务标准统一,没有轻重之分;二是对旅客的服务,旅客也无贵贱之分,确保对每位旅客的周到服务;三是对企业的服务,企业无论大小强弱,作为机场重要的合作伙伴,机场要设身处地换位思考,帮助企业解决经营中的困难。积极创建以"全面服务—全程服务—增值服务"等为链条的机场服务体系。目前世界上提供机场服务的运营商通常包括机场管理机构,航空公司相关部门(为自己的航班提供地面服务),其他的航空公司("第三方"地面服务业务),独立的专业地面服务运营商。四种运营商占市场的比例在不同机场相差非常大。

航空公司是机场生存的基础,很多机场的重要业务就是代理航空公司的旅客、交运行李的地面服务、货物地面服务以及航空器的地面保障服务。而在现阶段,这也是机场主要收入来源之一。因此,如何满足航空公司的服务需求,与航空公司共同满足旅客需求以达到共赢局面,是机场服务的基础和出发点。

而旅客则是机场和航空公司共同服务的重点,快捷和便利是航空旅客的两个关键服务特性。其中快捷涉及旅客需求的响应速度、对旅客需求满足的及时性、值机速度及会员服务的及时性等,便利则与航空运输的地面交通设施、中转流程的合理性等有关。通过相关调查得知,广大旅客对机场服务最为关心的问题依次是安全、正点、信息准确、及时、航班延误时服务到位。有专家将大众最关心的机场问题依次排序为"7个度",即安全度、正点度、反应度、方便度、舒适度、信息度、信誉度。掌握并满足这些服务质量特性要求,可使旅客对服务质量满意,甚至为其带来惊喜。

2. 对管理的挑战

由于服务生产与消费的同步性,因此,服务质量将很大程度上依赖于"真实瞬间"发生的情况,包括员工的行为、员工和顾客之间的相互作用。通常,这种短暂的接触发生在顾客评估服务的一瞬间,同时也形成了对服务质量好坏的评价。杨·卡尔松在《真理的瞬间》中写道"去年,我们1000万名旅客中的每一位旅客都大约接触过5名北欧航空公司的职员,每一次接触的时间约为15秒。这就是说,去年北欧航空公司曾在我们的旅客头脑中形成过万次印象,每次15秒。这5000万次'真理的瞬间',最终决定了作为一家公司的北欧航空公司的成败。"如果这宝贵的15秒很快地在毫无反应中逝去,就意味着失去了一次争取一名忠实顾客的机会。有效把握"真理的瞬间",把每位顾客都作为个体来对待,高度重视单个顾客与直接为其服务的员工之间高质量的联系,能够取得事半功倍的效果。例如,旅客乘飞机旅行可以有一系列的服务接触,从开始打电话预订机票到候机厅里办理乘机手续、接受安全检查,以及在候机过程中的服务体验。通过这一系列的服务接触,最终决定了该机场在顾客心目中的信誉。服务过程是由一系列的关键时刻组成的,要做到对服务过程的管理,确保优质服务,必须首先确定服务过程的关键时刻。在服务流程中有极少部分的关键时刻特别重要,如果这部分管理不当,对机场信誉和服务质量影响很大,因此对重要的关键时刻的管理和控制是服务质量控制的关键。服务接触管理的关键在人。机场对服务人员的管理要适当走出严格监控的传统思想,把管理的重心放在对一线员工的支持上。员工支持包括在专业培训、技术设备、员工授权、激励机制等各方面的支持。与顾客接触的人员必须得到激励、信息支持,能胜任工作、非常投入且得到良好培训。一线人员应该具有承担责任、自我管理以及承受来自顾客压力的能力。

三、服务质量差距模型及影响因素

1. 服务质量差距模型

找出机场服务质量的差距点,通过差距点分析,并根据锁定原因提出解决方案,是弥补服务质量短板最直接有效的途径。

1988年,美国A. Parasuraman、V. A. Zeithaml、L. L. Berry等人率先提出了服务质量差距模型(图9-1),该模型区分了导致服务质量问题的5个差距,专门用来分析服务质量问题产生的根源,从而帮助管理者研究如何改进服务。服务质量差距模型的提出,奠定了服务质量评价的理论基础。

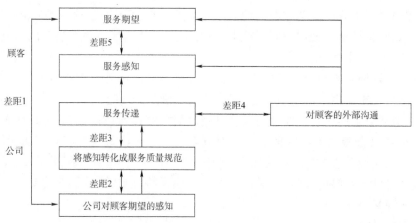

图9-1 服务质量差距模型

资料来源:A. Parasuratman, V. A. Zeithatml, and L. L. Berry, "SERVQUAL: A Multiple-Item Scale for Measuring Consumer Perceptions of Service Quality," Journal of Retailing, vol. 64, no. 1, Spring, 1988.

所谓差距是指服务提供者提供的服务、用户感受到的服务和用户对服务的期望三者之间存在着"不完全一致"。服务质量差距模型认为,服务质量有5个差距,即"用户期望与管理者感知之间的差距、管理者感知顾客期望与制定服务质量标准间的差距、服务质量标准和服务传递间的差距、实际传递的服务与外部沟通之间的差距、用户所期望的服务和其感知到的服务之间的差距"。这5个差距就是服务提供者的服务质量无法满足顾客需求或期望的原因,如果组织期望用户的需求达到满意水准,就必须缩小这5个差距。

2. 影响因素

显然,服务质量有预期服务质量与感知服务质量之别。预期服务质量即顾客对服务企业所提供服务预期的满意度。感知服务质量则是顾客对服务企业提供的服务实际感知的水平。从这个角度看,服务质量是顾客的预期服务质量同其感知服务质量的比较,服务质量要素及感知要素如图9-2所示。

民航旅客对服务质量的评价包括对多个要素的感知,一般以下五个方面来评判服务质量,即可靠性、响应性、保证性、移情性和有形性。

(1)可靠性是准确可靠地执行所承诺服务的能力。可靠性重点要求机场避免出现服务差错,提高航班正点率。如降低售票差错、行李差错、运输服务差错、客人上错飞机等。

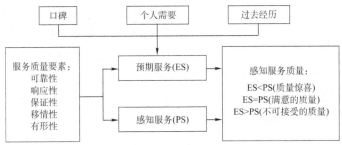

图 9-2 服务质量要素及感知服务要素

(2)响应性是指帮助旅客及提供便捷服务的自发性。包括旅客等候服务的时间、及时满足旅客要求的能力、迅速解决服务失败的能力等。如在误点的航班上提供补充饮料,可以将旅客潜在的不良感受转化为美好的回忆。

(3)保证性是指员工的知识和谦恭态度,及其使旅客信任的能力。对机场来说重点是安全性,包括良好的安全记录、胜任的雇员、与顾客有效的沟通等。

(4)移情性是给予旅客的关心和个性化的服务。移情性包括理解特殊的个人需要、接近旅客的能力。如服务人员为误机的旅客着想并努力解决问题。

(5)有形性是指有形的设施、设备、人员和沟通材料的外表。如机场的服务设施、各类柜台、人员着装等。

由图 9-2 可知"服务质量 = 感知服务 - 期望服务",因此,提高服务质量可采取以下三项措施:一是引导顾客的期望值(即降低服务期望);二是提高顾客的实际感受即提高感知服务;三是为顾客提供超值服务,引导顾客的服务期望。顾客的服务期望包括"理想"和"适当"服务两个水平,顾客承认并愿意接受服务差异的范围称为"容忍阈"。影响服务期望的因素主要包括服务承诺、个人需要、口碑和过去的经历四个方面。引导控制顾客的期望值,应从三个方面努力:一是在做广告宣传和服务承诺时一定要实事求是,留有余地;二是准确了解顾客个人需要,加强顾客的宣传沟通,保持服务水平相对稳定;三是讲明客观原因,求得顾客理解。特别是要让顾客知晓机场管理相关部门的客观原因以及竭力采取的补救措施。提高顾客的服务感知,创造愉快的氛围。利用新技术,实现快速的登机手续和较短的排队等候时间,高质量和合理的商业设施,连接机场的可靠、便捷交通等一系列的配套设施和流程设计都是提高旅客服务品质的要素。

四、机场服务质量提升策略

机场服务质量的高低不仅影响着旅客的满意度,对于航空公司的运输也有非常重要的影响。良好的机场服务质量不仅为旅客提供优质的服务,还是机场公司的核心竞争力,吸引航空公司与之合作。而航空公司开通航线带来的巨大客流量又进一步反哺机场,达到双赢局面。

1. 对目标顾客感知需求进行预测

要想改善机场航服务质量管理水平就要从硬件设施预测顾客感知需求,寻找问题,并且解决它。硬件设施需要符合以下几点要求,方可从宏观上满足目标顾客的感知需求,即创新的要求、安全的要求、尊重和特权的要求。

第一，创新方面，硬件设施设备需要在满足其基本功能方面之上，尽量利用高科技手段对其作用价值和效能价值进行创新。合理安排机位，提高近机位利用率。这样既可减少旅客乘坐摆渡车的时间，也可提高航空公司飞机利用率。增加自助服务，缓解资源紧缺。航站楼内设置大量的自助值机、自助托运行李设备，旅客可自助式办理值机和托运行李手续。这样一来可有效减少航站楼内人员拥挤情况，减少航站楼内资源占用，减轻工作人员工作压力。加强新技术运用，实现旅客刷脸安检、登机，旅客可凭"一张脸走遍机场"，提高过检速度，全面提升航站楼内运行效率，减少旅客候机时间，提高旅客体验。

第二，安全方面，包括人身安全和财产安全，在航站楼的旅客服务设施中，要特别注意安全检查、出入境管理、海关检查、卫生检疫的处理，特别在国庆或者春节假日期间，要对这些柜台加大人力资源的投入，保证人们的出行安全。在航站楼墙壁上应该安装指示牌，指示旅客遇到紧急事件时如何保护自己的生命安全。而且还应该注意其他在安全方面可能出现危险的设置管控。例如，安全检查方面，要特别注意对流窜犯、通缉犯的控制和预防；出入境管理方面要注重手续的齐全和真实性；海关检查要特别注意顾客身上随带的金属物品，以及随带行李财产中是否有国家的保护动物，在瞭望平台设置安全网，预防顾客攀爬事故的发生；对于行李分拣装置、行李车、传送带、行李提取柜台等区域，要注重对旅客行李物品的保全和及时送达。除此之外，还需要定期对设施设备进行维修保养，保证其工作运行状态。

2. 通过严格管理和加强培训，提升机场员工素质

机场从业人员较多且素质参差不齐，特别是一些航站楼外包业务，诸如保洁、行李打包、回收手推车、保安、行李搬运、餐饮等岗位，因为劳动强度大、技术含量不高，所以人员素质普遍偏低。但这些岗位又都是面对面为旅客提供各项服务，服务好坏直接代表着机场的企业形象。为解决这一问题，可以建立航站楼人员准入机制。由机场使用统一教材为机场从业人员进行培训，培训内容包括机场安全知识、服务礼仪、机场布局、航空基本知识等，经培训考试合格后方能办理隔离区通行证并进入机场工作。同时，经常对服务人员进行培训，使其不断吸收新的政策和知识，使服务人员的个人修养和核心素质满足机场服务质量管理的要求。

3. 建立服务评测机制，及时反馈

提高服务质量最有效的办法就是让服务人员知道自己哪里出现了问题。也就是说，建立服务评测机制，通过旅客的评价对机场服务设施、服务人员的态度、进出港流程进行评估。只有对自己的情况进行细致了解后，才能更加理解怎样为人服务，并提高服务水准。机场可与ACI和民航资源网等第三方权威测评机构开展合作，加强测评数据专业分析。利用面对面访谈、移动互联网技术等手段，通过乘机旅客主动投票，在确保参与旅客乘机真实性的前提下，以调查问卷的形式，对旅客关心的民航服务问题进行调查，调查可涵盖旅客进出港所面对的所有场景，诸如机场交通、机场服务与设施、机场安检、机场商贸、不正常航班机场地面服务等，通过第三方服务评测报告，查找机场服务中存在的核心、突出问题及短板缺项，与国内外先进机场对比的不足，从旅客感受角度改进完善，为旅客提供良好的机场服务体验。

4. 做好服务补救

美国哈佛大学的哈特教授说过"错误是服务的关键部分，无论多么努力，即使最出色的服务企业也不可避免航班晚点、牛排烤老和邮件遗失，失误是难免的。"这就是服务失败。对待服务失败最好的办法就是去弥补、去挽救，这就是服务补救。优秀的服务补救是各种各样的策略在一起发挥作用的综合体，及时公布相关航班延误信息、退票或签转其他公司的服务、管理人员亲自当面向旅客道歉、及时安排食宿等是提升服务补救水平的重要措施。同时要尽量杜绝人为原因造成的航班延误，建立航班延误的服务补救机制和流程，建立服务补救信息反馈和处理中心。同时要抓好全员的培训，让整个运作系统的每个岗位都认识到提高延误标准的重要性和必要性，并在实际工作中将服务补救做得更加认真和细致，保证旅客的满意度、再购买意愿和正面口碑传播意愿，确保旅客无流失，为机场创造利润和服务社会做好本职工作。

思考题

1. 什么是服务？
2. 民航运输产品具备哪些特性？
3. 根据马斯洛需求层次理论，可以将民航服务分为哪两大类？
4. 2018年《关于进一步提升民航服务质量的指导意见》中提升民航服务质量的基本原则是什么？
5. 如何理解"真情服务"？
6. 为什么说"民航员工是真情服务的主体"？
7. 谈一谈你对"服务补救"的理解。

CHAPTER

第十章

民用机场安全管理

安全是民航永恒的主题,安全责任重于泰山。近年来,随着科学技术的发展和社会的进步,中国民航事业面临所未有的发展机遇,与此同时,安全工作也面临巨大的挑战。航空运输量迅猛增长,若事故率仍保持现有水平不变,事故总量将不断增加,航空安全问题日益凸显。着眼于规章,发生事故后进行事故调查并采取改正措施,无疑能为保障民航安全起到很大的作用,但是这种事后的、被动的安全管理模式也不能适应当今民航行业的发展。因此,民航的快速发展对航空安全提出了更高的要求,促使航空安全管理重心随着安全管理理论的发展逐步前进,从现有的安全管理模式到建立在风险管理基础之上的安全管理系统。机场安全管理和应急救援技术的发展,正是为适应世界民航安全管理发展趋势而提出的,能有效降低事故率,提高民航安全水平。西方发达国家民航业致力于推进机场安全管理理论和应急救援技术,并取得了一些成功的经验,国际民航组织也已在《国际民用航空公约(第8版)》附件6、附件11和附件14中要求各缔约国建立国家安全方案。

第一节 机场安全管理概述

一、安全管理的基本概念

1. 安全的定义和概念

安全(Safety),顾名思义"无危则安,无损为全"。安全意味着没有危险,尽善尽美,这是与人的传统的安全观念相吻合的。随着对安全问题研究的逐步深入,人类对安全的概念有了更深的认识,并从不同的角度对其作出不同定义。

定义一:安全是指客观事物的危险程度能够为人们普遍接受的状态。

此定义明确指出了安全的相对性及安全与危险之间的辩证关系,即安全和危险不是互不相容的。当将系统的危险性降低到某种程度时,该系统便是安全的,而这种程度即人们普遍接受的状态。

定义二:安全是指没有引起死亡、伤害、职业病或财产、设备的损坏或环境危害的条件。

此定义来自美国军用标准《系统安全大纲要求》(MIL-STD-382C)。该标准是美国军方与军品生产企业签订订购合同时,约束企业保证产品全寿命周期安全性的纲领性文件,也是系统安全管理基本思想的典型代表。

定义三:安全是指不因人、机、媒介的相互作用而导致系统损失、人员伤害、任务受影响或造成时间损失。

此定义进一步把安全的概念扩展到了任务受影响或时间损失,这意味着系统即使没有受到直接的损失,也可能是安全科学关注的范畴。

安全问题对于人类的重要性主要体现在三个方面:经济损失大、社会影响大、影响周期长。

2. 可接受的安全水平

安全可以从多个角度加以定义,大众普遍持有的观点是零事故,免于危险或风险;企业的安全文化;航空业固有的风险可接受水平;危险识别和风险管理过程或事故损失的控制。

安全是一种状态,即通过持续的危险识别和风险管理过程,将人员伤害或财产损失的风险降至并保持在可接受的水平或其以下。安全是一个相对的概念,因而安全系统中的内在风险是可接受的。安全逐渐成为对风险的管理。

风险通常表述为可能性,然而风险的概念绝不仅限于可能性。风险可分为不可接受的高风险、可接受的低风险、介于以上两类之间的风险三大类,考虑时必须权衡风险与效益。在下列情况下,该风险可能会被认为是可以容忍的:

(1) 风险低于预先确定的不可接受极限。
(2) 风险已经降低至切实可能低的水平。
(3) 拟使用的系统或变更所带来的效益足以证明接受该风险合乎情理。

风险必须同时满足上述三个标准才能被认为是可以容忍的。

引入可接受的安全水平这一概念是为了适应对于现行的基于遵守规章和考核的安全管理方法进行补充的需求。可接受的安全水平往往作为一个管理监督部门、经营人或服务提供者的安全目标(或预期)。在实践中,可接受的安全水平以两种计量标准/尺度来表示(安全绩效指标和安全绩效目标),通过各种安全要求来实施。

安全要求是实现安全绩效指标和安全绩效目标所必须的。安全要求包括运营程序、技术、系统和方案,对此可规定可靠性、可获得性、性能和/或精确度的计量标准。一系列不同的安全绩效指标和目标比使用单一指标或目标将使人们更好地了解一个航空组织或业界部门的可接受的安全水平。

3. 事故与事故征候

事故是指发生在航空器运行中的事件,造成死亡或者严重伤害;航空器严重损坏,包括结构损坏或需要大修;航空器遗失或完全无法进入的事件。

事故征候是指除事故以外的与航空器运行相关的,影响到或可能影响到运行安全的事件。严重事故征候是指涉及可表明几乎发生事故的情况的事故征候。国际民航组织的定义中使用"事件"一词来表示事故或事故征候,事故与事故征候的不同可能仅仅在于某个偶然因素。

对事故起因的传统看法:调查经常着眼于找出造成事故的人员追究其责(和给予惩罚),安全管理工作至多也就是把重点首先放在找出降低发生这种不安全行为的风险的方法上。事故发生后的传统做法的祸根在于未预防性和不系统性,解决对事故起因传统看法的根本方法是从另外一个角度认识事故的起因来源:安全管理体系(Safety Management System,SMS)。

对事故起因的现代看法:事故由决策中人的失误引起的,可能涉及运行层的实际失误,也可能涉及有助于破坏系统固有安全防护机制的潜在状况。

总之,发生事故需要多种促成因素碰撞在一起,每一项因素都是必不可少的,但是其自身均不足以破坏系统的防护机制。大多数事故包括实际状况和潜在状况两个方面。

机场经常出现的不安全事件可归为如下六个方面:

(1) 跑道入侵。
(2) 道面和相关设施失效。

(3) 外来物击伤 (Foreign Object Damage, FOD)。
(4) 航空器机坪刮蹭等地面事件。
(5) 鸟害及野生动物入侵。
(6) 机场净空破坏。

4. 安全循环

考虑到影响安全的各种因素的数量及其潜在的相互关系,需要建立一个有效的安全管理体系,如图10-1所示。

危险识别是安全管理关键的第一步,需要有危险存在的证据。可以通过下列方法从各种来源获取这种证据:

(1) 危险与事故征候报告系统。
(2) 对报告的危险和事故征候进行调查,采取后续行动。
(3) 趋势分析。
(4) 培训反馈。
(5) 飞行数据分析。
(6) 安全调查与运营监督安全审计。
(7) 监督正常运营。
(8) 对事故和严重事故征候进行的国家调查。
(9) 信息交换系统。

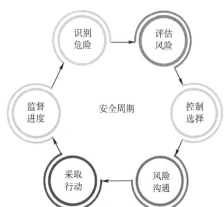

图 10-1　安全管理体系

二、机场安全管理体系(SMS)

安全管理体系是一种管理安全的系统方法,包括所需的组织结构、职责、程序和政策(《国际民用航空公约(第8版)》附件14)。机场安全管理体系是一种对机场安全进行管理的系统,包括机场运营人为实施机场安全措施所建立的组织机构、职责、程序、处理办法以及规定,对机场提供安全监控,并确保机场的安全使用。其基本内涵是系统的、主动的、清晰的安全风险管理方法,通过持续的危险识别和风险管理,将人员伤害和财产损失的风险降至并保持在可接受的水平或其以下,不仅适用于机场各部门单位,而且驻机场各单位也应参照执行相关规定。

机场安全管理体系以风险管理为核心,是一种规范化、体系化、结构化的安全管理方式,能够清楚界定安全责任,前移安全关口,鼓励全民参与,为机场安全管理提供了全新的指导思想和管理方法,对于机场提高安全品质、保持持续安全具有重要意义。

1. 我国民航安全管理体系的基本结构

民航安全管理是政府管理部门和生产经营单位的管理者,为了实现民航安全生产目标,按照一定的安全管理原则,科学地组织、指挥和协调全体员工进行安全生产的活动,在民航运行过程中,使整个系统达到安全生产总目标所必须的管理要素,构成民航安全管理的基础体系。

我国民航安全管理组织体系由不同层次的管理主体和管理对象组成,不同的层次具有不同的职能,各层次之间有相应的责任权利关系。我国民航安全管理体系各层次的职能划分大致如下:中国民用航空局代表国家建设安全管理法规标准体系;地区管理局和安全监督管理局依法进行航空安全监督检查;企业内部的安全管理部门作为管理主体来解决日常运行中的大量安全问题,各层次管理主体按照职责要求,执行管理功能,保证民航系统的安全,如图10-2所示。

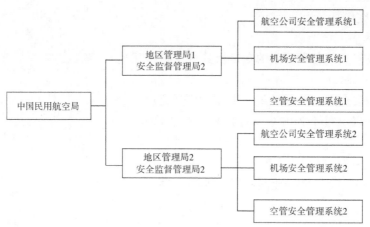

图10-2 民航安全管理体系

2. 机场安全管理体系内容

机场安全管理体系的10大要素为安全政策、安全目标、组织结构及职责、文件管理、安全信息管理、安全教育及培训、风险管理、不安全事件调查、突发事件响应、安全绩效监测与评估。机场管理机构应致力于建立完善的安全管理长效机制,探索安全管理体系融入日常安全运行保障的方法、途径,有计划、有步骤地推进安全管理体系建设。

(1)安全政策。

安全政策通常包括但不限于以下方面:有利于建设和谐民航,调动员工积极性的收入分配政策;安全责任制的考核和奖惩政策;倡导建设学习型企业,培育公正的、报告的、学习的和信息畅通的并符合机场自身利益的安全文化的政策;确立运行管理模式,构建有效的运行安全机制的政策;注重科技兴安,积极采用新技术、新设备,提升机场科技含量的政策;承诺配备适合机场规模的人力、物力、财力,加强安全基础设施建设的政策;重视职业健康和机场突发事件响应的政策;贯彻责任事故追究制度的政策;承诺主动接受局方监督检查并积极整改的政策;对合约方监管的政策;承诺定期进行安全绩效监测与评估,持续推进安全管理体系的政策等。

(2)安全目标。

机场管理机构应指定安全目标,包括远景目标和年度目标。安全目标应尽可能量化,并区分层次、逐级细化到岗位,具有明确的责任界定、可操作的行动计划和激励导向作用,确保下一级的目标能满足上一级的目标。机场管理机构应逐级签订目标责任书,安全目标由机场法定代表人以书面形式批准并发布。

(3)组织结构及职责。

机场法定代表人为机场安全第一责任人,可以亲自负责运行安全,也可以指定一名副总经理级别(含)以上的人员具体负责运行安全。机场应设立机场安全管理委员会,由机场管理机构、航空运输企业或其代理人及其他驻场单位负责安全工作的领导组成。负责人由机场管理机构负责运行安全的领导担任。机场安全管理委员会应制定定期会议制度,明确议事内容、议事规则,指定主管部门承办有关具体事宜。

(4) 文件管理。

机场管理机构要完善机场自身的文件制度体系,通过有效的组织与控制,保障文件的适用有效,规范文件管理,提供快捷的文件检索,便于安全管理相关活动的查阅和追溯。

(5) 安全信息管理。

从报告的角度看,安全信息可分成强制报告信息、定期报告信息、自愿报告信息、运行类信息、通知类信息、整改类信息、监察报告信息、其他信息报告等。机场管理机构应确保安全信息及时、充分、准确,并及时分析研究安全信息,提出改进安全管理的措施;确保信息渠道畅通,实现安全信息的共享。机场管理机构应建立机场内部信息自愿报告制度,并鼓励员工向中国航空安全自愿报告系统(SCASS)报告安全信息。

(6) 安全教育及培训。

机场管理机构应对从业人员进行安全教育培训,保证完成安全教育培训所需的各种资源到位。所有在机场从事长期或临时工作的人员,均应当接受机场运行安全知识、场内道路交通管理、岗位作业规程等方面的培训和考核。

(7) 风险管理。

风险管理是识别、分析和排除危险或将之降低到可接受的程度的过程,是机场安全管理体系的核心理念。风险管理是机场日常运行管理的重要组成部分,不只是意外情况发生后的应对方法。机场管理机构应积极探索适合本机场的风险管理办法,特别是危险源识别和风险分析的技术方法的水平。

(8) 不安全事件调查。

机场管理机构应制定不安全事件调查的程序,包括不安全事件的报告和启动调查程序、调查的原则、调查的范围、调查人员和调查处理流程等。不安全事件调查和分析应保全证据并应保留记录,记录手段通常包括录像、录音、数码相机和文字记录等,安全管理部门负责统一汇总不安全事件所有信息。机场管理机构应按照不安全事件调查程序公布调查结果,并适时修订完善安全政策、安全目标和规章制度等。

(9) 突发事件响应。

机场突发事件包括航空器飞行事故、劫机炸机事件、机场运行突发事件和对机场运行产生重大影响的突发事件。机场管理机构应制订机场突发事件响应预案和机场突发事件响应演练计划,并按照有关规定的要求组织演练,确保预案中各种机场突发事件都得以演练。

(10) 安全绩效监测与评估。

机场管理机构应制订合理的安全绩效指标作为安全绩效监测与评估的依据和评价标准。在制定安全绩效指标时,除了选取事故、事故征候、不安全事件数量等基于结果的安全绩效指标,还应充分考虑基于过程运行质量和历史比较的安全绩效指标。例如:安全绩效通过安全监督、内部审核、外部审核,运用不安全事件调查、安全信息管理等获取的各类信息数据进行监测和评估。机场管理机构应对安全绩效监测与评估结果进行记录归档,并制定相关信息反馈制度,实施闭环管理。

3. 机场安全管理体系实施步骤

各机场的安全管理体系应至少满足安全管理体系 10 个要素的相关要求。《机场安全管

理体系建设指南》中提出的实施步骤如下:

(1) 成立领导小组。

机场管理机构应成立推进安全管理体系领导小组,由法定代表人担任组长,下设办公室。领导小组及办公室应明确分工,指定制度,形成推进工作机制。

(2) 差异分析。

机场管理机构应进行差异分析,按照安全管理体系的要求分析现状、找出差距,制订具体可行的建设安全管理体系的实施计划,按照学习研究—系统策划—实践运行—总结完善—持续改进的基本程序,明确各阶段任务,具体组织落实。

(3) 修订手册。

机场管理机构应将安全管理体系的理念、要素融入《机场使用手册》中。《机场使用手册》修订完成后,机场管理机构应组织全面的评审,评审通过后由法定代表人签署并按相关规定报批。

(4) 运行和持续改进。

机场管理机构应明确:规章制度是"最低标准",满足规章制度是最低要求。

对安全产生威胁的因素越来越多地从个人到组织、从局部到系统,从"硬件"到"软件"方面转化。

机场管理机构不仅应主动识别不符合规章制度的危险源并加以改进,而且还应主动识别规章制度没有涵盖的危险源并加以改进。

机场管理机构不仅应在文件、制度上满足安全管理体系的要求,更重要的是将其落实在机场的日常运行中。

三、机场安全管理绩效

1. 机场安全绩效的定义

安全绩效,英文全称为 Safety Performance,其中的 performance 一词在牛津词典中译为:"表现、绩效、业绩和工作情况",因此安全绩效的字面意思可以看作是安全工作的业绩或表现情况。

有关安全绩效的研究还处于多领域和多角度的不断探索中,学者们根据其自身所处的特定领域对安全绩效进行定义,因此对于安全绩效的定义尚未形成统一的定论。国际民航组织(ICAO)在 DOC9859 文件中对安全绩效的定义为:"由安全绩效目标和安全绩效指标界定的国家或服务提供者的安全业绩"。机场安全绩效是以实现数据驱动的安全管理为目标,通过获取机场安全工作在运行过程和运行结果上所产生的可测量的数据来考量机场安全管理的整体水平。安全绩效评价应包括构建指标体系、确定指标权重、选择评价方法、得出评价结果、信息反馈等步骤。

2. 机场安全绩效管理

经验表明,事故发生之前往往会发生与安全有关的事件和缺陷,从而揭示出存在的安全隐患,而与安全有关的数据信息正是检测潜在安全隐患的重要资源。另外,尽管从事故中学习的能力不可或缺,但是有研究表明,纯粹的反应性系统在持续改进方面的作用有限。反应性系统应该与那些使用安全数据的主动系统相结合,才能对航空安全做出有效的改进。对于机场而言,安全绩效管理的主要目的是监测和衡量其管理安全风险的成效,同时,安全绩效管理也是 SMS 的核心。

机场安全绩效管理工作主要内容为：定义和完善安全目标和安全绩效指标，监测、衡量安全绩效以及确定需要采取的行动。完成上述工作的一个首要前提是要建立安全数据收集和处理系统，通过对数据系统中的数据信息进行安全分析，来为制定和完善安全目标以及安全绩效指标等工作提供有效的决策依据。除此之外，安全绩效管理中的每个过程步骤都应向机场驻地的航空公司运营人以及其他有关服务提供者等进行信息传递，以使各项工作得到有效的反馈并进行改进。

机场安全绩效管理过程如图 10-3 所示。

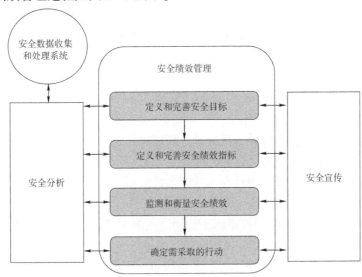

图 10-3 机场安全绩效管理流程图

安全绩效管理是通过监测和衡量安全绩效来进行的。通过确定安全绩效指标，获得的信息将使高级管理层得以了解当前的情况并支持决策，包括决定是否需要采取行动来进一步缓解安全风险，以确保机场实现其各项安全目标。

第二节 机场安全绩效评价指标体系的建立

一、机场安全绩效指标的定义及分类

《国际民用航空公约》附件19《安全管理手册》对安全绩效指标的定义为："安全绩效指标是指用于监测和评估安全绩效的以数据为基础的参数"。通过定义可以看出，安全绩效指标应是以数据参数的形式所表现出来的，主要目的是用于帮助高层管理者了解组织机构的安全运行状态，以采取针对性的预防措施。鉴于此，安全绩效指标可以分为两大类型，即定性定量型指标和事前事后型指标，具体介绍如下：

1. 定性和定量指标

定性指标是通过语言文字进行描述，通常以质量来衡量，而定量指标的衡量是通过数量而非质量。定量指标可以表示为数字或表示为比率,这使得其更优于定性指标,因为它们更容易进行客观分析和进行比较。

2. 事前和事后指标

事前安全绩效指标用来测量那些为了提高或维持安全水平而正在实施的过程和输入,也被称为过程安全绩效指标,因为它们的监测和衡量可能成为或促成特定结果的条件。事前安全绩效指标还可使组织机构了解其运行是如何应对变化的,包括运行环境的变化。

事后安全绩效指标是用来测量已经过发生的事件,也被称为基于结果的安全绩效指标。该类指标可以帮助组织了解过去发生了什么,对其加以分析可以确定长期的发展趋势。由于事后安全绩效指标衡量的是安全结果,因此可以衡量安全缓解措施的有效性。

事后安全绩效指标还可以进一步划分为以下两种类型:

(1)低概率高严重度。

此类型的安全绩效指标通常是事故或事故征候的结果。值得一提的是,低概率高严重度后果的安全绩效指标在安全管理工作中一直在被记录着,但随着航空安全的不断发展,事故或事故征候已经很少发生,这使得很难进行统计分析以确定趋势。以安全绩效管理的角度来看,这未必表明系统是安全的,依赖此类数据的结果是,人们可能会错误地相信组织机构或系统的安全绩效是有效的,而实际上可能险些发生这类事故。

(2)高概率低严重度。

高概率低严重度后果的安全绩效指标主要用于监测特定的安全问题和衡量现行安全风险缓解措施的有效性。

一套更精确和有用的安全绩效指标,应该将衡量"低概率高严重度"事件和"高概率低严重度"事件的事后安全绩效指标和事前安全绩效指标结合使用。

二、机场安全绩效评价指标体系的构建原则和依据

1. 机场安全绩效评价指标体系的构建原则

(1)现实性。

机场安全绩效评价指标体系是使机场了解其安全绩效的参数,关系到机场安全管理者认识其过去处于什么位置,现在处于什么位置,未来将往哪个方向发展。这一愿景是机场进行以数据为驱动的安全决策的一个坚实、合理的基础,这些决策反过来也将积极地影响着机场的安全绩效。因此,不论所建立的机场安全绩效指标体系是简单的还是复杂的,都应该是现实的。

(2)科学性。

机场安全绩效评价指标体系将最终呈现出机场的安全管理水平,评价指标体系的科学与否会影响机场能否采取恰当且合理的措施来进行改进和提升,因此,所建立的机场安全绩效评价指标体系应是科学的。

(3)代表性。

在选取安全绩效评价指标时应体现出"抓主要矛盾"的思想,聚焦于那些可以作为安全绩效重要指标的参数,而不是那些仅仅是看着容易获得的参数。

(4)定性与定量结合。

建立机场安全绩效评价指标体系会涉及较多不同类型的指标,其中会包括一定量的定性

指标,但这些指标同样具有代表性,因此构建指标体系需要一个周密的安全绩效评价指标选择过程,所选指标应定性与定量相结合。

(5)与时俱进。

机场安全绩效评价指标体系应是全面且系统的,这就要求在选择指标时应充分考虑当前或未来一段时期内的新技术和新设备等因素,将这些因素作为合适的指标能够提前预防新科技所带来的未知的风险,这就要求机场安全绩效评价指标体系应符合与时俱进原则。

2. 机场安全绩效评价指标体系的建立依据

(1)国际民航组织的主要文件。主要包括《ICAODOC9859 安全管理手册》和《附件 19 安全管理》。

(2)交通运输部、民航局的相关法规、标准和规范性文件。主要包括《民用航空安全信息管理规定》(CCAR-396-R3)、《民用航空器事故征候》《民用航空器维修管理规范》《民用航空地面事故等级》《中国民用航空安全保卫条例》、交通运输部令第 42 号、45 号等规章文件等。

(3)机场相关安全信息数据。

三、民用机场安全绩效管理考核指标体系应用实例

以东部地区某省会机场为例,该机场为 4F 级国际机场,年旅客吞吐量超过 2500 人次。依据民航地区管理局关于推进企业安全绩效管理试点工作的要求和部署,该机场自 2017 年 5 月份起推进公司和各部门的安全绩效管理试点工作。指标构建主要按以下三个步骤来完成。

1. 进行差异性分析,找准关键风险

该案例应用方案主要依据是《ICAODOC9859 安全管理手册》《民用航空安全信息管理规定》(CCAR-396-R3)、《民用航空器事故征候》《民用航空器维修管理规范》《民用航空地面事故等级》《中国民用航空安全保卫条例》、交通运输部令第 42 号、45 号等规章文件,分析出机场运行环节中的 8 大类关键安全风险,在此基础上明确了本场安全绩效管理的 44 项,对照规章文件分析梳理出了机场目前存在的差距,形成差异分析报告。通过差异分析(机场/航空公司),确定八大类关键安全风险,见表 10-1。

关键安全风险分类　　　　　　　　表 10-1

序　号	关　键　风　险
1	飞行安全
2	地面运行安全
3	空防安全
4	危险品安全
5	消防安全
6	公共安全
7	应急救援
8	安全管理

2. 全面流程梳理,挖掘绩效指标

全面梳理机场的各项工作流程,收集了历年来业内和本场的典型不安全案例,采取正向和

反向推导的方法,根据管理目的将原有44项安全绩效指标细化为82项。具体的做法是,从"飞行安全""地面运行安全""空防安全""危险品运输""公共安全""消防安全""公共安全""应急救援""安全管理"八个方面细化分解指标。具体指标如图10-4所示。

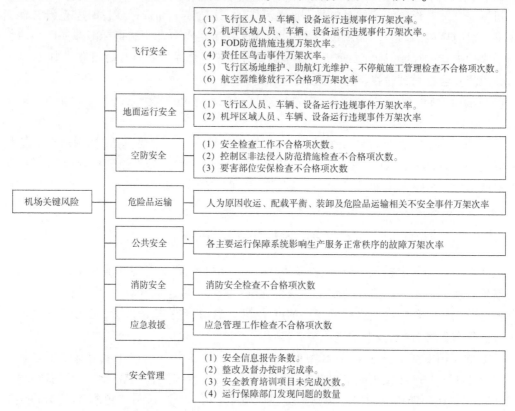

图10-4 机场关键风险指标

3. 开展指标监测,确定关键指标

为了检验绩效指标和安全绩效管理体系的可行性、合理性和科学性,机场从2017年9月份开始在各运行保障部门实施指标监测,通过4~5个月的监测数据发现了前期指标设置中存在的问题,通过全面收集近4年本场历史数据和近期监测数据,重新对安全绩效指标进行整理和再造,提炼出17项数据来源准确、数据样本相对丰富的安全绩效指标。

4. 安全绩效考核指标持续改进

随着安全绩效指标动态监测时限的增加,安全绩效指标监测数据累积越来越多,在对2018年7—12月的安全绩效指标数据进行分析的基础上,对2019年机场的安全绩效指标进行了调整。

一是对"飞行区人员、车辆、设备运行违规事件万架次率""机坪区域人员、车辆、设备运行违规事件万架次率""FOD防范措施违规万架次率""控制区非法侵入防范措施检查不合格项次数""消防安全检查不合格项次数"5项绩效指标的责任部门进行了调整,增加了"航空公司和驻场单位"作为责任部门。调整的缘由是2018年7—12月,这5项绩效指标中航空公司和驻场单位的实际监测值较高。

二是将绩效指标"IT 系统影响生产服务正常秩序的故障万架次率"调整为"各主要运行保障系统影响生产服务正常秩序的故障万架次率"。调整的缘由是 IT 系统的范围太广，而实际监测的数值较低，因此把监测范围缩小到"各主要运行保障系统"。

三是对"飞行区人员、车辆、设备运行违规事件万架次率""机坪区域人员、车辆、设备运行违规事件万架次率""FOD 防范措施违规万架次率""控制区非法侵入防范措施检查不合格项次数""消防安全检查不合格项次数""安全信息报告条数"中部分责任部门的目标值进行了调整。调整的缘由是根据 2018 年 7—12 月的监测数值，发现有些部门的目标值定得过低或过高了，根据实际进行了动态调整以使得目标值更具可操作性，发挥更好的监控效果。

该机场 2019 年 1 月—2020 年 8 月的安全绩效指标预警次数见表 10-2。

2019 年 1 月—2020 年 8 月安全绩效指标预警次数统计表 表 10-2

序号	指标名称	红色预警次数	黄色预警次数	蓝色预警次数	预警值是否调整过
1	飞行区人员、车辆、设备运行违规事件万架次率	4	0	3	否
2	机坪区域人员、车辆、设备运行违规事件万架次率	8	2	1	是
3	FOD 防范措施违规万架次率	5	1	1	是
4	责任区鸟击事件次数	7	0	0	是
5	飞行区场地维护、助航灯光维护、不停航施工管理检查不合格项次数	0	1	4	是
6	安全检查工作不合格项次数	10	0	0	否
7	控制区非法侵入防范措施检查不合格项次数	2	0	3	否
8	要害部位安保检查不合格项次数	0	0	0	否
9	消防安全检查不合格项次数	2	2	1	是
10	人为原因收运、配载平衡、装卸及危险品运输相关不安全事件万架次率	4	0	0	是
11	应急管理工作检查不合格项次数	6	1	2	否
12	各主要运行保障系统影响生产服务正常秩序的故障万架次率	4	0	0	是
13	安全信息报告条数	0	1	0	否
14	整改及督办按时完成率	0	0	0	否
15	安全教育培训项目未完成次数	0	0	0	是
16	运行保障部门发现问题的数量	0	0	0	否
17	航空器维修放行不合格项万架次率	1	2	2	否

综合该机场的实践，运用 SMS 和安全绩效管理的理念，将安全由一种状态量化成一个个具体的安全绩效指标并分解落实到相应的责任部门，使管理者能够根据指标不同层级的预警确定管理的重点目标，进而采取加强培训、投入资源、实施奖惩等必要的管理手段，持续改进机场安全水平。根据安全绩效考核指标的监测值和预警值，可以帮助机场管理者找到安全管理工作中的薄弱环节。通过分析原因提出解决方案并整改督办，进而提升整个机场的安全管理水平。同时，在安全绩效管理考核指标体系的持续动态监测过程中，要针对监测值的具体数值

和波动情况,对安全绩效管理考核指标本身进行持续改进。安全是服务的保障和基础,也是机场服务中最重要的供给内容,安全水平的改进必然促使服务质量的提升,实现机场安全与服务、安全与效益的共赢。

第三节　机场应急救援管理

从安全哲学的观点看,安全是相对的,危险是绝对的。绝对的安全是难以达到或者根本无法实现的。当事故或灾害不可避免时,有效的应急救援行动是唯一可以抵御事故或灾害蔓延并减缓危害后果的有力措施。尽管世界安全专家普遍认为,航空运输比公路运输的安全至少高 20 倍,但是航空灾害的难预测性、突发性可能会造成极大的人员伤亡和财产损失,给人们带来的精神打击和恐惧心理远远超出其他任何交通事故。目前,机场紧急事件的救援工作主要是由机场承担的。机场应急的目的是把紧急事件的影响,特别是关于抢救生命和维持航空器运行方面的影响减至最小,当应付发生在机场或其紧邻地区的飞机事故或事件时,机场是头等重要的,因为在这个地区里挽救生命的机会最大。

一、机场紧急情况类型

根据《民用运输机场突发事件应急救援管理规则》机场突发事件包括航空器突发事件和非航空器突发事件。

航空器突发事件包括:
(1)航空器失事。
(2)航空器空中遇险,包括故障、遭遇危险天气、危险品泄漏等。
(3)航空器受到非法干扰,包括劫持、爆炸物威胁等。
(4)航空器与航空器地面相撞或与障碍物相撞,导致人员伤亡或燃油泄漏等。
(5)航空器跑道事件,包括跑道外接地、冲出、偏出跑道。
(6)航空器火警。
(7)涉及航空器的其他突发事件。

非航空器突发事件包括:
(1)对机场设施的爆炸物威胁。
(2)机场设施失火。
(3)机场危险化学品泄漏。
(4)自然灾害。
(5)医学突发事件。
(6)不涉及航空器的其他突发事件。

其中,航空器突发事件的应急救援响应等级分为如下三种。
(1)原地待命:航空器空中发生故障等突发事件,但该故障仅对航空器安全着陆造成困难,各救援单位应当做好紧急出动的准备。

(2)集结待命:航空器在空中出现故障等紧急情况,随时有可能发生航空器坠毁、爆炸、起火、严重损坏,或者航空器受到非法干扰等紧急情况,各救援单位应当按照指令在指定地点集结。

(3)紧急出动:已发生航空器失事、爆炸、起火、严重损坏等情况,各救援单位应当按照指令立即出动,以最快速度赶赴事故现场。

非航空器突发事件的应急救援响应不分等级。发生非航空器突发事件时,按照相应预案实施救援。

二、应急救援机构与职责

机场管理机构应当在地方人民政府统一领导下成立机场应急救援工作领导小组。机场应急救援工作领导小组是机场应急救援工作的决策机构,通常应当由地方人民政府、机场管理机构、民航地区管理局或其派出机构、空中交通管理部门、有关航空器营运人和其他驻场单位负责人共同组成(图10-5)。

机场应急救援领导小组负责确定机场应急救援工作的总体方针和工作重点、审核机场突发事件应急救援预案及各应急救援成员单位之间的职责、审核确定机场应急救援演练等重要事项,并在机场应急救援过程中,对遇到的重大问题进行决策。

机场应急救援总指挥由机场管理机构主要负责人或者其授权人担任,全面负责机场应急救援的指挥工作。机场管理机构应当设立机场应急救援指挥管理机构,即机场应急救援指挥中心(简称指挥中心),作为机场应急救援领导小组的常设办事机构,同时也是机场应急救援工作的管理机构和发生突发事件时的应急指挥机构。各组织的具体职责包括如下:

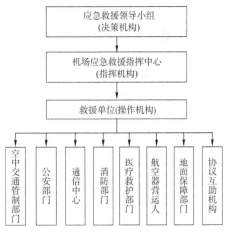

图10-5 机场应急救援组织结构

1. 指挥中心的主要职责

(1)组织制定、汇总、修订和管理机场突发事件应急救援预案。

(2)定期检查各有关部门、单位的突发事件应急救援预案、人员培训、演练、物资储备、设备保养等工作的保障落实情况;定期修订突发事件应急救援预案中各有关部门和单位的负责人、联系人名单及电话号码。

(3)按照本规则的要求制订年度应急救援演练计划并组织或者参与实施。

(4)机场发生突发事件时,根据总指挥的指令以及预案要求,发布应急救援指令并组织实施救援工作。

(5)根据残损航空器搬移协议,组织或者参与残损航空器的搬移工作。

(6)定期或不定期总结、汇总机场应急救援管理工作,向机场应急救援工作领导小组汇报。

2. 机场空中交通管理部门在机场应急救援工作中的主要职责

(1)将获知的突发事件类型、时间、地点等情况按照突发事件应急救援预案规定的程序通知有关部门。

(2) 及时了解发生突发事件航空器机长意图和事件发展情况,并通报指挥中心。

(3) 负责发布因发生突发事件影响机场正常运行的航行通告。

(4) 负责向指挥中心及其他参与救援的单位提供所需的气象等信息。

3. 机场消防部门在机场应急救援工作中的主要职责

(1) 救助被困遇险人员,防止起火,组织实施灭火工作。

(2) 根据救援需要实施航空器的破拆工作。

(3) 协调地方消防部门的应急支援工作。

(4) 负责将罹难者遗体和受伤人员移至安全区域,并在医疗救护人员尚未到达现场的情况下,本着"自救互救"人道主义原则,实施对伤员的紧急救护工作。

4. 机场医疗救护部门在机场应急救援工作中的主要职责

(1) 进行伤亡人员的检伤分类、现场应急医疗救治和伤员后送工作。记录伤亡人员的伤情和后送信息。

(2) 协调地方医疗救护部门的应急支援工作。

(3) 进行现场医学处置及传染病防控。

(4) 负责医学突发事件处置的组织实施。

5. 航空器营运人或其代理人在应急救援工作中的主要职责

(1) 提供有关资料。包括发生突发事件航空器的航班号、机型、国籍登记号、机组人员情况、旅客人员名单及身份证号码、联系电话、机上座位号、国籍、性别、行李数量、所载燃油量、所载货物及危险品等情况。

(2) 在航空器起飞机场、发生突发事件的机场和原计划降落的机场设立临时接待机构和场所,并负责接待和查询工作。

(3) 负责开通应急电话服务中心并负责伤亡人员亲属的通知联络工作。

(4) 负责货物、邮件和行李的清点和处理工作。

(5) 航空器出入境过程中发生突发事件时,负责将事件的基本情况通报海关、边防和检疫部门。

(6) 负责残损航空器搬移工作。

6. 机场地面保障部门在机场应急救援工作中的主要职责

(1) 负责在发生突发事件现场及相关地区提供必要的电力和照明、航空燃油处置、救援物资等保障工作。

(2) 负责受到破坏的机场飞行区场道、目视助航设施设备等的紧急恢复工作。

机场紧急救援不仅是机场各驻场单位的职责,机场管理机构应当与当地人民政府救灾机构、消防部门、医疗部门、公安机关、运输部门(包括陆海空)、当地驻军等单位订立应急救援互助协议,就应急救援事项明确双方的职责,以便在紧急事件发生时各负其责。

三、应急救援预案

1. 应急救援预案的作用

民用运输机场必须要制定应急救援预案,其重要作用如下:

(1)应急救援预案明确了应急救援的范围和体系,使得应急准备和应急管理不再无据可依,无章可循;

(2)制定应急救援预案,有利于做出及时的应急响应;

(3)应急救援预案是处置各类应急事件的基础;

(4)当发生超过应急能力的重大事故时,便于与上级应急部门的协调以及社会应急力量的协同;

(5)有利于提高风险防范意识;

(6)培训和演练依赖于应急救援预案。

2. 民用机场应急救援预案的法规要求

民用机场在制定应急救援预案时,必须符合相应的法规要求,从而保障所制定预案的合法性,预案应当纳入地方人民政府突发事件应急救援预案体系,并协调统一。

机场应急救援预案的制定应符合以下法律法规,包括《国家处置民用航空器飞行事故应急预案》《中华人民共和国安全生产法》《中华人民共和国民用航空法》《中华人民共和国搜寻救援民用航空器规定》《民用运输机场突发事件》《应急救援管理规则》《民用航空器飞行事故应急反应和家属援助规定》,以及国际民航组织相关要求、民航相关规章的要求等。

3. 应急预案基本内容

机场管理机构应当依据《民用运输机场突发事件应急救援管理规则》制定机场突发事件应急救援预案,该预案应当纳入地方人民政府突发事件应急救援预案体系,并协调统一。该预案应当包括下列内容:

(1)针对各种具体突发事件的应急救援预案,包括应急救援程序及检查单等。

(2)根据地方人民政府的相关规定、《民用运输机场突发事件应急救援管理规则》和机场的实际情况,确定参与应急救援的各单位在机场不同突发事件中的主要职责、权力、义务和指挥权以及突发事件类型及相应的应急救援响应等级。

(3)针对不同突发事件的报告、通知程序和通知事项,其中,通知程序是指通知参加救援单位的先后次序。不同的突发事件类型,应当设置相应的通知先后次序。

(4)各类突发事件所涉及单位的名称、联系方式。

(5)机场管理机构与签订应急救援支援协议单位的应急救援资源明细表、联系方式。

(6)机场管理机构与各相关单位签订的应急救援支援协议。

(7)应急救援设施、设备和器材的名称、数量、存放地点。

(8)机场及其邻近区域的应急救援方格网图。

(9)残损航空器的搬移及恢复机场正常运行的程序。

(10)机场管理机构与有关航空器营运人或其代理人之间有关残损航空器搬移的协议。

(11)在各类紧急突发事件中可能产生的人员紧急疏散方案,该方案应当包括警报、广播、各相关岗位工作人员在引导人员疏散时的职责、疏散路线、对被疏散人员的临时管理措施等内容。

四、应急救援的处置和基本要求

发生突发事件时,第一时间得知事件情况的单位,应当根据机场突发事件应急救援预案的报告程序,立即将突发事件情况报告指挥中心。机场管理机构应当在尽可能短的时间内将突发事件的基本情况报告地方人民政府和民航管理部门。

民航管理部门在收到机场发生突发事件报告后应当立即按照事件的类型、严重程度、影响范围和本部门应急救援预案逐级向上级机关报告,直至民航局突发事件应对部门。同时,应当迅速采取积极措施,协调和帮助机场管理机构处置突发事件。指挥中心应当按照突发事件应急救援预案的通知程序,迅速将突发事件的基本情况通知有关单位,通知内容应当简单、明了。机场应急救援处置工作应当在总指挥的统一指挥下,由消防、公安、医疗和其他驻场单位分别在本单位职责范围内行使分指挥权,特殊情况下,总指挥可以授权支援单位行使分指挥权。

实施突发事件救援时,机场应急救援总指挥或者其授权人应当服从地方人民政府领导及其突发事件应对部门的指挥,并根据地方人民政府领导及其突发事件应对部门的要求和命令,分时段、分区域向其移交指挥权。

应急救援工作结束后,机场应急救援工作领导小组或者其授权单位或者部门应当及时召集所有参与应急救援的单位对该次应急救援工作进行全面总结讲评,对暴露出的突发事件应急救援预案中不合理的部分及缺陷进行研究分析和修改完善,在该次应急救援工作结束60天内,将修改后的突发事件应急救援预案按照《民用机场使用许可规定》的要求报批后,印发实施。

五、应急救援演练

机场管理机构及其他驻场单位应当根据应急救援预案的要求定期组织应急救援演练,以检验其突发事件发生时的施救时间、信息传递、通信系统、应急救援处置、协调配合和决策指挥、突发事件应急救援预案等,机场管理机构及参加应急救援的驻场单位均应当将应急救援演练列入年度工作计划。驻机场的航空器营运人、空中交通管理部门及其他参加应急救援的单位,应当配合机场管理机构,做好应急救援演练工作。

应急救援演练分为综合演练、单项演练和桌面演练三种类型。

综合演练是由机场应急救援工作领导小组或者其授权单位组织,机场管理机构及其各驻机场参加应急救援的单位及协议支援单位参加,针对模拟的某一类型突发事件或几种类型突发事件的组合而进行的综合实战演练。

单项演练是由机场管理机构或参加应急救援的相关单位组织,参加应急救援的一个或几个单位参加,按照本单位所承担的应急救援责任,针对某一模拟的紧急情况进行的单项实战演练。

桌面演练也称指挥所推演,是由机场管理机构或参加应急救援的相关单位组织,各救援单位参加,针对模拟的某一类型突发事件或几种类型突发事件的组合以语言表达方式进行的综合非实战演练。

机场应急救援综合演练应当至少每三年举行一次,未举行综合演练的年度应当至少举行一次桌面演练,机场各参加应急救援的单位每年至少应当举行一次单项演练。

应急救援演练计划制定完毕并经应急救援领导小组同意后,应当在演练实施两周前报送民航地区管理局。机场管理机构在举行应急救援演练时,原则上应当采取措施保持机场应急救援的正常保障能力,尽可能地避免影响机场的正常运行。当由于应急救援演练致使本机场的正常保障能力在演练期间不能满足相应标准要求时,应当就这一情况通知空中交通管理部门发布航行通告,并在演练后,尽快恢复应急救援的正常保障能力。

演练工作应当坚持指挥与督导分开的原则。演练时,应当在演练指挥机构之外另设演练督导组。演练督导组应当由民航地区管理局在收到演练计划后召集。综合演练督导组应当由民航管理部门、地方人民政府及其有关部门、机场管理机构、相关航空器营运人、空中交通管理单位人员及特邀专家组成。对于演练督导组提出的情况,指挥中心及相关救援单位应当做出响应。

应急救援演练结束后,演练组织者应召集各参演单位负责人进行总结讲评。总结讲评活动中,演练督导组应当就演练的总体评价、演练的组织、演练计划、演练人员和设备等方面提出综合评价意见。

【案例】上海浦东国际机场"敬畏2020"应急救援综合演练

2020年10月16日上午,"敬畏2020"应急救援综合演练在上海浦东国际机场6号货机坪举行。中国民用航空局党组书记、局长冯正霖,市委副书记、市长龚正观摩督导。

冯正霖指出,本次综合演练旨在全面检验我国民航机场应急救援体系建设成果,检视机场应急救援决策、指挥、手段和能力。要高水平开展演练,高标准实施督导,高质量观摩学习,高效率提升能力。要始终秉持"以民为本、生命至上"的理念,努力践行当代民航精神,敬畏生命、敬畏规章、敬畏职责,全面提升民航应急能力,在建设国家应急体系中凸显民航担当。

龚正指出,开展机场应急救援综合演练,是践行"人民城市人民建、人民城市为人民"重要理念的具体实践,是加快上海国际航运中心建设、提升机场应急救援能力的重要举措,是民航局与上海市政府部市合作的又一重要成果。要坚持人民至上、生命至上,坚持实战要求、一流标准,坚持查找差距、补足短板,以更高要求、更严标准、更好水平,为城市安全有序运行做出贡献。

这是我国民航史上规模最大、科目最全、涉及单位最多、复杂程度最高的机场应急救援综合演练,出动了2架运输客机、3架直升机、100多台救援车辆、800余名参演人员。

根据《中华人民共和国突发事件应对法》和《民用机场管理条例》,按照民航局关于全国运输机场应急救援演练年度计划,为检验浦东机场应对突发事件应急救援处置能力,浦东机场举行这次应急救援综合演练。14家参演单位共进行了12个科目的演练。

整个演练的模拟情景为:一架从东南亚某国飞往上海浦东的国际航班进入上海管制区后,机场问询热线收到匿名电话,声称在这架飞机上安装有炸弹。机组获悉后在空中实施排查,在行李架上找到一件无人认领的行李。机场接报后,立即与机场公安分局互通信息,启动集结待命,组织机场各单位做好地面处置准备,同时向市应急联动平台申请支援。由于天气原因,航空器在落地时偏出跑道,同时后货舱冒烟起火,前货舱有液体泄漏。机组随后执行货舱火警处置和紧急撤离程序。机场和市政府救援力量立即开展航空器灭火、人员救治与转运、未受伤人员安置与疫情防控、航空器搜排爆、危险品处置、航空器搬移等救援行动。

在观摩台现场看到,当航空器模拟偏出跑道后,导致机上多名人员受伤,其中一名危重伤员。机场总指挥立即升级救援等级为"紧急出动"。旅客和机组人员通过滑梯紧急撤离后,机场消防立即实施灭火救援工作,后货舱实施灭火,前货舱实施稀释、灭火剂覆盖隔离,机身和油箱冷却等。随后,来自上海市公安局警务航空队的2架直升机载着排爆专家飞抵现场。

机场急救开展受伤人员的检伤分类和现场救治工作,武警协助担架队搬运人员。经应急救援总指挥部同意后,对需要转送的伤员实施转运,边检、海关启动快速通关程序。东海救助局第一飞行队的一架救助直升机飞抵,接走了一名重伤人员,仅用10多分钟就可将伤员送到上海市区的华山医院。

经过进一步排查,发现机上无人认领的行李属于一名携带象牙制品而"不敢承认"的旅客,声称机上有炸弹的匿名电话也是假警,相关处置随后展开。

这次演练也包括防疫环节。在机场公安分局的整体管控下,未受伤人员被先转运到核酸检测点,接受核酸检测;再转运至远机位候机厅,接受二次测温、流调,办理入关手续和信息登记等事项;航空公司将旅客从远机位候机厅转运至集中转运点,交通保障部最后将旅客从集中转运点转运至指定的隔离宾馆。

思考题

1. 如何理解"可接受的安全水平"?
2. 什么是安全绩效指标?
3. 简述机场安全管理体系的内容。
4. 机场的紧急情况类型有哪些?有几种不同的响应等级?
5. 机场安全绩效指标是如何分类的?
6. 说一说机场安全绩效管理的过程。

参 考 文 献

[1] 刘得一.民航概论[M].北京:中国民航出版社,2005.
[2] 朱沛主.机场规划与运营管理[M].北京:兵器工业出版社,2003.
[3] 诺曼·阿什弗德.机场运行[M].高金华,等,译.北京:中国民航出版社,2006.
[4] 汪泓.机场运营管理[M].北京:清华大学出版社,2008.
[5] 杨太东,等.机场运行指挥[M].北京:中国民航出版社,2008.
[6] 曾小舟.机场运行管理[M].北京:科学出版社,2017.
[7] 邵荃.机场安全管理[M].北京:科学出版社,2018.
[8] 唐骊萍.黄花机场旅客服务质量管理体系构建及评价研究[D].长沙:中南大学工商管理专业硕士学位论文,2017.
[9] 许愿.机场经营模式、服务定价与价格管制研究[D].武汉:华中科技大学管理科学与工程专业硕士学位论文,2019.
[10] 罗焕,黄泽龙.基于旅客体验及新技术应用的航站楼发展趋势[J].建筑学报,2019(9):12-17.
[11] 张智华.机场安全绩效评价指标体系研究[D].广汉:中国民用航空飞行学院硕士学位论文,2020.